平台经济
安全管理机制研究

杭兰旅 著

南京大学出版社

图书在版编目(CIP)数据

平台经济安全管理机制研究 / 杭兰旅著. —南京：南京大学出版社，2023.8
ISBN 978-7-305-25059-0

Ⅰ.①平… Ⅱ.①杭… Ⅲ.①网络经济-安全管理-研究 Ⅳ.①F49

中国版本图书馆 CIP 数据核字(2021)第 202999 号

出版发行	南京大学出版社
社　　址	南京市汉口路 22 号　　邮　编　210093
出 版 人	王文军

书　　名	平台经济安全管理机制研究
著　　者	杭兰旅
责任编辑	黄隽翀
照　　排	南京开卷文化传媒有限公司
印　　刷	南京鸿图印务有限公司
开　　本	787 mm×960 mm　1/16　印张 12.5　字数 290 千
版　　次	2023 年 8 月第 1 版　2023 年 8 月第 1 次印刷
ISBN	978-7-305-25059-0
定　　价	68.00 元

网　　址：http://www.njupco.com
官方微博：http://weibo.com/njupco
官方微信号：njupress
销售咨询热线：(025)83594756

* 版权所有，侵权必究
* 凡购买南大版图书，如有印装质量问题，请与所购
　图书销售部门联系调换

序

感谢兰旅的邀请与信任,给我一个先睹为快的机会。一周以来,我逐字逐句地通读了这本付印前的《平台经济安全管理机制研究》,陪同这位青年才俊"站在大地上仰望星空,又以仰望星空的姿态行走在大地上",多次情不自禁陷入沉思,感受到了这本著作的力量。

在我看来,《平台经济安全管理机制研究》是一位青年学者向读者传递平台经济安全管理理论思考的入门级专业书籍,它从平台经济发展的视角,结合当今世界平台经济带动的商业模式发展现状,系统地阐述了平台、平台之间、平台上多方主体之间形成的一系列经济现象,通过案例分析帮助读者掌握平台经济安全管理的政府政策扶持、商业平台规范运营、法律法规、知识产权权益方面的关键内容和核心问题,全景展现了在一系列规则制度之下,平台经济如何利用互联网技术促进产销体制变革与创新,形成衍生服务和新的生态规则并获得效益的经济现象。

整本书就像是一棵大树,树上不断冒出一枝杈,相互交错又相互补充;在需要"分杈"的地方,自然地"长"出树杈,它就是独立成篇的知识点;在需要聚拢的地方,这些枝枝杈杈又能够用内在的逻辑关联起来,浑然一体。可以说,这本书是一部交织着好几个主题曲的大型交响乐乐章,全书思路清晰,结构严谨,利于阅读,且引人深思。

南开大学周恩来政府管理学院

摘　要

平台经济(Platform Economics)十多年前开始在全球形成一股风潮,并带动商业模式发生一系列革新。例如,2007年创立的Airbnb住宿平台公司依托其平台背后的数字技术更加紧密连结生产者与消费者,使交易成本下降、交易更加便利,让闲置的空房得以迅速出租;特色化与价格实惠的房源,让更多消费者愿意入住。Airbnb在近几年迅速扩张,商业版图已经涵盖约200个国家、81 000个城市。其平台上有多达500万间房可供选择,已经成为许多传统酒店从业者的强大竞争对手。

平台经济是一种基于数字的技术,由数据驱动、平台支撑、网络协同的经济活动单元所构成的新经济系统,也是基于数字平台的各种经济关系的总称。平台,在本质上就是市场的具化,是一种虚拟或真实的交易场所。平台本身不生产产品,但可以促成双方或多方供求之间的交易,并通过收取服务费或赚取差价而获得收益。近年来,我国的平台经济已经成为整体经济发展的重要支撑。

但是在快速发展的过程中,平台治理出现的新问题也亟待解决。首先,平台经济对国家的个别产业与整体经济发展是否带来正面作用,值得深入研究。平台经济及其商业模式所带来的破坏式创新,在渗透各国各地的过程中,一方面产生新的经济发展动能、创造了不少新型态的就业机会;但另一方面,也深深地冲击着当地传统行业。其次,在强大的国际平台进入国内市场之际,国内平台的应变发展之道,亦值得政府在制定相关政策时妥适思考。再次,平台经济能否带来资源利用效率的提升有待进一步检验。平台经济因交易更加便利,使闲置商品通过连结供需双方得以被循环使用,资源使用效率上升;但是因为平台经济模式下的商品价格较为便宜,也可能导致消费者使用数量增加或使用习惯变差,反而造成资源使用效率下降。最后,平台经济的监管也成为政府有关部门面临的新挑战。比如:平台与服务提供者之间呈现非典型关系,难以厘清是承揽或是雇佣;平台经济在商业模式上不断创新,使其在行业认定上有一定困难,进而可能导致管理真空地带的出现;平台经济及其背后的商业模式迥异于传统产业的发展思维,将持续冲击现行监管体系。

综上所述,平台经济对整体经济发展、产业结构升级、资源高效利用、监管体系完善等方面都有着深远的影响。如何使平台经济在合理监管体系内依法依规发展、发挥最大效用,是许多国家目前关心的课题,也不断吸引着无数业界人士、海内外学者和政府智库进行热烈讨论和研究。本书将围绕平台经济安全管理,总结平台经济的发展现状,分析其发展过程中面临的主要问题及成因,并通过研究国内外平台经济的治理案例总结出我国平台经济安全管理的路径。

目 录

导 论 ……………………………………………………………………… 1
  一、从产品战略到平台战略 ………………………………………… 1
    （一）产品战略面临调整 ………………………………………… 1
    （二）如何打造平台战略 ………………………………………… 4
    （三）发展平台战略的必要条件 ………………………………… 8
  二、平台经济安全管理的重要性 …………………………………… 10

第一章　平台经济及其管理的基础理论 …………………………… 14
  一、平台经济的实质与特征 ………………………………………… 14
    （一）平台的定义 ………………………………………………… 14
    （二）平台经济的内涵 …………………………………………… 14
    （三）平台经济的特征 …………………………………………… 15
    （四）平台经济的效用 …………………………………………… 16
  二、平台经济安全管理理论 ………………………………………… 17
    （一）安全管理理论 ……………………………………………… 17
    （二）平台经济的安全管理 ……………………………………… 19
  三、平台经济的发展概述 …………………………………………… 26
    （一）数字科技助力平台经济发展 ……………………………… 26
    （二）共享经济在平台经济中的应用加深 ……………………… 31
  四、我国平台经济的安全管理现状 ………………………………… 35

第二章　平台经济发展中的挑战和安全管理面临的问题 ………… 38
  一、平台经济发展中面临的主要挑战 ……………………………… 38

（一）安全挑战 …………………………………………… 38
　　（二）垄断隐患 …………………………………………… 41
　　（三）传销风险 …………………………………………… 43
　　（四）税收忽略 …………………………………………… 46
　　（五）信用问题 …………………………………………… 47
二、平台经济安全管理面临的主要问题 ……………………… 48
　　（一）信用缺失问题 ……………………………………… 48
　　（二）法规的不健全与滞后性 …………………………… 54
　　（三）规则制定权权源与主体多元 ……………………… 59
　　（四）自治规则效力模糊且有限 ………………………… 60
　　（五）政府监管难度大 …………………………………… 65
三、平台安全的两大内涵 ……………………………………… 66
　　（一）网络安全是平台经济发展的基础性价值目标 …… 66
　　（二）数字资产的出现使得数据安全成为重要目标 …… 67

第三章　平台经济安全管理中的法律责任及权利保护 …… 70
一、网络平台的民事责任 ……………………………………… 70
　　（一）网络平台民事责任的概述 ………………………… 70
　　（二）网络平台在人身权益保护领域的民事责任 ……… 73
　　（三）网络平台在知识产权保护领域的民事责任 ……… 74
　　（四）网络平台在消费者权益保护领域的民事责任 …… 78
　　（五）网络平台在个人信息保护领域的民事责任 ……… 79
　　（六）对我国网络平台民事责任制度的检视 …………… 81
二、网络平台的行政责任 ……………………………………… 84
　　（一）网络信息内容监管的主要立法 …………………… 84
　　（二）网络平台在信息内容监管方面的义务 …………… 85
　　（三）网络平台的行政责任 ……………………………… 90
　　（四）对现行制度的检视 ………………………………… 90
三、网络平台的刑事责任 ……………………………………… 91
　　（一）我国网络平台刑事责任类型 ……………………… 91

（二）对我国网络平台刑事责任制度的检视 …… 93
　　（三）关于网络平台应对刑事责任风险的建议 …… 95
四、平台经济下的社会权利保障问题 …… 96
　　（一）平台经济员工交易特征 …… 96
　　（二）商业经济视角下的平台欺诈 …… 98
　　（三）重新设计工作关系标准的必要性 …… 100
五、数字科技时代的数据采集使用问题 …… 101
　　（一）数字科技对当代社会的影响 …… 101
　　（二）信息时代的隐私威胁 …… 113
六、平台经济下公民权利的新型保护 …… 124
　　（一）"被遗忘权"的提出 …… 124
　　（二）"被遗忘权"的产生背景 …… 125
　　（三）"被遗忘权"的相关概念 …… 128
　　（四）"被遗忘权"的形态 …… 131
　　（五）欧盟的相关规定 …… 134

第四章　我国平台经济安全管理路径 …… 143
一、我国平台经济发展历程与管理历程 …… 143
　　（一）我国平台经济的发展历程 …… 143
　　（二）平台经济的深化阶段 …… 147
　　（三）我国平台经济的管理历程 …… 148
　　（四）我国平台经济安全管理不断完善 …… 152
二、我国平台经济的发展与安全管理趋势 …… 153
　　（一）数字化趋势 …… 154
　　（二）线上线下融合发展趋势 …… 157
　　（三）全球化趋势 …… 158
三、平台经济发展的政策效果分析 …… 159
　　（一）支持平台经济发展的政策梳理 …… 159
　　（二）平台经济对区域经济发展影响效应的分析 …… 161
四、我国平台经济发展现状与面临的挑战 …… 164

(一) 我国平台经济自身发展现状…………………………………… 164
(二) 我国平台经济发展自身面临的挑战………………………… 167

五、我国平台经济发展的完善与保障……………………………… 174
(一) 平台经济安全管理的规范化………………………………… 174
(二) 构建"互联网＋监管"模式…………………………………… 174
(三) 构建平台经济社会责任评价体系…………………………… 175
(四) 完善与平台经济相关的法制体系…………………………… 177
(五) 平台经济发展规范化………………………………………… 180

六、促进平台经济未来新发展的政策建议………………………… 183
(一) 科学制定平台经济新发展政策的主要原则………………… 183
(二) 促进平台经济新发展的政策措施…………………………… 184
(三) 破解平台经济发展中关键制约因素的对策建议…………… 188

导　论

一、从产品战略到平台战略

在传统经济中,企业所面对的主要是单边市场,其战略主要是产品战略,以打造产品的核心竞争力为重点;而在数字经济中,企业可以借助数字和网络技术以非常低的成本构建交易平台、搭建和扩展市场,从之前经营产品转向经营平台。因此,企业发展战略也应该从产品战略转向平台战略。那么,如何打造和构建富有黏性、易于扩展的交易平台？特别是,如何从经营产品转向经营平台？这不仅是实业界关心的重要的实践问题,也是非常值得研究的学术问题。接下来,我们先简单回顾一下产品战略的相关理论和实践,再来讨论如何打造平台战略。[①]

(一) 产品战略面临调整

产品战略是指企业围绕产品所采取的战略。在单边市场上企业的战略管理理论以产品战略为主,侧重考虑如何提高企业的核心竞争力,生产出更受市场欢迎的产品,进而在激烈的市场竞争中脱颖而出。

其中最具代表性的是由哈佛大学教授、著名的管理学家迈克尔·波特(Michael I. Porter)提出的"企业核心竞争力"理论。[②] 该理论认为,企业最重要的任务是打造自己的核心竞争力。

1983年,波特与其他几位在美国哈佛大学商学院执教或从事研究工作的创始人,一起在美国马萨诸塞州波士顿的剑桥市成立了摩立特集团咨询公司(Monitor Group)。摩立特集团将波特教授的竞争战略理论应用于实践,以提高客户企业的竞争力为首要任务。公司凭借自身强大的理论资源和独特优

---

① 王勇,戎珂,平台治理——在线运营的设计、运营与监管,中信出版社,2018年版,第67页。
② 向坤,迈克尔·波特：企业竞争理论的构建者,现代企业文化,2010年第5期,第64-67页。

势,迅速跻身全球知名咨询公司之列,曾位列 Vault"咨询公司排行榜"的前五。巅峰时期,摩立特在全球 17 个国家和地区设立了 28 家分公司,①拥有约 1 200 名专业咨询顾问,客户包括全球各地的知名企业,其中很多为《财富》"世界 500 强"企业,而且超过 80%为长期客户。

诺基亚就是践行核心竞争力理论的代表。早在 20 世纪 60 年代,诺基亚已经发展成为一家产业涵盖造纸、化工、橡胶、电缆、制药、天然气、石油、军事等多个领域的大型跨产业公司。然而该阶段,诺基亚的业务范围并不聚焦,行业涉及领域十分广泛,而多元化的经营并没有帮助诺基亚在各个行业形成自己的核心竞争力。20 世纪 90 年代中期,诺基亚曾一度因为涉及产业过多而濒临破产。恰巧,当时正值波特的核心竞争力理论盛行,诺基亚管理团队受到启发,放弃了盲目的产业扩张和产品多元化战略,大刀阔斧舍弃了鸡肋的部分核心产业,并拆分了传统产业,只保留下电子部门,走向了产业专一和产品的差异化。

早期,诺基亚所采取的产品战略主要专注于硬件研发投入和工艺设计,大到如何生产出硬件耐用、相机像素更高的移动通讯设备,小到如何创作出深入人心的手机铃声,都是诺基亚研发团队的主攻点。为此,诺基亚团队极其重视研发领域。整个公司有 5 万多名员工,其中三分之一在从事技术开发工作,他们分布在包括中国在内的全球 12 个国家和地区的 4 个研究与开发中心。这些研究中心形成了一个全球合作网络,从而保证了诺基亚对技术发展的快速反应。为了进行这些研发,诺基亚投入的经费数额巨大。早在 1998 年,诺基亚用于研发的经费就占全年销售额的 8.6%,即 135 亿美元;1999 年又以 50%的比例递增。② 有一个业界趣闻,说诺基亚的研发中心 1996 年就在开发 2005 年才上市的产品。由此可见诺基亚对保持产品核心竞争力的重视。

后来,行业竞争日益激烈,为了进一步优化终端使用体验,诺基亚的产品战略不再单纯局限于硬件革新,软件的使用体验感也逐渐成为诺基亚的主要关注点。塞班(Symbian)操作系统的推出就是其中的典型代表。③

1998 年,诺基亚与 Psion、爱立信和摩托罗拉等联合组建了塞班

---

① 摩立特目前在我国的香港、北京和上海设有三家分公司。
② 李月佳、袁满,诺基亚在思考和创新中前行,东方企业文化,2009 年第 8 期,第 30 - 31 页。
③ 王勇,戎珂,平台治理——在线运营的设计、运营与监管,中信出版社,2018 年版,第 69 - 71 页。

(Symbian)公司,致力于为移动通讯设备提供一个安全可靠的操作系统和完整的软件及通讯平台(简称塞班系统)。① 凭借塞班优质、稳定的手控操作体验,到 2004 年第一季度末,塞班系统的客户几乎囊括了全球所有重量级的手机制造商。同时,诺基亚为了巩固自己在移动手机市场的绝对霸主地位,先后从摩托罗拉和 Psion 手中取得塞班公司的股份,进而独享了塞班系统使用授权带来的丰厚回报。

塞班系统不仅帮助诺基亚赚取了大量的授权收入,也帮助诺基亚在移动手机终端市场迅速构建起自己的优势。在传统手机时代,诺基亚从"大板砖"到"微型机",一路发展起来,独自占有大半个手机市场,可谓盛极一时。

诺基亚坚守产品战略为自己带来丰厚市场回报的同时也为自身发展埋下了隐患。塞班仅仅把自己定位于一个服务于诺基亚手机的底层支持,其一切研发都仅仅是为了实现诺基亚手机这一硬件产品的更好销售。在互联网时代,塞班被 iOS 和安卓两大后起之秀所追赶,后两者更强调为移动互联网发展提供终端接口的作用。基于 iOS 和安卓的开发设计获得了更多的消费者和开发者的喜爱:苹果手机和安卓手机为用户带来简单便捷的操作体验和丰富的手机应用服务;开发者也逐渐告别因代码数量多、API 接口不开放等导致开发环境极差的塞班系统,转向对开发者更加友好的 iOS 和安卓系统编写应用程序。

2011 年,诺基亚在智能手机市场份额的霸主地位被苹果公司夺去,标志着诺基亚开始没落。2013 年 9 月 3 日,微软宣布将以 54.4 亿欧元(约合 72 亿美元)收购诺基亚手机制造、设备和服务业务、Lumia、Asha 品牌,以及 10 年期的非独占专利许可证。然而即便有了业界大佬微软的扶持,微软治下的诺基亚仍然沿着原有的远不及 iOS 和安卓的 Windows Phone 的生态体系道路越走越艰难,最终无奈陷入独木难支的境地。2016 年 5 月,迫于业绩压力,微软官方宣布将其从诺基亚收购来的入门级功能手机业务出售给富士康旗下子公司,价格为 3.5 亿美元。2013 年,诺基亚被微软收购时,时任 CEO 约玛·奥利拉在新

---

① 2008 年 12 月 2 日,塞班公司被诺基亚收购。2011 年 12 月 21 日,诺基亚官方宣布放弃塞班(Symbian)品牌。由于缺乏新技术支持,塞班的市场份额日益萎缩。截至 2012 年 2 月,塞班系统的全球市场占有量仅为 3%。2012 年 5 月 27 日,诺基亚彻底放弃开发塞班系统,但是服务将一直持续到 2016 年。2013 年 1 月 24 日晚间,诺基亚宣布,今后将不再发布塞班系统的手机,意味着塞班这个智能手机操作系统,在长达 14 年的应用之后,终于迎来了谢幕。2014 年 1 月 1 日,诺基亚正式停止了 Nokia Store 应用商店内对塞班应用的更新,也禁止开发人员发布新应用。

闻发布会上说了这样一句话:"我们并没做错什么,但不知为什么,我们输了。"对此,风险资本公司 Andreessen Horowitz 的合伙人班尼迪克·埃文斯(Benedict Evans)在推特上发帖感叹:"诺基亚曾经价值 3 000 亿美元。如今,微软转手同一块业务的价格是 3.5 亿美元。"①

诺基亚输在没能及时从产品战略转向平台战略。所谓成也产品战略,败也产品战略。2009 年之前,诺基亚依靠具有"核心竞争力"的产品战略,打败各个竞争对手,独孤求败。但随着移动互联网时代的到来,没有及时转向开放和兼容的平台战略,固守塞班保守封闭的体系,给了安卓和 iOS 可乘之机。虽然波特的企业竞争战略理论在单边市场上获得很大成功,但是随着时代的发展,市场形态不再是单边市场,波特的理论自然也就暴露出很多不足,以核心竞争力为主的产品战略不再适用,诺基亚的成功与衰落就是典型的例证。在此背景下,波特创办的管理顾问公司摩立特在全球各地的子公司接二连三地破产,最终陷入资不抵债的困境。

2012 年 1 月,在纽约的最后一家摩立特公司被迫申请破产保护,最后以被德勤咨询收购而告终。诺基亚的失败和苹果的成功,昭示着数字经济中变革战略的重要性。摆脱单边市场的产品战略思维,面向多边市场打造平台战略,就成了所有企业在网络时代中的关键命题。

(二)如何打造平台战略

1. 平台战略与独角兽企业

随着数字和网络技术的发展,搭建交易平台变得极其容易,这使得越来越多的企业从经营产品逐渐转向经营市场,平台战略成为主导企业发展的关键。可以说,平台战略推动了工业革命以来最深刻的企业经营行为的变革,各行各业的企业纷纷放弃原先的产品战略,通过拥抱平台战略捕捉新的增长机会。与互联网技术相伴发展、共同壮大的亚马逊、谷歌和阿里巴巴等世界瞩目的企业都是平台战略的先行者。它们的成功并不是由于在产品或服务上取得了突破性的创新,而是采用平台战略搭建了提供产品或服务的平台。②

根据埃森哲 2016 年的研究报告《埃森哲技术展望(2016)》显示,2015 年,以平台战略为主要支撑的数字经济的整体规模在全球经济总量的占比达到

---

① 王勇、戎珂,平台治理——在线运营的设计、运营与监管,中信出版社,2018 年版,第 73 页。
② 王勇、戎珂,平台治理——在线运营的设计、运营与监管,中信出版社,2018 年版,第 76 页。

22%。全球排名前15位的平台企业的总估值已经达到2.6万亿美元。伴随着平台战略走进更多创业者的视野,预计到2020年,数字经济的占比将提高到25%,这个数字与2005年相比,足足提高了15个百分点。

由于数字交易平台很容易实现低成本扩张,因此实施平台战略给企业带来的突出业绩表现就是"高速成长",此时就出现了前所未有的"独角兽类型"的企业。独角兽企业这个词最初是由风险投资家艾琳·李(Aileen Le)提出的,她是一家位于加州帕洛阿尔托的种子阶段风险投资基金的创始人。其文章《欢迎来到独角兽俱乐部:从价值数十亿美元的创业公司中学习》提到,2000年以后成立的软件创业公司只有7%达到了10亿美元的估值规模,那些突破10亿美元大关的企业是如此罕见,以致要找到它们像找到一只"独角兽"一样困难。因此,这些优质的初创企业就被称为独角兽企业。但到了2017年6月,据美国风投数据公司CB Insights最新公布的独角兽企业榜单,全球共有225家独角兽公司上榜,总估值达到了6 790亿美元。其中,有超过140家是由平台战略推动发展的。值得一提的是,榜单显示,全球估值超过100亿美元的"超级独角兽"有15家,采取平台战略的就超过了10家。因此,如何采用平台战略来打造独角兽企业,成为所有企业家都非常关注的战略问题。[①]

2. 平台战略的制定

(1) 搭建和嵌入

制定平台战略首先需要搭建所在行业的交易平台。采取补贴措施吸引买卖双方到交易平台来参与交易是平台战略的第一步。

苹果公司于2001年推出iTunes(在线音乐商店)音乐播放器。苹果将它标榜为"世界上从未有过的、最令人惊讶的音乐播放软件",它能让用户将CD翻录成MP3文件,并在一个易于使用的界面下将他们的音乐整理归类。iTunes给用户带来了极强的音乐体验,用户能制作自己的混合CD并将它们重新刻录成新CD,口号"Rip. Mix. Bum."就源于此。在第一个版本的iTunes发布一周过后,苹果就宣布有超过27.5万的iMac用户进行了下载。

iTunes推出第一年亏损严重,直到第三年音乐销量才勉强实现账面持平。

---

① 这15家分别为:优步(680亿美元)、滴滴出行(500亿美元)、小米(460亿美元)、爱彼迎(290亿美元)、Palantir(200亿美元)、陆金所(185亿美元)、美团网(180亿美元)、Wework(169亿美元)、Spacex(120亿美元) Interest(110亿美元)、今日头条(11亿美元)、Flipkart(100亿美元)、Dropbox(100亿美元)、Infor(100亿美元)、大疆创新(100亿美元)。

但是,通过搭建在线音乐服务平台,iTunes 帮助苹果吸引了大量拥趸,实现了以服务带动硬件的模式,为随后 iPod(苹果多媒体音乐播放器)、iPad(苹果平板电脑)和 Macbook(苹果个人电脑)推出后的热销打下了坚实的基础。iTunes 从最初的音乐播放器发展到今天,已经成为一个绑定支付方式、应用和各种终端设备的整体数字内容消费平台,成为苹果用户必不可少的选择。

(2)成长期:采用利基策略(niche strategy)[1]

企业在初创时,羽翼未满,尚不具备与行业巨头抗衡的能力,平台企业必须要有自己的定位,拥有自己的利基市场,从而在市场上站稳脚跟。在利基市场构建起自己的优势,就可以在变化莫测的跨界竞争中体现自己的不可替代性。

苹果公司一直以来推出的各类移动终端主要面向具有较强消费能力的白领阶层,各类产品的客单价都处于同类产品中的前列。长期以来,苹果公司践行针对高端用户开发产品的利基策略并极力为用户提供优质服务,久而久之,苹果的产品就给人一种性能佳、体验好、印象深的观感,帮助苹果手机形成了较为巩固的行业壁垒和用户认知,使苹果手机能够自如地应对其他手机厂商的竞争。以智能手机市场为例,OPPO、vivo、小米等众多手机厂商在中低端智能手机市场上竞争激烈,大打价格战。而苹果推出的 iPhone 系列智能手机则主要面向高端用户,虽然出货量不如 OPPO、vivo、小米,但是利润水平却远远高于后者。然而,我们也应认识到,利基策略是在平台企业初创的首选。企业通过利基策略奠定了自己的市场地位后,就可以扩大自己的目标客户。苹果于 2016 年发布的 iPhone SE 即是如此。iPhone SE 不是一款旗舰定位的产品,它主要瞄准的是发展中国家市场,既可以满足用户的差异化需求,又能痛击逐渐抬头的安卓品牌。[2]

(3)成熟期:扩展市场边数

有了 iTunes 的成功经验,苹果公司不断尝试推出类似的平台。2008 年,苹果推出 App Store,用户可以在 App Store 下载安装自己喜欢的应用程序,丰富 iPhone 的使用体验。App Store 将应用程序开发者与应用程序用户联系了起来。随着开发人员数量的增加,用户的数量也在增加,这就产生了"网络效

---

[1] 利基策略(niche strategy)是指企业在面对激烈的市场竞争时,需要能够在某一细分领域实现深耕,进而在复杂的市场环境下找到得以生存、发展、壮大的途径。

[2] 王勇、戎珂,平台治理——在线运营的设计、运营与监管,中信出版社,2018 年版,第 78 页。

应"。在这个过程中,应用程序开发者带来的价值越大,就越能吸引更多的消费,有了资金就可以投入更多的生产,如此往复,以滚雪球的形式为苹果带来源源不断的利润。亚马逊创始人兼首席执行官杰夫·贝佐斯(Jeff Bezos)将这种强化的良性互动称为"亚马逊飞轮"。卖出更多 iPhone——更多用户下载 App——更多的开发者来开发 App——更加智能的生态系统——吸引消费者——卖出更多 iPhone……这个良性循环带来的是苹果收入的稳步增长。目前全球的活跃 iOS 设备总价值已经超过 15 亿美元,凭借其强大的硬件、软件和服务生态系统,苹果公司形成了极其稳固的竞争壁垒。

根据苹果公司所公布的资料,2016 年 App Store 营收达到 285 亿美元,为开发者带来了超过 200 亿美元的收入。苹果从中获得了 30% 的分成,即约 85 亿美元。相较于 2015 年,增长率高达 40%。App Store 中的应用总数日益上升,这反过来又提升了 iPhone 产品的吸引力。

除了满足主流消费者需求的 App Store,苹果相继推出了 iPad、iBook、Wallet、Apple Watch 等多种不同终端和平台市场,满足不同用户的差异化需求。这些不同平台市场之间的交叉网络实现了对客户群体资源利用价值的充分挖掘,使得不同类型的服务之间形成了很好的互补,增强了消费者对苹果产品的依赖程度。

通过对平台战略的主要内容进行梳理,我们可以发现由产品战略向平台战略转变,主要体现在以下几个方面。

第一,从资源控制到资源整合。在产品战略中,核心资产是有形资产,如矿山、土地等;而在平台战略中,平台企业需要拥有的核心价值是知识产权和社交人群,社交活动产生的交易需求和数据资源是平台企业最有价值的资产。

第二,从内部优化到外部交互。产品战略强调通过对劳动力和技术资源的优化配置来提高生产效率,增强核心竞争力;平台战略则更加注重如何更好地促进生产者和消费者之间的频繁互动,实现企业外部参与各方的高质量交互。

第三,注重构造生态系统面。平台战略关注的不是单个客户的价值,而是一个循环的、迭代的、反馈驱动延展性极强的生态系统价值。进而可以发现,衡量企业成功与否的标准在产品战略和平台战略下也不尽相同。在产品战略下,以核心产品的竞争力为衡量依据;在平台战略下,以生态系统的健康和多样性为衡量依据。

(三) 发展平台战略的必要条件

虽然平台战略逐渐成为市场主流,但也并非所有企业都适合采取平台战略。一般而言,企业发展平台战略要满足以下几点条件。①

1. 存在两个或多个不同性质的用户群体

存在两个或者多个不同性质的用户群体,是指企业在该市场中至少要面对两类性质不同的市场需求。正是由于面对的客户群体的不同,希尔顿和爱彼迎采用了不同的经营策略。

希尔顿全球控股有限公司(Hilton Worldwide Holdings Inc.)的前身为希尔顿酒店集团公司(Hilton Hotels Corporation),是黑石集团旗下附属公司,是一家跨国酒店管理公司。截至2013年2月,希尔顿品牌在84个国家和地区拥有4 080家酒店,拥有超过67.2万间客房。希尔顿酒店集团公司2010年在《福布斯》之"全球最大的私人企业"(The Largest Private Companies)名单中名列第38位。② 希尔顿作为酒店服务行业,只能够从房客这一类客户群体身上赢利,所以希尔顿是典型的单边市场企业。同时它只能采取产品战略来打造自己的核心竞争力,强化自己的市场地位。

爱彼迎成立于2008年8月,总部设在美国加州旧金山市。爱彼迎是一个旅行房屋租赁社区,截至2017年,爱彼迎用户超过2亿人,遍布191个国家和地区的近65万个城市。爱彼迎被《时代》周刊称为"住房中的eBay"。爱彼迎作为租房服务平台,同时面对房东、房客和广告商等多方客户群体,可以同时从多方客户群体获利。所以爱彼迎是典型的多边市场企业,它可以通过平台战略,实现客户群体在爱彼迎的大规模聚集。③

2. 不同用户群体之间存在正的交叉网络外部性

前文我们提到,交叉网络外部性是指,一类用户群体规模的增加对其他类别用户群体聚集产生影响。如果一类用户群体规模的增加会促进另一类用户群体的增加,我们称这两类用户群体之间存在正的交叉网络外部性;反之,如

---

① Evans D S. The Antitrust Economist of Multi-Sided Platform Markets [J]. Yale J. on Reg. 2003, 20: 325.

② 何豆莎,平衡计分卡在酒店经营管理中的运用——以希尔顿酒店为例,经贸实践,2015年13期,第332+334页。

③ 王勇、戎珂,平台治理——在线运营的设计、运营与监管,中信出版社,2018年版,第83页。

果一类用户群体规模的增加会减少另一类用户群体的数量,我们则称这两类用户群体之间存在负的交叉网络外部性。交叉网络效应能够对平台的出现做出很好的解释,游戏平台即为一个很好的例证。游戏玩家希望能够有尽可能多的游戏种类选择,游戏开发者也希望有尽可能多的游戏玩家,平台的出现不仅能够满足双方的这种需求,而且随着游戏玩家在平台上聚集得越来越多,游戏开发者也会越来越多;同时随着游戏开发者越来越多地涌入平台,游戏玩家也会越来越多。平台的出现可以帮助各市场参与方更好地产生联系,提高了市场效率。这一点对于婚介市场同样适用,随着男方和女方的人数增加,婚介市场也会变得越来越有价值。

单纯存在两个或者多个不同性质的用户群体是决定企业能否发展多边市场的先决条件,至于开展什么样的业务,就需要关注企业想要吸引的不同用户群体之间是否存在正的交叉外部性。

3. 企业能够内部化市场参与者之间产生的外部性

在真实的交易活动中,受限于诸多交易成本,不少商业活动难以开展。此时,如果没有平台企业的存在,两类不同的用户群体之间即使存在交叉网络外部性,也难以实现有效聚集并达成交易。平台企业的出现,为协调双方的交易活动提供了保障。此时,平台企业就实现了市场参与者之间外部性的内部化。

微软在创办早期正是通过内部化市场参与者之间的外部性这一途径,成功突破了发展的瓶颈。最开始微软在推广自己的 Windows 操作系统时,需要逐个拜访软件开发商,希望开发商能够帮助微软开发出适合 Windows 操作系统的应用程序。但是,软件开发商要么要价高,要么根本不愿意与微软合作。比尔·盖茨最终下定决心,放弃与软件开发商合作,自己独自开发与 Windows 操作系统相匹配的应用程序。近些年来,伴随着互联网 Explorer、Office、Bing、Windows Phone 等产品先后推出,微软成功完成了多种应用程序和终端的内部化过程,实现了不同业务板块外部性的内部化,推动了微软的跨越式发展。[①]

正如世间万物都在发展变化,人类不能两次踏进同一条河流,对于企业而言,在不同的市场环境下,也应采取不同的发展战略。诺基亚是单边市场上通

---

① 王勇、戎珂,平台治理——在线运营的设计、运营与监管,中信出版社,2018年版,第85页。

过采用产品战略成为巨无霸企业的行业王者；以苹果公司为代表的多边市场企业则通过采用平台战略改变了行业格局。

苹果的成功和诺基亚的衰落告诉我们，在互联网时代，平台的搭建成本越来越低，销售产品不再单单是销售产品本身，而是在经营和销售一个平台市场。无法创建平台、不了解平台战略的公司势必不会具备长久的市场竞争力。

平台战略既然成了市场的新宠儿，那么如何实现平台的有效治理就成了决定企业发展成败的关键。第二部分，我们就从价格结构、声誉机制和大数据分析三个方面阐述如何实现平台的优化和增效。

二、平台经济安全管理的重要性

平台经济作为经济发展的重要力量，平台治理的安全管理规范化进程也需要加速进行。无论是跨足电子商务之前的实体交易，抑或当前所谈论的平台经济，就交易主体而言，"企业经营者"与"消费者"二者皆是指法律上所称的"自然人"（Natural Person）。网络交易的特色之一，为交易双方并未实际碰面，而是通过所谓的"电子代理人"（Electronic Agent）来传递交易信息。

一直以来，管理学上都有公共管理与企业管理的界限与区隔，但从现在的趋势来看，两者的融合度已经越来越高，并形成了一种可持续的良性循环——在这个循环里，企业家获得既定收益，政府则在其中起到兜底的作用，并在相互平衡中兼顾公共民生。因此，需要明确的是这一融合过程是基于互联网背景的影响，这与以往有所差别。而平台的意义就在于通过互联网的优势整合民生的边界与碎片，比如云泊解决的就是停车资源碎片化的整合问题。

社会大众的生活本质上是非常琐碎的，各种各样琐碎的需求都想要获得相应对等的服务。然而，由于信息的不对称，导致这一类服务的成本十分高昂，但互联网的出现，使得这一成本急剧下降。一边是企业家发展新商业模式获得赢利的机会，一边是政府利用企业家力量降低公共服务成本并提高相应满意度的机会。面对这样的机会，二者该如何做到有效整合？这也正是网络平台经济兼顾民生问题的关键所在。对此，需要进行以下三个方面的思考。

其一，要挖掘出互联网与民生之间的契合点与以前有何不同。现在，人们常说Web1.0、2.0、3.0，所谓1.0是将线下的东西搬到线上；2.0则开始产生互动,从而根据客户需求提供个性化的服务;3.0是目前最高版本,此时在内容的生产上,提供者与消费者之间得以通过共创的形式共同生产,而不仅仅提供单方面的服务。比如丁香园平台,对于医生而言也是一种学习过程,而不只是单方面提供专家服务。眼下互联网大数据下的医疗服务,其最大特点在于医生可以从成千上万个病例中得出最基本的规律,而在过去医生只能依靠自己的个人经验。对于医疗规律而言,精准程度是非常重要的,医生可以通过这样的平台,让自己的水平得到极大提升。因此,到了3.0阶段,互联网经济平台和民生服务是可以共创共建,并做到共赢共享的。

其二,对于管理而言,涉及企业营利组织和政府非营利组织,这两者该如何融合?其中非常重要的一个步骤,是转变管理的范式。过去的范式只有挣钱与花钱两种,即企业挣钱、政府花钱,企业与政府两者区分对待。但在互联网背景下可以将两者结合起来,进行范式的转变。互联网平台的盈利模式与传统工业化时代的企业盈利模式不同,政府也同理,其治理结构、治理体系也在随着时代发展而发生着变化。相比过去政府的典型管理模式,眼下政府更多的是参与式、互动式管理模式。此外,相比过去政府部门之间界限的清晰划分,现在要做的也正是打破部门之间的边界,实际上这就是管理模式的转变,是一种行为处事基本规则的变化。总而言之,目前政府和企业都在管理绩效的基础上转变了方式,这一点在企业中体现得尤为明显。网络平台经济最典型的特点就是需要第三方和第四方的存在,将他方的碎片化资源和需求整合起来,由第三方网络平台经济的服务公司去服务,并能从中盈利,这就是范式转变的意义。

此外,互联网平台企业的典型特点在于其主打产品往往是非盈利性质的,但是这个产品却具有高强度的用户黏性,又能与外部产生较大的互补性。因此,企业可以通过主营的非盈利性产品及其业务吸引到呈几何级数增长的客户,从而通过识别和区分客户需求,将其交予不同专业的第三方公司供给服务并盈利,这就是目前最典型也最有效的商业模式创新,呈现出互联网生态系统中多元互动的典型特点。在这个系统当中,价值是通过互动互补来创造的。如在丁香园平台中,医生与患者之间就存在互动互补,医生的信誉来源于患者对他的打分,医生也可以通过对患者的打分来达到相互制约。这就是通过互动互补来创造价值,即一种过去需要花费高昂成本才能够满足的需求,现在可以通过范式转变来降低成本。此外还可以通过互补性的价值创造提供更多更高品质的需求和服务,如在丁香园平台中,患者原本只有看病的需求,但是在满足了看病需求之后又有保健、健身等各种衍生需求,医生原本与体育管理没有直接关系,但又因为这种多向的衍生需求而建立了一种新的联系,从而在这个领域中产生了可供创造的空间,附加值也随之增高。这一范式转变的节点在于如何实现双方的共享共赢,这就涉及盈利模式。

因此,对于企业家而言,良性循环的生态系统是互联网创业最希冀和依赖的盈利模式,也是其中最为关键的一步,如果没有良性循环的互联网生态系统作为保障,那么即便能提供各种各样的即时服务,也都是不可持续的。目前真正能够实现可持续盈利的案例并不多,其中的关键还在于范式的转变依然处在过程当中。政府要转变自己的行为,企业也要重新审视自己的竞争优势。从成功的例子来看,所谓网络平台经济,其特点在于不局限于某一项专业服务,而是不断地让做专业服务的人能够做得更好。

其三,需要思考政府在平台经济条件下如何做好管理工作的加减法。关键在于守好底线。我们可以反思一下市场经济、小康社会、富裕社会的底线是什么。若假冒伪劣产品依然能够在社会中膨胀,甚至堂而皇之地登堂入室,那么就不能将其称为富裕社会。政府的工作就在于确保底线不被突破,在底线确保的情况下,才有可能进行更好的创新。因此,针对网络平台经济兼顾公共民生服务的底线就在于坚守基本质量要求和明确资格认证。

市场经济是信用经济,平台经济更是如此,它建立在人们对于底线守护的基础上。因此,政府依然需要制定一系列资质标准。就眼下而言,最重要的是要扶持第三方服务机构的成长。中国历来都只有甲方乙方的交易和互动,两方立场和利益机制的不同和直接冲突往往导致矛盾重重,如业主永远希望交更少的物业费并享受到更好的服务,然而物业公司却永远希望用更低的成本提供有限服务,这两者必然存在直接的矛盾。假设有第三方的出现,那么情况就会有根本转变,在相关协议的约束、相关法律和专业服务的运作之后,双方就能更好地融合。

因此,随着市场经济的发展,从政府的角度看,第三方机构可以承担起许多自己所不能及的具体责任;而从企业的角度看,企业尤其需要打破传统思维,重新反思互联网经济的商业模式。这个商业模式的典型特点在于很多企业从过去的买卖合同关系转变成了共建、共创和共享的关系,这也是互联网经济带来的效应。在这个过程中,需要新一代人用新范式、新思维、新体系去打破固有的边界。与此同时,企业家们的责任在于在获得更多赢利机会的同时助推社会的和谐发展。

综上思考,良好的政府治理只是其中一个方面,而真正落地的价值还在于,在互联网经济的平台上更好地激发企业家们的创造能力。唯有如此,才能催生形成新型的、基于管理新范式的社会管理结构,使网络平台经济得以与公共民生服务相得益彰,从而凸显站在新台阶上的城市社会经济发展的新动能、新内核。[①]

[①] 吴晓波,互联网平台经济催生管理新范式,浙江经济,2017年第9期,第10-11页。

第一章　平台经济及其管理的基础理论

一、平台经济的实质与特征

(一) 平台的定义

商品市场平台是指形成和促进商品买卖双方或多方之间交易的场所。这个场所可以是实体的,称之为实体商品市场平台(又称线下平台);也可以是互联网虚拟的,称之为电商平台(又称线上平台)。在现实经济活动中,平台运营商(交易场所提供者和运营者)提供一个或者多个线下或线上平台,通过向买卖双方提供服务,促成买卖双方或多方之间的交易,进而以收取费用、赚取差价等方式获得收益。

实体商品市场平台,即线下平台,是由第三方(平台运营商)或卖方提供的现实交易场所,例如购物商城、建材市场、小商品城等。平台提供商品展示、信息传递等功能,买卖双方可以进行自由交易。平台运营商(政府或商家)负责市场的建设和维护,制定交易规则和制度,以联营或征收租金等方式运行管理。

电商平台,即线上平台,主要是指以互联网及其应用为支撑的虚拟交易场所,是随着信息技术的快速发展而产生的新型商品市场平台。线上平台可以满足买卖多方主体信息透明、交易自由、服务提升等多样化、个性化需求。电商平台运营商是指建设和运营互联网虚拟平台的企业,主要负责电商平台的建设、维护与发展。

(二) 平台经济的内涵

平台经济是产生于平台、双边(或多边)市场及其外部性等经济现象的总和。总体而言,围绕平台(平台运营商)产生的一系列经济活动及其外部性构成了平台经济,平台运营商及其参与者的经济活动所构成的交易市场被称为双边(或多边)市场。围绕着平台交易产生的各种衍生经济行为,如物流、金融、咨询、中介、人才培训等形成了平台发展的生态圈,又产生了新的价值创造与新型产业发展,这就是平台发展的外部经济性。

目前,学术界对平台经济的概念并没有统一认识,本书综合各类观点将平台经济定义为围绕平台、平台之间、平台上多方主体产生的一系列经济现象及其外部性的总和。

(三)平台经济的特征

1. 虚拟性

互联网电商平台虚拟了交易空间,可以摆脱实体场所的地域与时间的约束。电商平台打通供需双方的非现场直接交易信道,大部分功能在网络虚拟空间运行,由电商网页提供商品信息,线下只有少数运营和维护部门。该特性降低了对实体店的要求,同时减少了实体店的物流、仓库等流通环节,转而提高了对跨地区物流体系建议的要求。

虚拟性使电商平台擅长跨地区经营。网络化的特点使平台跨地区进入能力极强,在较低成本下实现了空间的无限分布,其扩散能力几乎只取决于物流等成本。

虚拟性使电商平台产生大量数据用于生产创新。信息技术时代大数据成为重要的生产资料,电商平台将人类的交易行为通过数据形式表达,将交易流通过程即时反映出来,同时这些数据存在于网络云端,便于监控与改进。尤其是一些买卖双方关键特征以数据形式被放大和展示,便于深层挖掘买卖双方的需求。

虚拟性使电商平台具有低成本复制的特点,即边际生产成本趋近于零。平台搭建的成本投入较高,但后期增加交易或需求方的成本提升很少,从而鼓励了平台进行创新。以电商平台为例,电商平台的搭建只需有限的固定成本,但是电商平台上店铺和用户却可以无限零成本增加。开店只需商家申请账号,再根据产品特点更新价格、信息和服务。而在传统零售领域开店则需商铺租赁、工商注册等,费用和协调成本较高。

虚拟性使电商平台利用了互联网的时间与空间的无限延展性、信息交换的方便性、商品与服务展示的可能性,极大地满足了买卖多方主体信息沟通、交易选择、服务优化等需求,已经成为社会、经济、产业、生活等诸多方面发展的重要基础架构。

2. 网络外部性

网络外部性是指通过建立使用者之间的关系网络，达到平台价值激增的目的。网络外部性为电商平台带来价值杠杆。平台企业为买卖双方提供交易服务，而网络外部性带来了增值效应。平台经济的网络外部性可以分为同边外部性、直接外部性和间接外部性。

第一，同边外部性。同边外部性是指一方用户数的增加导致这个网络对于同一方用户的价值升高或降低。例如电商平台中的社交网络功能、消费评价机制。

第二，直接外部性。直接外部性是指平台的价值与使用该平台的用户规模和交易规模直接相关。

第三，间接外部性。间接外部性又称交叉外部性，是指平台一类用户数量增加影响该平台内另一类用户的价值。

3. 开放共享性

好的平台具备分享信息、资源、商品或服务等的能力。平台为分享提供了机制、渠道和场所，使分享、共享成为新型商业模式的基础。分享平台为供需双方整合碎片化的资源，促进资源合理流动，提高资源使用价值和效率，节约了社会整体成本。

互联网电商平台在提供基础服务的基础上，开放自身资源，让更多的第三方资源与组织或个人参与到平台的生态系统开发中来，把分散的碎片化的资源、信息、数据等在平台上集聚并共享，从而可以提供丰富的应用或者服务。平台的开放集聚特点导致平台经济是一个开放系统，它可以吸引资源，把分散的资源集中起来，合作参与、共同开发，从而实现多方共享、共赢，产生规模效应以及集聚效应，提高平台价值。[①] 基于开放性，平台也就更容易与其他产业进行合作。

（四）平台经济的效用

1. 催生新产业链形态

传统产业链是直线型产业链，成本利润沿产业链单向流动。线下商品市场平台也可以通过双边交易市场的形式，达成新的产销结合商业模式，优化流通行业产业链。而电商平台整合上下游各主体，供给方与需求方通过平台直接对接、

---

① 王玉梅，平台经济与上海的转型发展，上海社会科学院出版社，2014年版。

沟通,重构供求关系,形成平台式产业链。此时,信息流、商流、物流、资金流运转更顺畅,资源配置更合理,商业运作效率提高,成本降低,[①]例如 BB 平台。传统直线产业链存在多层级代理导致的层层加价、增加库存和物流成本等问题,而平台式产业链则可以让供应方和采购方直接对接,提高产业链运行效率的同时降低了双方成本。

2. 形成新价值

其一是创新零售商价值链。零售商向商家批发产品,转卖给终端消费者,商家和终端消费者通过零售商了解行业相关信息,即零售商(包括线上、线下)集支付、商品信息、物流等功能于一体。而电商平台重点运营电子商务网站,为买卖双方提供信息,达成交易,而将物流、支付等外包给第三方公司,如淘宝成立第三方支付平台支付宝等,将价值推向价值链两端,弯曲和缩短价值链。

其二是创新供需协作方式。传统产业协作主要沿产业链直线进行,不同产业链之间存在进入壁垒。而平台经济下,产业链各环节以消费者最终关联为目标,以消费者为核心进行协同发展。[②]

3. 呈现新型盈利特性

平台的盈利方式更为丰富,体现出新的特点。第一,网络效应是平台商业模式的主要基础来源之一。通过对产生需求的关键环节定价获取盈利。第二,挖掘买卖双方交易数据成为重要的盈利方式。由于平台运营商联结和主导上下游产业链,因此采用数据挖掘的方式,可以有效利用市场双方数据并获得利润。第三,盈利环节增多,盈利方式多元化。除了交易环节抽成以及流量等"租金"来源,供应链服务、金融服务、征信服务等增值项目也成为重要的盈利来源。

二、平台经济安全管理理论

(一)安全管理理论

1. 安全管理的定义

一般来说,安全管理指的是管理者以国家的法律、规定和技术标准为依

[①] 2016 年中国 B2B 电子商务行业研究报告,2016 年 6 月 9 日,艾瑞网,http://report.iresearch.cn/report/201606/2595.shtml,2020 年 9 月 9 日访问。
[②] 阿里研究院,平台经济,机械工业出版社,2016 年版。

据,有计划、有组织、有指挥地对安全生产进行协调和控制的一系列举措,从而达到保护生产者在生产过程中的安全以及经济体的效益和效率。安全管理理论应用于生产生活的多个方面,小到企业的技术进步,大到国家的经济发展。作为人类文明、社会进步的一种象征,对安全本质的认识应该是预知、预测、分析相应的危险,从而达到限制、控制、消除危险的目的。

安全管理理论最早源于社会生产。12世纪《防火法令》在英国颁布,17世纪《人身保护法》的面世使得安全管理的内容逐步扩展,安全管理体系初步形成。

18世纪中叶,以蒸汽机的发明拉开了工业大革命的序幕,生产机器开始大规模地应用于工业化的生产,现代工业自此兴起并以较快的速度开始发展。20世纪30年代,很多国家设立了安全管理的相关机构,众位学者纷纷从理论上和在实践中完善安全管理理论体系。进入20世纪50年代,经济结构开始转型,人民的生活水平迅速提升,在创造更多就业机会的同时,时代发展还提出了新的要求。人们对于安全管理的认知发展也不同以往。

2. 安全管理理论的现状及发展方向

安全管理理论作为管理理论的一个重要范畴,其根本目的仍脱离不了社会经济发展,仍旧是保障社会经济活动和生产、科研活动的顺利进行和有效发展。这一理论仅仅是对这一目的附加了新的要求,即处理好国民经济内各个部门、各个集团以及个人对于安全的相关关系。在安全管理理论中,社会经济发展不只是满足人类的物质和生活需求,更要满足部门、集团乃至个人对于安全方面的要求。

在安全管理理论中,必须以正确的方式处理好五种关系。[1] 其一,安全与危险并存。在经济发展社会生产的过程中,安全与危险既是相互对立也是相互依赖,要保持安全的生产状态,离不开多种措施和手段的实施。通常来说,危险可以预知,可以控制。其二,安全与生产的统一。作为人类社会存在和发展的基础,生产提供了最重要的生存和发展的物资。安全则是生产者对于生产过程提出的客观要求,只有组织安全的生产活动,才能有助于国家、人民和社会的发展进步。其三,安全与质量的包涵。在生产过程中,质量不能局限于工作效果,更要体现对于安全的要求。安全服务于质量,质量也离不开安全的

---

[1] 刘铁忠,李志祥.企业安全管理理论研究综述[J].科技管理研究,2009,29(02):149-152.

保证。其四,安全与速度互相保证。生产离不开真实与可靠,速度应该以安全为基础。其五,安全与效益的兼顾。在生产过程中,既要保证安全生产,还应满足经济的合理性。安全不会限制效益,反而可以助力效益的增长。

从现代理论来看,安全管理究其根本仍为管理,而安全管理体系是基于安全管理的一整套体系,包括安全组织、安全目标责任制、安全制度、安全培训、应急预案及安全演练、设备设施的安全维护以及日常安全监管,根本目的还是为了实现安全生产目标。

从安全管理理论产生和发展的历史可以看出,社会经济活动的发展是推动安全管理理论发展的最主要的因素。21世纪是以知识经济为主要特征的时代,安全管理理论的发展进程也会与之匹配随之加快。对于未来安全管理理论来说,其一需要重视信息技术日新月异的发展。当信息化、知识化逐步渗透于管理理论的各个层面,安全管理理论应往广度与深度发展。其二需要适应客观环境的复杂多变,让创新成为安全管理理论的主旋律。企业作为安全管理理论实践过程中的重要部分,生存和发展都依托于对客观环境的应变能力。信息时代具有多变性、复杂性的特点,创新则是企业跟上时代发展节奏和变化速度的真谛。其三需要主动向国际化方向靠拢。全球化带来的深远影响造成了市场的国际化,从而使得国际经济循环愈发地向深层次发展。跨国企业的存在于各行业内已稀松平常,安全管理理论要适用于当代经济的发展,离不开国际化的演变。

(二)平台经济的安全管理

1. 平台经济的发展综述

1.1 平台经济的发展现状

随着信息技术在全世界范围内不断扩展,平台经济通过互联网等技术在全世界范围内飞速发展。从经济社会发展的角度理解,平台经济的传播能够提高整个社会范围内的资源配置效率,有利于技术和产业加速演进,推动信息化、数字化、智能化工业的扩张,从而贯通国民经济的各个环节。[1] 平台经济为数字经济的发展带来了更加广阔的想象空间,是整个新经济生态的一部分。平台经济存在的价值,不仅仅是它自身所获得的成长,更在于其为整个经济的创新带来的活力。

---

[1] 颜廷标. 推动平台经济规范健康持续发展[N]. 河北日报,2021-05-07(007).

鉴于平台经济在社会各领域的广泛深入,有关平台经济的安全发展也成为消费者最为核心的诉求。从长期竞争者的角度来看,只有坚持安全且稳定的平台经济,才是获得长远发展的途径。就现实状况而言,平台经济仍然存在诸多问题。相对于传统经济而言,平台经济受其发展模式的约束存在固有的缺陷,平台企业很难对相关的从业者进行高度统一的管理。这一模式在一定程度上加大了风险发生的概率。[①]

根据中央财经委员会第九次会议的内容可见,目前针对促进国内平台经济安全建设所提出的基本思路和相关举措都是较为宏观的,其从战略意义上进行了全面概括。一方面,会议肯定了我国现有平台经济的发展态势仍旧处于积极层面,然而另一方面也不能忽视问题的存在。一些平台企业发展不规范、存在风险,平台经济发展不充分、存在短板,监管体制不适应等问题也较为突出。会议强调,要想实现平台经济安全、健康发展,必须把握平台经济发展规律,建立健全平台经济管理体系。

促进平台经济安全发展,离不开平台企业的努力。由于传统组织载体以及传统商业模式受到信息技术广泛渗透的影响,平台企业已经成为承载平台经济的新型微观组织形态。比之于传统的企业,平台企业的特殊之处是建立了新型商业生态圈,通过价值共创的方式来聚合以及包络用户。平台企业不仅仅是通过信息技术来连接市场中的供给方和需求方,更是拥有自主制定双方使用者价格结构的独立组织。[②] 由于网络效应的影响,在此之下,风险责任也对平台企业提出了更高的要求。首先,平台企业在提供商业服务的过程中,难以彻底规避风险。鉴于现有的平台企业发展案例,平台企业对所面临的风险进行有效的研究能够提高企业的存活率。就目前而言,平台企业与平台经济的安全发展脱离不了健全的法律制度,只有不断地发现经营模式漏洞并规避相应的法律风险才能使企业更好地发展。以网约车为例,根据近些年来网约车的发展路径,不得不承认网约车服务平台给传统行业带来了崭新的经济增长点。然而,在获得利益的同时,相应的风险也不应忽略。有关网约车司机的爽约行为、对乘客实施暴力犯罪行为,甚至屡屡发生的交通事故,这些事件的背后原因都值得平台企业深思。[③]

---

① 张成刚.平台经济安全问题不是小事[N].经济日报,2021-02-27(007).
② 肖红军,阳镇.平台型企业社会责任治理:理论分野与研究展望[J].西安交通大学学报(社会科学版),2020,040(001):57-68.
③ 牛凯.平台企业的法律风险及防控对策[J].检察风云,2018(19):16-17.

平台企业,应当全面审视在自身发展过程中遇到的法律风险,采取措施将风险概率降至最小,从而能够在最小的范围内获得最大的利益。此外,为了达到吸引更多双边用户的目的,平台企业多采用多元化战略,依靠不同业务板块的交叉来提高用户的效用。平台企业应当选择适合的行业实施这一战略。平台经济作为一种新型的经济发展模式,在未来发展上没有经验可以借鉴,故而平台企业更容易在其经营过程中产生战略风险,不同类型的平台经济主体面临的战略风险也各不相同。随着平台经济在当今社会的不断蔓延,平台企业规模不断扩大,信息传递失效、运行效率低下等问题都会给平台企业经营带来影响。[①]

1.2 平台经济发展的风险分析

平台经济已经通过互联网平台延伸至方方面面,随着相关领域司法案件的不断涌现,社会各界对平台经济的风险进行了深入思考。近年来,平台企业数据问题层出不穷,包括了数据的采集、流通以及应用等各个方面。数据以及客户信息已经沦为个别平台掠夺用户利益的工具,部分信息泄露已经严重危及社会和财产安全,大数据滥用带来的社会乱象接连不断地出现。例如,平台可以通过个性化推荐的算法,在实现用户数据收集、算法分析、反馈增进的过程中强化甚至是掠夺用户主体地位,控制用户的选择心理和交易习惯,从而影响用户做出正当合理的选择。此外,平台还可以借助算法实现个性化推送,在不同消费者之间依据重要性实施差别定价。

关于平台经济数据治理方面的短板与漏洞,国家相关部门先后出台各类法律法规和相关条例办法加以规范和引导,不少平台企业也积极参与其中。

纵观国内平台企业的数据安全状况,存在诸多问题。首先,缺乏有效的数据信息管理制度。由于数据安全涉及众多方面,信息技术也处于日新月异的高速发展时代,平台企业的数据管理也需要随着网络技术的发展做出相应的调整,这是一个动态化的过程,需要各项工作及时进行。基于现实考虑,平台企业更多是在前期制定管理措施,而对于系统运行的相关风险和安全需求却受到现实限制难以做到同期化管理。此外,虽然信息化技术更新换代,但平台经济涉及的软硬件难免存在漏洞。一旦企业对于数据安全建设投入不足,工作人员经验不够,企业的网络结构很容易产生可趁之机,最终难以保障数据的安全。此外,大数据的数据类型和数据结构远远不同于传统商业数据,数据的

[①] 景文抒.互联网平台企业风险分析与未来展望[J].生产力研究,2019(11):134-137.

储存对于平台经济来说也是一个较大的挑战。通过对平台经济的经营模式分析,其涉及的数据量是以指数级的速度在增长,如若以频繁无序的方式运行,极易造成数据存储错位和管理混乱,从而埋下安全隐患。这就要求平台企业拥有相应的安全升级机制。总的来说,平台企业不仅应从源头抓起,规范数据的采集,确保全过程合法合规,更要发展公平公正竞争有序的数据运营体系,从而加强数据的安全防护。

美国在1890年颁布了第一部反垄断法《谢尔曼法》,设置了价格歧视、排他性交易和附条件交易的相关禁止性规定,同时奠定了对滥用市场支配地位行为的经济赔偿和刑事处罚,由此奠定了美国反垄断法律体系的基础。1914年,美国颁布两部新反垄断法——《联邦贸易委员会法》和《克莱顿法》,对《谢尔曼法》进行了修正和补充。这三部法律及相应修正案作为美国联邦层面的反垄断成文立法,随后的一个世纪里,在美国标准石油、美洲铝业公司、IBM、AT&T和微软公司五个著名反垄断事件处理中发挥了关键作用。① 自2016年开始,全球17个国家共84起反垄断调查在平台经济领域展开,Google和Facebook收到的反垄断投诉接连不断,分别合计罚款96亿美元和51亿美元。这些反垄断调查更多地集中于隐私保护、数据跨境传输等滥用数据的行为。即便在国内,一些规模较大的机构通过开展综合业务,大量汇集信息流、资金流与产品流,利用基于网络的数据存储技术使得金融数据高度聚集,从而达到"数据寡头"的地位。② 就国内情况来说,阿里巴巴因"二选一"涉嫌垄断,被相关部门罚款182亿元,互联网的另一巨头——美团也因此原因遭到监管调查。除此以外,2021年央行、银保监会、证监会和外汇管理局联合约谈了腾讯、京东等13家涉及金融业务的平台公司。③

新冠疫情暴发以来,实体经济经营逐步向平台经济靠拢,平台数据的合理边界问题已成为各方关注的重点。以金融行业为例,平台经济试图打造更加复杂的"金融超市"生态。平台经济借用科技名义进入金融市场,利用已有用户基础和金融数据在短时间内形成系统重要性并达成数据垄断。一旦形成数据垄断的局面,相关企业将会利用垄断优势破坏市场竞争,通过损害用户利益来实现自身利益的最大化,导致行业陷入恶性发展。

---

① 宗良,徐田昊,叶银丹.平台经济:全球反垄断新动向与中国健康发展路径[J].新视野,2021(03):25-30+44.
② 周慧,如何监管数据寡头的垄断,21世纪经济报道,2017年06月12日.
③ 重新理解平台经济[N].经济观察报,2021-05-03(001).

2021年2月7日,国务院反垄断委员会出台《关于平台经济领域的反垄断指南》,其中第三条基本原则指出:"反垄断执法机构对平台经济领域开展反垄断监管应当坚持完善平台企业垄断认定的法律规范,保护平台经济领域公平竞争,防止资本无序扩张,支持平台企业创新,增强国际竞争力。"对于垄断的界定,不同类型不同行业应当坚持个案分析的原则。当前平台经济反垄断的三大重点包括:防范平台企业数据资源收集与滥用,创造公平的市场竞争环境,规范平台企业业务范围。考虑到平台经济技术更迭较快且具有较大的不可预测性,相关部门针对数据的反垄断行为也需要及时根据企业的创新和趋势做出变化。一般来说,平台经济往往涉及广泛的经营范围,可能为多个国家同时提供服务,所以积极参与全球性质的反垄断合作是非常必要的。此外,推进国际反垄断合作组织的建立也是一直为社会所呼吁,可以推动平台企业之间的反垄断信息共享,有利于加强数字规则建设的平衡度与适应性。根据历史经验,平台经济的数据反垄断是一把双刃剑。如果过于严苛,虽能使中小企业和用户的权益得到保护,但同时也阻碍了平台经济的整体发展,最终失去国际竞争优势。因此,应把握好创新与反垄断之间的力度权衡,以促进平台经济回归创新发展为目标,为经济和社会发展创造出新的优势和动力。[①]

在平台经济发展过程中,社会对平台所造成的外溢效应的争议其实从未停止:除了在商业竞争层面的滥用市场支配地位、妨碍公平竞争、烧钱抢占市场等行为,在更广义上还有算法控制与隐私泄漏、大数据杀熟、996和过劳死等情况,平台经济所带来的暗面随着平台规模的不断扩大而逐渐浮出水面。而这些,并非合规经营、拥抱监管就能轻松解决。

2. 平台经济的安全管理手段

2.1 平台经济的风险防范与控制

中共中央总书记习近平曾发表关于坚持底线思维、防范化解重大风险的讲话,着重提出提高防控能力。习近平在讲话中就防范化解政治、意识形态、经济、科技、社会、外部环境、党的建设等领域重大风险做出深刻分析、提出明确要求。他强调,面对波谲云诡的国际形势、复杂敏感的周边环境、艰巨繁重的改革发展稳定任务,我们必须始终保持高度警惕,既要高度警惕"黑天鹅"事件,也要防范"灰犀牛"事件;既要有防范风险的先手,也要有应对和化解风险

---

① 宗良,徐田昊,叶银丹.平台经济:全球反垄断新动向与中国健康发展路径[J].新视野,2021(03):25-30+44.

挑战的高招；既要打好防范和抵御风险的有准备之战，也要打好化险为夷、转危为机的战略主动战。①

　　风险防控是指当生产单位具有较强的风险意识时，可以通过某些手段或者部门活动对其面临的长期、短期风险进行识别、评估和报告。生产单位可以据此针对各项风险控制点建立相应的风险管理体系，全面防范与控制面临的相关风险。② 随着信息技术的不断发展，智能制造贯穿于设计、生产、管理、服务等制造活动的各个环节。就目前而言，新一代信息技术和制造业深度融合，中国制造业信息化正迎来崭新的发展阶段，保障制造业的信息化发展已经成为提升企业全球竞争力的关键。近年来，越来越多的企业将互联网和信息系统应用于日常生产过程中，生产信息因此遭到外部窃取或泄露的可能性大大增加，可能导致企业发生严重的经济损失、承担声誉下降的后果。为达到防范企业生产经营风险的目的，最重要的是建立有效的企业风险防范制度，明确相关责任从而健全公司价值的组织保障。一般来说，健全的风险防范控制制度应该包括三个角度。其一，应建立健全完整的组织及岗位责任制，明确划分企业内部人员的职责权限。其二，企业应当根据设定的控制目标，结合实际情况，及时进行风险评估。此外，处于健康发展中的企业还应设立有完善的制度，包括业务管理制度、财务管理制度等。企业的风险防控应涵盖生产经营活动中的所有业务环节，持续实时监控，及时反馈并更新要求。除了风险防范，风险预警亦是企业健康发展的屏障。风险预警一般基于生产单位的经营目标和业务，通过监控可能产生重大不良影响的风险变动趋势，评估各种风险状态偏离预警线的强弱程度，实现风险的量化、日常化和可视化管理，为决策者提供前瞻性的风险预警信息，便于提前采取预控对策去控制风险，保证企业运营目标的实现。③ 风险预警的步骤包括重大风险识别与分析、风险预警指标梳理、指标数据收集与监控、风险应对机制。通过对企业业务的风险预警监控，可以提高企业管理者的决策质量，减少不必要的甚至是可能产生风险的决策。此外，风险预警还可以对企业高风险领域进行集中监控、提前防范，与企业风险防范制度相辅相成、相互依赖。此外，由于平台经济基础设施不足，用户缺乏相应的风险自担意识；平台企业的风险预警能力不够，平台经济的风险隐患

---

① 人民法院报，2019年1月21日
② 风险防范控制，百度百科
③ 谢玉珊.财务风险理论及预警模型综述[J].科技经济导刊，2020,28(07)：179+177.

层出不穷。

2.2 平台经济的监管

保障平台经济的安全,实现平台经济更有活力更好质量的发展,不仅要依靠平台企业的自身努力和公平竞争,也离不开各级管理部门的加强监管。如若仍由平台企业在现有经济模式下恣意发展,不仅会对其用户权益造成损害,还会抑制企业创新,不断推升市场成本,最终引发系统性风险等严重后果。在自由经济发展过程中,资本从集约化开始演变,继而转向寡头化,最终会形成垄断。无论何种经济模式,市场集中度的不断增加都会扩大企业对于短期利益的追逐之心,最终演化为垄断经济的践行者。因此,对于我国企业而言,企业的健康发展与扩张不应通过资本以及规模优势等手段,而应该在其经营过程中坚持不懈的创新从而为自身、为整体经济带来新兴的价值。

因此,政府机构以及管理部门应该加强对平台经济的监管,基于构筑国家竞争优势的战略高度建立健全平台经济的管理体系。把握好平台经济的发展规律,由内而外统筹安全与发展的目标。在这一过程中,相关部门应该加强数据的产权制度建设,强化平台企业的数据安全责任,防止系统性风险的出现。[①] 大数据现已成为提升国家现代化治理水平、实现科学决策、精准治理社会、提供高效服务的重要工具。

平台经济主要为双边用户提供服务,在企业运转过程中对于技术的依赖性较高。数据对于平台企业的重要性可类比资金对于传统企业的重要性,自平台经济发展以来,信息和数据安全就一直受人们所重视。数据是平台企业赖以生存的基础,是平台企业发展的基石。平台企业能够具有先发优势,很大程度上取决于平台企业占据数据资源的多寡。[②] 平台经济作为数字共享经济,已经将公共数据转化为利益的载体。平台经济的本质也可以理解为利用智能化技术对数据这一生产要素进行搜集、挖掘、整合、处理、转换等,通过这些方式达到信息筛选的目的。用户可以利用网络数字化技术获得完全、精准的信息,克服资源配置过程中出现的信息约束和认知约束。从这一角度理解,平台企业主要提供三类数据信息服务。其一,平台企业通过大数据分析帮助用户进行更加有效的决策;其二,平台企业通过数据信息和用户进行互动,进而实

---

① 吴秋余,林丽鹂.推动平台经济规范健康持续发展[N].人民日报,2021-04-11(002).[1]吴秋余,林丽鹂.推动平台经济规范健康持续发展[N].人民日报,2021-04-11(002).

② 谢加书,凌珍珍.依法加强对平台企业的数据治理[N].人民邮电,2021-05-21(003).

现信息共享；其三，平台企业需要对其提供的平台服务制定相应的运作规则，实现更加优化的资源配置。①

大量的历史发展规律已经印证，宽松的政策和监管环境可以为创新及其发展提供良好的生存氛围，但就平台经济的现状来看，宽松的监管状态也必将带来发展的混乱，从而引发不当的竞争和过度竞争，企业很可能因此野蛮生长、无序扩张。然而，平台并不是简单的市场组织。作为新型基础设施和基础组织，需要强化事前、事中以及事后相配套的管理体制，在信息化技术飞速发展的今天，构建技术驱动型执法体系和司法体系是应对日新月异环境的重要方法。加强对平台经济的监管，既是对国际趋势的顺应，也是基于对中国国情的考虑。②

三、平台经济的发展概述

（一）数字科技助力平台经济发展

1. 数字科技促进平台经济的兴起

数字科技的迅速发展和普及，使得平台经济随之兴起。目前来说，数字科技对我国经济发展影响颇深，其中可以分为三个部分。第一部分是广告信息阶段，第二部分是网上营销阶段，最后一个部分则是平台经济阶段。由于互联网存在需要技术支持的特征，目前新媒体的兴起以及广告的广泛应用则印证了这一点。其中，该阶段也体现了传统商业模式在互联网模式的冲击下，有了很大的变化以及改造。新的技术革新从当前状况来看，为社会经济发展乃至中国社会转型提供了新的机遇和实践路线。在政府大力倡导和众多企业家的积极参与下，我国平台经济的发展取得了很大进展，走在了世界的前列。

平台经济及其商业模式所带来的创新，在推广到各国的过程中，已经带动了新一波的经济发展动能，同时也创造了不少新形态的就业机会。但是，也冲击到当地传统业者，其是否能够给国家整体经济与个别产业的发展带来正面

---

① 易宪容.平台经济的基本特征、运作方式及有效治理机制[J].中国党政干部论坛，2021(04)：73-76.
② 戚聿东，杨东，李勇坚，陈永伟，崔书锋，金善明，刘航.平台经济领域监管问题研讨[J/OL].国际经济评论，2021(03)：1-22[2021-06-07].http://kns.cnki.net/kcms/detail/11.3799.f.20210517.1133.018.html.

帮助，值得深入研究。此外，在强大国际平台业者进入国内市场之际，国内平台业者的发展与因应之道，亦值得政府在构思或重审相关政策时妥善思考。另外，平台经济因交易更加便利，能使闲置商品通过连结供需双方得以被循环使用，是否使得资源使用效率上升？或是因为平台经济模式下的商品价格较便宜，反而导致消费者使用数量增加，进而造成资源使用量不减反增？随着平台经济及其创新商业模式的发展，已跳脱传统产业之发展思维，将冲击现行法规，如平台与服务提供者之间呈现非典型关系，难以厘清是承揽或是雇佣，又或平台经济的创新商业模式在行业分类认定既有法规及管理较为困难，成为许多政府部门在行业监理上的新挑战。近来，我国社会经济的发展呈现出一种经济新常态，大力发展平台经济成为促进经济发展创新驱动力、成就经济增长新动力的重要措施。尤其是 2015 年以来，国家为进一步推动平台经济发展颁布了一系列政策文件，出台了一系列助推措施，加上我国当时 9.04 亿网民、11.4 亿互联网用户的基础条件，[1]支撑起了平台经济尤其是分享经济在我国继续保持快速增长的态势。平台经济的核心在于信息资源整合的能力，通过互联网建立起来的平台，将冗杂的资源整合在一个共享空间，实现资源的互换和交易效率的最大化，大大缩短了交易成本，提高了平台效益，激发了信息供给领域的创新驱动力。我国的上海、江苏、湖北等省市也相继发布了《关于加快网络平台经济发展的指导意见》，明确平台经济是经济结构发展转型升级的重要动能。[2]

当下，全生态链应共树法治意识、规则意识。平台经济的生态链即"平台→内容→终端→应用"，涵盖平台运营组织、平台发布的内容与形式、用户端、应用场景以及个体和组织形成的子系统。对于行业联盟，个体、组织和系统成员的法治意识、规则意识是建立在思想文化教育的基础之上的，是需要长时间积累道德规范、人文情怀等规则，是一种默契，也是一种习惯。它扎根于生活的各种细节中，是对规则的一种敬畏，也是文明、进步的标志之一。公民良好的规则意识是任何一个法治社会都必须具备的基础性因素，也是做到全民守

---

[1] 《中国互联网发展报告 2020》是中国互联网协会在 2020 年中国互联网大会上发布的报告。报告显示，中国网民已达 13.19 亿，电子商务年交易规模为 34.81 万亿元，网络支付交易额足有 249.88 万亿元，中国数字经济规模稳居世界第二。2020 年 7 月 23 日，《中国互联网发展报告 2020》在 2020 年（第十九届）中国互联网大会开幕论坛上发布。2020 年 7 月 25 日，http://finance.qianlong.com/2020/0725/4475721.shtml，2020 年 9 月 9 访问。

[2] 程秋萍，互联网平台经济也要冷静审视，中国电信业，2018 年第 8 期，第 63-65 页。

法的一个基础性条件。通过对规则意识的定义进行辨析，明晰规则意识的内涵、特征与构建过程，才能更好地发挥良好的规则意识对法治建设的作用。

2. 数字经济法制面向：交易主体

数字经济法规的第一个观察面向是"交易主体"的性质改变。一般而言，法制规章在进行设计时，首先思考的便是确定拟进行规范的对象究竟是谁以及规范主体的具体判断要件。诸如与多数人息息相关的《消费者权益保护法》，其对象为企业经营者与消费者之间所成立的消费关系，以20世纪90年代兴起的电子商务为例，虽然历来计有B2B电子商务、B2C电子商务及C2C电子商务等令人目不暇接的发展模式，但需要适用消保法并受到消保法规范的交易行为，事实上仍是以B2C电子商务为限。当电子商务网站在20世纪90年代后期如雨后春笋般出现，并开始出现大量网络消费纠纷时，B2C电子商务几无例外地被认为应当受到消保法的规范。

由于20世纪90年代电子商务兴起时，整体电商市场大抵以"推式营销策略"（Push）[①]为主，业者居于绝对的主导地位，而消费者的角色偏于被动，只能片面接受业者提供的商品信息并仅有购买/不购买的选项，因此就早期的电子商务而言，企业经营者（Business）与消费者（Consumer）两者的分辨，尚称容易。作为C2C电子商务代表的网络拍卖（Online Auction），可说是最早引发消保法适用争议的电商主要发展模式。

网络商务活动经过20余年的发展，已由传统电子商务进入当前的"数字经济"（Digital Economy）阶段，也有观察家以"新零售"称之。在网络高度普及与通讯科技应用多元化的场景下，包括社群商务、微型电商及共享经济（Sharing Economy）等在内的崭新网络经济模式，已是日常生活中常见的事物；而近年"第三方支付""移动支付"等网络支付工具的快速发展，更使得人人都有机会从原本单纯享受购物乐趣的消费者，成为在网络上贩卖商品或提供服务的卖家。当金流、物流与信息流对一般人来说不再高不可攀，综观数字经济潮流下所催生的崭新商业形态，企业经营者与消费者之间的界线，事实上已有模糊化的倾向。网络交易参与者特质的转变，如今也受到国际组织及主要国家的关

[①] 推式策略是指企业利用人员推销，以中间商为主要促销对象，把产品推入分销渠道，最终推向市场。这种推销策略要求人员针对不同顾客、不同产品采用相应的推销方法。网址：https://baike.baidu.com/item/%E6%8E%A8%E5%BC%8F%E7%AD%96%E7%95%A5/10348289?fr=aladdin，2020年9月9日访问。

注。以"经济合作与发展组织"(Organization for Economic Co-operation and Development，OECD)①为例，其在 1999 年提出的《电子商务消费者保护纲领》，实质影响了各国消保法立法；有感于数字经济发展对于网络消费者保护产生的剧烈冲击，OECD 已于 2016 年 3 月进一步提出《电子商务消费者保护建议书》(Consumer Protection in E-commerce：OECD Recommendation)，取代了原先具有指标意义的 1999 年纲领。在新版建议书中，OECD 便呼吁各国主政者应当重视"交易参与者角色的转变"以及"新兴载具应用带来的变革"对于当前消费者保护立法产生的影响，值得投身数字经济的业者与消费者共同重视。未来值得关注的趋势，将是数字经济环境从事交易的"人"还是不是熟悉的自然人。无论是跨足电子商务之前的实体交易，抑或当前所谈论的数字经济，就交易主体而言，"企业经营者"与"消费者"二者皆是指法律上所称的"自然人"(Natural Person)。网络交易的特色之一，为交易双方并未实际碰面，而是通过所谓的"电子代理人"(Electronic Agent)②传递交易信息。由于电子代理人的运作无须人工介入处理，连带衍生出了电子代理人所作意思表示是否有效以及该等表示的效力归属等法律问题。随着电子商务成为常态，电子代理人已广泛运用于电子商务实务运作，国际组织与主要国家在千禧年前后所完成的电子商务立法，即不乏电子代理人的明文规定。例如联合国《国际合同使用电子通讯公约》、美国《统一电子交易法》及新加坡《电子交易法》等，均明文承认电子代理人所为意思表示的有效性。即便电子代理人的运作看似自动进行，但其背后仍不脱人类所下的指令，电子代理人多数情况下仍仅是单纯反映使用者的预设内容，故认定其所发出的信息，可直接视同自然人所为意思表示，并无太多争议。然而随着近期"人工智能"(Artificial Intelligence，AI)技术的快速进展并逐步将其运用于数字经济，则可能引发全新的法律问题，并产生

---

① 经济合作与发展组织，简称经合组织(OECD)，是由 38 个市场经济国家组成的政府间国际经济组织，旨在共同应对全球化带来的经济、社会和政府治理等方面的挑战，并把握全球化带来的机遇。成立于 1961 年，目前成员国总数 38 个，总部设在巴黎。网址：https://baike.baidu.com/item/%E7%BB%8F%E6%B5%8E%E5%90%88%E4%BD%9C%E4%B8%8E%E5%8F%91%E5%B1%95%E7%BB%84%E7%BB%87/3592824?fr=aladdin，2020 年 9 月 9 日访问。

② 伴随电子商务的发展，在网络交易中出现一种新型交易协助者，即电子代理人，这一学术概念和法律界定均起源于西方。电子代理人既不是自然人，也不是法人，不过是一种能够执行人的意志的工具罢了，这个工具又有些不同于一般的交易工具的性质。我国现行法律限制了电子通讯手段的使用，限制了自动交易的发展，需要弥补这些法律缺陷。确立电子代理人的法律地位可以为自动交易各方提供一套网络环境下进行交易的依据和规则，鼓励电子自动交易。王智慧，论电子代理人的法律地位，现代商贸工业，2018 年第 1 期，第 146-147 页。

重塑法制规范的需求。国外研究即指出,当人工智能应用于电子代理人时,将不仅是传达缔约双方的意思表示,随着科技的进步与发展,功能上更有可能超越"自动"而具有"主动"之能力。通过用 AI 技术所进行的商务行为,能否适用现有关于电子代理人的相关规定,或者必须发展全新的对应规范,将是数字经济法制层面后续值得持续观察的重点事项。

3. 数字经济法制面向:交易客体

网络商务活动发展初期,业者侧重于如何让实体社会的原有商品,也能同步于网络上贩售,因此早期电商市场在交易客体面产生的法律争议,集中于网络销售商品的种类限制以及相关商品广告内容的规范。

在电子商务市场趋于饱和下,业者无不思索如何与其他商家进行产品或服务的区隔,因此除了禁止在网络上销售的特定商品外,消费者日常生活中所需的每一项物件,均可自网络上购入。然而网络的多元特质,也让"商品"(交易客体)开始出现质(Qualitatively)的转变,而其中的发展里程碑,便是"数字内容产品"的出现。以音乐商品为例,从黑胶唱片、卡带唱片到 CD 唱盘,是人们在模拟阶段的共同回忆,但随着 MP3 技术确立,以及史蒂夫·乔布斯(Steve Jobs)重返苹果公司所推出的 iPod 等数字音乐播放器逐一问世,人们聆听音乐的习惯也在转眼之间全面性地改变。回顾网络商务活动发展历程,最早于网络环境下进行销售的物品,大抵为消费者原本即可在实体店面购得的各类商品,其后才逐步出现所谓的无实体化商品。消费者通过电商平台可得购入的音乐,20 世纪 90 年代还是主流的 CD 唱片,但在数字音乐席卷整个产业后,文档下载与串流播放(Stream)早已取代了传统唱片。然而,无论是否去除载体,并不影响消费者所聆听的音乐依旧属于受到著作权法保护的音乐作品,换言之,CD 中的歌曲应受到著作权法保护,而即便其改以无实体方式销售,仍应受到著作权法的充分保障。故交易客体若是属于固有权利客体的"无实体化"概念,事实上仍可得于实体环境中找到其相对应的法律规范。随着通讯技术的进展与应用日益多元,更已出现所谓的"网络原生事物",从网络游戏、社群平台中的虚拟角色(Avatar)及虚拟道具(Virtual Items),到比特币(Bitcoin)、[①]以

[①] 比特币(BTC)是一种总量恒定 2100 万的数字货币,和互联网一样具有去中心化、全球化、匿名性等特性。比特币被用于跨境贸易、支付、汇款等领域。

太坊(Ethereum)①等时下热门的网络虚拟货币(Virtual Currency),皆是过往难以想象的场景。

近期最为显著者即为比特币是否具备等同"法定货币"(Legal Tender)的地位。尽管实务运作上已不乏商家接受比特币支付,甚至以比特币给付员工薪资,加拿大便有高科技公司让员工选择支领加币或比特币。但由比特币引发的关注来看,大部分国家否定比特币的货币地位;但值得注意的是各国并非宣告比特币违法,而是将比特币视为合法的虚拟商品,且有国家自税法角度将比特币认定为具备特定价值的"财产"(Property)或"资产"(Asset)。当网络空间的各类虚拟财产如雨后春笋般大量涌现,立于实体社会基础上所制定的固有规范,能否套用于网络原生事物之上,无疑是面临着重大挑战。

(二) 共享经济在平台经济中的应用加深

1. 共享经济的定义

关于共享经济,到目前为止有许多不同的阐述及定义。根据维基百科,"所谓的共享经济(Sharing Economy,又称为 collaborative consumption、collaborative economy)是一种混合的市场模型,以点对点(peer to peer)的方式来分享物品的使用权与劳务之提供"。②

另有认为,"共享经济是让一个社群能在网络上取得未全部利用的资产所创造的价值,因此降低拥有这些资产的必要性"。③ 亦有指出,"共享经济以资源共享方式塑造出一种商业形态——使消费者不须承受取得所有权之负担便能享有使用物品的权利"。④ 至于牛津字典对共享经济提出定义:"共享经济指一种将私人资产或服务,以免费或收费的形式,借由网络分享与其他私人的经济形式。"⑤ 欧盟执委会在 2016 年 6 月提出共享经济纲领(A European agenda for collaborative economy),其中定义共享经济:"指一种商业模式,其通过共享平台作为公开市场,使那些通常由私人短暂利用的货品或服务更便利流通。

---

① 以太坊(Ethereum)是一个基于区块链技术,允许任何人构建和使用去中心化应用的区块链平台。和比特币一样,以太坊是开源的,并由来自全世界的支持者们共同维护。
② https://en.wikipedia.org/wiki/Sharing_economy,2020 年 9 月 10 日访问。
③ Alex Stephany,郭恬君译,共享经济时代,商周出版,2015 年,第 23 页。
④ http://papyrus.yourstory.com/web/2164/The—Rise—of—the—Sharing—Economy,2016 年 3 月 29 日。
⑤ http://www.oxforddictionaries.com/definition/english/sharing-economy,2016 年 3 月 28 日。

共享经济通常不变动所有权,获利与否亦在所不问。"①虽然见解众多且杂乱,但综观上述论述仍看得出其共通点,亦即在共享经济的运作中,取得对物品的使用权将比取得其所有权更重要。此外,服务亦为共享的客体。简言之,人们将与他人分享自己所持有的闲置资源,而该资源包含物品的使用权及服务的提供。在其体系下,人们若要使用资源,将会通过租赁或借用等方式取得使用权,而非花费成本以取得物品所有权,理由在于其可以较低廉的成本取得该物品的使用权,且其可能得在不同地点取得该物品之使用权,而不需随身携带其所有的物品,亦即在使用上较具弹性。②

虽然共享经济的特征在于分享各自拥有的闲置资源,但本文认为尚待进一步限缩其范围。共享经济之名称乃从英文 Sharing Economy 而来,故应先探讨何谓"Share"。所谓的 share,作为名词有三个意思,最接近此处者是指"将部分之某事物分派予他人或捐赠予他人";作为动词则是指"与他人共同享有某事物"。至于中文所指的共享。综合上述字词的释义,可知"共享"一词具有"与他人一同享有"的意思,故共享经济的真谛应不在于所有权之移转,而此概念亦已在上述"人们欲取得物品之使用权而非所有权"中所提及。换言之,共享经济之概念,应限于"取得物品之使用权,或取得他人服劳务所产出之效益",而不包含"取得物品的所有权"。又若从共享经济的另一名称"Collaborative Economy"(直译为协同经济)以观之,所谓 collaborative 乃指"数人一起工作而生产的",更可看出共享经济的本质在于人们彼此合作并享受效益,而非借此取得他方物品的所有权。③ 此外,另有指出,"共享的意涵是在于形容一种奠基于共同体验而生的经济模式",故共享经济不以无偿与他人共享物品或服务为限,自当可以有偿方式共享物品或服务。④

综上所述,本文所定义并将要探讨的"共享经济",乃指"私人间互相取得其所有的包含物品与服务等闲置资源的使用权,进而将闲置资源之效益最大化的经济行为形态",是以在共享经济中,闲置资源将被不特定人所共享而能

---

① 李姿莹,2016 年欧盟共享经济纲领,意大利率先推出共享经济法,科技法律透析,2016 年 9 月第 9 期,第 5 页。

② Shelly Kreiczer-Levy, Consumption Property in the Sharing Economy,. 43Pepp. L. Rev 62, 77 (2015).

③ Produced by or involving two or more parties working together. http://www.oxforddictionaries.com/definition/english/collaborative,last visited:2020/9/12.

④ Alex Stephany,郭恬君译,共享经济时代,商周出版社,2015 年版,第 31-33 页。

充分发挥其经济效益。

2. 共享经济对平台经济的运作要素

有论者指出,在其对共享经济的定义底下有四项要素,包含:价值、未全部利用的资产、网络上可取得、社群拥有资产的必要性降低。然而笔者认为第四项要素应属于共享经济运网络平台运作后所带来的成果,故仅有前三项要素可被认知为共享经济网络平台的运作要素。

(1) 价值

必须要有能够被创造出来并使平台使用者能受惠之价值。简言之,使用者须提供一定物品之使用权或劳务,使他方能享受该使用权或劳务所带来的价值。如 Airbnb 的屋主提供住宿的空间,使其他平台参与者能享受该空间所提供之住宿价值。

(2) 未全部利用的资产

此处所指的资产便是前文所提到的"闲置资源"。关于闲置资源并没有明确的定义,但其概念是指"人们所享有而未充分发挥其效用的资源"。所谓未充分发挥其效用,举例而言,若车主没有在开车,那他所有的车子便因未启动而未发挥其效用。此处的资产,除物品外亦包含劳务,如 Task Rabbit,有空闲的使用者得向他人提供劳务。至于如何界定该等资源是否属于闲置资源,可以以提供资源的报酬所占资源提供者收入的总比例、提供资源的时间或频率综合判断。又即平台中并非所有资源均为闲置资源,但只要该平台的运作中存有平台使用者所提供者为闲置资源的可能,且确实有闲置资源的存在,便符合在共享经济的概念下使闲置资源互相流通、进而使资源更能发挥其效用的宗旨,故平台所提供的资源无须全然为闲置资源。何况,平台使用者众多,本就难以要求所有平台使用者所提供的资源均属闲置资源,所以无须所有的资源为闲置资源而认定该平台为共享经济网络平台。

(3) 网络上可取得

在传统的市场交易中,消费者难以取得商品或服务的相关信息,若要取得信息便要付出相当大的成本,经济学家们担心信息不对等将对消费者带来非常大的损害。然而,在网络发达的现在,消费者们得以依靠搜索引擎获得大量的信息,再加以比对后以最有利于己的方式消费,故可知现今的消费者已经不是以前的群体,而这样的境况正归功于网络的发达。

为使闲置资产使用率增加,必须让平台参与者能够借由一定媒介取得这些资产,而媒介便是网络平台。借由网络作为平台的媒介可达成以下效果。

第一,拓展取得使用权与劳务的范围。在现今的社会中,上网这件事随着科技发展渐趋容易,提供网络联机的场所亦越来越多。在这样的情况下,人们更容易借由在网络上的互动取得物品的使用权及享受他人提供的服务。而且企业家或提供物品、服务的人亦能提供更好的选择及解决问题的方案。

第二,提供信息。在传统的市场交易中,由于无法给买卖双方提供对等信息,从而会给双方造成损失和损害。平台的建立是想双方提供信息交互,从而实现按需按比提供。

第三,消费者可借由名誉回馈机制获得更大的权力。共享经济网络平台大多会有系统的名誉回馈机制,在该机制下,消费者可从中获悉物品使用权或劳务提供者的过往交易回馈纪录,资源提供者们为维护自身的信誉以确保未来仍有他人愿与其进行交易,便会以谨慎的态度提供物品使用或劳务,在此将起到监督的作用并确保整体交易的质量。像 Uber 及 Lyft 更提供 GPS 的路径图让乘客确保驾驶员并没有乱绕路。在此机制的运作下,可使消费者与提供者的地位趋于平衡。

第四,形成一个自我管制与他人管制的市场。前文已提到名誉回馈机制具有监督作用,并使业者们更加谨慎。为维护整体产业对消费者的信誉,业者除了自我管制外,还会对各竞争者进行监督与管制以维护整体产业的信誉及质量,进而防止市场萎缩并丧失相关的商业利益。

(4) 社群

作为平台经济充分社会化的产物,共享经济的商业模式在社会中的不同领域展现出来。有了可分享的资产以及使资产得以流通的媒介,仍不足以使共享经济网络平台得以运作。分享这些资产的平台使用者间必须形成一个社群,在社群中平台使用者们需要彼此信任,共同防止社群受到破坏,且在该社群中的参与者通常具有共同的关心议题,如在 DogVacay 的平台中,其使用者通常为爱狗人士。在以上要素具备后,共享经济网络平台便可充分运作。至于其详细的运作流程将因平台不同而有所差异,但均具有一共通点:平台使用者们将由网络连上特定的网络平台并形成一个特定社群,在该社群中,享有闲置资产的使用者会与他人分享其资产,其亦可能享用他人的闲置资产,在过程中将使闲置资产能更有效率地发挥其效用。值得注意的是,若闲置资源本身即为平台业者所拥有,此时便不具备"闲置资源"是由社群参与者所提供并享用的特征,此时该平台即非本文所称之共享经济网络平台,亦即闲置资源应来自于平台使用者。

根据《2020年中国共享经济行业分析报告——市场深度分析与未来趋势研究》显示,截至2018年我国共享经济依然保持高速增长,其市场交易额为29 420亿元,同比增长41.6%;平台员工数为598万,同比增长7.5%;共享经济参与者人数约7.6亿人。[①]

四、我国平台经济的安全管理现状

近年来,我国电商产业发展迅速,商务部数据显示,2019年,全国电商交易规模额达34.81万亿元,同比增长6.7%。34.81万亿元,其中网上零售额10.63万亿元,电子商务从业人员达5 125.65万人。[②]

事实上,自2015年1月起,我国开始出台一系列关于平台经济发展的规范性文件(表一),另外,上海借助平台经济发展的基础和优势,率先研究制定地方版的《上海平台经济发展规范》和《上海平台经济发展促进法》等法律规范,对平台经济的性质、类型、权利、责任等做出明确规定,让各类平台型企业依法有序发展。

表一　我国平台经济发展的相关规范性文件

时间	主要内容	来源	发文字号
2015年1月	重视大数据挖掘分析等关键技术。重点在就业和社会保障、教育科研、交通物流、电子商务等领域,开展基于云计算的大数据应用示范,支持政府机构和企业创新大数据服务模式。	《关于促进云计算创新发展培育信息产业新业态的意见》	国发〔2015〕5号
2015年9月	建立政府和社会互动的大数据采集形成机制,制定政府数据共享开放目录。通过政务数据公开共享,引导企业、行业协会、科研机构、社会组织等主动采集并开放数据。统筹规划大数据基础设施建设。	《促进大数据发展行动纲要》	国发〔2015〕50号

---

① 2020年中国共享经济行业分析报告——市场深度分析与未来趋势研究,2020年8月29日,中国报告网,http://baogao.chinabaogao.com/jinrongyinhang/428414428414.html,2020年9月9日访问。

② 商务部:2019年全国电子商务交易额达34.81万亿元,2020年6月30日,中新网,http://www.chinanews.com/cj/2020/06-30/9225677.shtml,2020年9月9日访问。

续 表

时间	主要内容	来源	发文字号
2016年1月	建立并完善公共数据共享开放制度。建立数据资源目录体系,形成公共数据资源共享清单和开放清单,明确公共数据共享开放的范围、边界和使用方式。	《关于组织实施促进大数据发展重大工程的通知》	发改办高技〔2016〕42号
2016年5月	组织实施制造企业互联网"双创"平台建设工程,支持制造企业建设基于互联网的"双创"平台,深化工业云、大数据等技术的集成应用。	《国务院关于深化制造业与互联网融合发展的指导意见》	国发〔2016〕28号
2017年1月	培育10家国际领先的大数据核心龙头企业和500家大数据应用及服务企业。形成比较完善的大数据产业链,大数据产业体系初步形成。建设10—15个大数据综合试验区,创建一批大数据产业集聚区,形成若干大数据新型工业化产业示范基地。	《大数据产业发展规划(2016—2020)》	工信部规〔2016〕412号
2015年3月	制定"互联网＋"行动计划,推动移动互联网、云计算、大数据、物联网等与现代制造业结合。	2015年政府工作报告	
2016年3月	促进大数据、云计算、物联网广泛应用。大力推行"互联网＋政务服务",实现部门间数据共享。	2016年政府工作报告	
2017年3月	深入推进"互联网＋"行动和国家大数据战略。	2017年政府工作报告	
2018年3月	深入开展"互联网＋"行动,实行包容审慎监管,推动大数据、云计算、物联网广泛应用,新兴产业蓬勃发展,传统产业深刻重塑。	2018年政府工作报告	
2019年3月	加快大数据、云计算、物联网应用,以新技术新业态新模式,推动传统产业生产、管理和营销模式变革。	2019年政府工作报告	

续 表

时间	主要内容	来源	发文字号
2019年10月	健全劳动、资本、土地、知识、技术、管理、数据等生产要素由市场评价贡献、按贡献决定报酬的机制。	《中共中央关于坚持和完善中国特色社会主义制度 推进国家治理体系和治理能力现代化若干重大问题的决定》	
2020年3月	政府数据开放共享,培育数字经济新产业、新业态、新模式。加强数据资源整合。	《中共中央 国务院关于构建更加完善的要素市场化配置体制机制的意见》	

(资料来源:作者自行整理)

第二章 平台经济发展中的挑战和安全管理面临的问题

一、平台经济发展中面临的主要挑战

(一) 安全挑战

1. 安全挑战概况

这些年来,平台经济快速发展,渐渐成长为推动我国经济发展的重要力量之一。然而,平台经济作为新兴经济产业,不仅面临着宏观环境和政策的压力,更是在安全方面面临着一系列重要的挑战。平台经济发展面临的挑战主要包括网络安全挑战、数据安全挑战和信息安全挑战。

2. 网络安全挑战

网络安全通常被认为包括网络设备安全、网络和安全软件网络数据安全,指的是系统的硬件、软件和信息都应得到适当的保护。

网络安全挑战主要来自"网络黑客"(hacker)的侵害和"计算机病毒"(Computer Virus)的传播。网络黑客在网络上不断兴风作浪,再加上部分传播媒体不断地推波助澜,甚至常常让人将其与间谍战或是阴谋论联想在一起。黑客是网络主要危机的来源之一,因为其可能会窃取或破坏平台数据,甚至可能会假借平台和用户的名义从事一些违法犯罪的事情。而网络安全的另外一个危机来自计算机病毒,有些人会利用四通八达的网络到处传播计算机病毒,造成某种程度上的损害。

平台经济身为互联网经济的产物,自然也会受到以上网络侵害的影响,用户通过程序连上网络时,有可能受到黑客或病毒的攻击。另一个原因就是平台用户的密码被窃取或破解,这样的问题占网络安全问题的半数以上。与此同时,数据泄露的途径还有在线购物,如果在线上购物时没有注意安全,可能会导致自己或网络商店无意中将信用卡卡号泄露,这样也可能会造成财产的损失。网站本身也存在很多的漏洞,所以互联网的世界并非完美净土。

维护网络安全对于平台和消费者都可以称得上是意义重大。对平台而言,网络安全是平台经济发展的基础性价值目标;对平台消费者而言,网络安全也是保护自身的一道屏障。

3. 数据安全挑战

首先,数据本身的安全性,主要是指采用现代密码算法保护的数据,如数据保密性、数据完整性、双向强身份认证等;第二,数据的安全保护,主要是让数据通过现代信息存储的保护,如通过磁盘阵列、数据备份和灾难长途意味着确保数据安全。数据安全是一种积极的措施,必须基于数据本身的安全可靠的加密算法和安全系统,主要有两种对称算法和公钥密码系统。[①]

截至 2018 年 8 月底,中国境内累计发现互联网金融平台被黑客攻击次数达 126 万次;新增系统安全漏洞 1 570 个;在遭遇网络攻击而丢失数据的金融企业中,33%的企业承认曾丢失支付数据;欺诈者截获了客户的金融数据,仅在一周时间内便从该银行账户中窃取几十万元到几百万元不等。这还没完,仅 2018 年上半年,谷歌、微软、阿里、腾讯的云计算平台都出现了不同原因的故障事件,直接导致了使用这些云平台的互联网公司出现了不同程度的损失。在信息技术与金融业融合发展的当下,技术安全风险事件也与日俱增。互联网金融如何实现自我保护成为很多企业不得不考虑的问题。

此外,基于大数据和人工智能(AI)的信息推送让平台用户与互联网更加密不可分,同时像"病毒"一样侵蚀个人隐私,消耗用户的耐心。随着移动网络的不断渗透,人们每天都将接受更加复杂的信息,有一部分用户选择无视,有一部分用户只看题目,这让大部分的互联网企业非常头疼,一道不小的难题摆在眼前:如何精确地将广告投放给目标用户?基于此种情况,商家们开始努力得到用户信息。因为对用户进行精准营销的前提,一定是了解用户偏好。这样一来,互联网企业不仅得到有关用户联络方式的相关信息,还会获得相当丰富详尽的用户个人信息,他们掌握的资料远比一般的运营商更多,当然也就更加珍贵有用。这些商家将逐渐得到的用户信息形成一个信息库,通过大数据匹配对用户展开精准营销,还有一些人会利用这些资料进行违法犯罪的活动。

---

① 佚名,数据安全,百度文库网,2012 年 3 月 20 日,https://wenku.baidu.com/view/af1f1dfd941ea76e58fa04ee.html,2020 年 9 月 9 日访问。

信息科技在生活中像是一把双刃剑,带给社会更多方便的"黑科技(黑匣科技,指有隐藏性、突破性和开拓性,超越现有科技水平的创新高科技或产品)"一旦被不法商家利用,"黑匣科技"很可能就成了"黑匣科技"。更可怕的是,如果企业数据库被黑客入侵,还会导致企业被动泄露用户信息,尤其可怕的是,在数字资产时代,这样详细的信息泄露会极大地威胁用户资产安全以及平台信誉。

从资本的角度看,数据的安全存留显现出的效益十分有限,数据安全的重要性更多反映在应用中。此外,数据的价值不仅在于聚合和分析,更在于共享和流动。根据使用情况,数据的多维叠加使用正在创建更多的数据资产。基于共享,数据在流动中不断被使用,以产生新的价值。因此,在整个业务链的生命周期内,包括数据收集、数据交换和共享,数据清洗、处理和使用,所有权、权利确认,继承的数据和数据资产能明确确认和继承等,都可以挖掘数据的价值。[①] 这些均需要得到管理方式和技术水平的有力保障。这已经不是狭义地保障数据安全,而是需要在数据安全治理的范畴和体系下来实施数据资产安全管理。

4. 信息安全挑战

信息安全是指保护信息网络中的硬件、软件和数据不受意外或恶意的破坏、变更和泄露,系统连续可靠地正常运行,信息服务不中断。[②] 信息安全主要涵盖下列五个层面内容,即需保障信息的可信度、保密性、未授权拷贝、完整性和所依托系统的安全性。

保护机密的信息不仅仅是商业上的要求,在更多情况中还同时是法律和道德上的需求。它提供了很多专有的研究方向,包括信息系统评估、安全测试和数字取证等,为了保证信息的安全,需要进行访问控制或信息源认证,不允许未经授权和非法操作软件。

与西方发达国家相比,中国的经济安全体系相对薄弱。我国的经济信息安全正面临着前所未有的严峻挑战,这体现在国民经济数据的泄露案件正不断发生。经济竞争的白热化和信息技术的快速发展促进了世界经济的快速发展,但也使现有的经济信息盗窃活动更加猖獗。无论是官方的经济情报部门,

---

① 陈兴跃、刘晓滔,数字时代的数据资产安全管理,互联网经济,2017 第 7 期,第 28 – 33 页。
② 天津市城乡建设委员会,天津市住宅建设智能化技术规程,道客巴巴网,2018 年 4 月 19 日,http://www.doc88.com/p-7932596561204.html,2020 年 9 月 9 日访问。

还是大型金融集团和公司,都有自己的情报网络。[①] 各国在千方百计维护本国经济信息安全的同时,也都在绞尽脑汁地获取他国的经济情报。在贸易活动中,企业间谍活动和工商信息泄露事件不时发生,金融行业信息泄露损失最大;资源行业有很多大型并购,十分之九都会发生信息泄露事故;高科技等领域的情况也非常严重,很多行业在经济信息安全保护方面都闪烁着红灯。

安全的本质是一种可预测的利益,是一种法律追求的价值主张。保障经济信息安全是信息时代经济活动中法律追求的重要利益之一。经济信息安全的法律保护需要保证经济信息的保密性、完整性和可控性,这是由信息安全的基本属性所决定的。然而,我国平台经济安全立法滞后,经济信息安全仍需要得到更多的法律保护。[②]

(二) 垄断隐患

1. 垄断市场现况

在我国计算机网络技术发展的 20 余年来,阿里巴巴、腾讯、百度等早期互联网企业的领跑者,在改革开放的历史机遇下,以庞大的国内市场为基础,通过技术创新,发展成为各个领域的巨头,渗透到各行各业。近两年来,随着国家大力推进大众创业、万众创新,又有一大批互联网初创企业应运而生。然而,由于互联网巨头对行业的操控力增强,一些小微初创企业的生存和创新受到挤压,这可能会对未来互联网行业的健康发展产生不利影响。[③]

2. 反垄断行动及其争议

四大科技巨头苹果(Apple)、脸书(Facebook)、亚马逊(Amazon)和谷歌(Google)于 2019 年 7 月 16 日出席反垄断第二次听证会,会中针对"网络平台的市场力量如何影响创新、创业"议题进行调查。

四大科技业从事者派出的出席人员均是法律、政策相关部门的主管或顾问,例如:苹果副总裁凯尔·安德尔(Kyle Andeer)、脸书全球政策发展主管佩罗特(Matt Perault)、亚马逊法律顾问内特·萨顿(Nate Sutton)以及 Google

---

① 孙婉玮、刘成立,国家审计"免疫"功能保障经济信息安全,会计之友,2012 年第 1 期,第 91 - 93 页。
② 刘名,经济信息安全的法律保护问题与对策,生产力研究,2010 年第 1 期,第 172 - 175 页。
③ 朱珊珊,互联网行业垄断格局下初创企业的发展现状及对策建议,经贸实践,2017 年第 14 期,第 182 - 182 页。

经济政策主管亚当·科恩(Adam Cohen)。

事实上,反垄断法行动也有不少争议,大部分反对论点认为,某家公司之所以能发展成大型企业,在很大程度上是市场自由竞争的结果。然而,同样也出席本次听证会的哥伦比亚法律教授 Tim Wu 则认为,如果市场力量能正常发挥,例如市场上能产出一个类似脸书的新社群平台,并成功挑战目前的脸书帝国,那他就会呼吁停止任何的反垄断法行动,以维持市场自由竞争;但目前现况是,有不少网络巨头试图让政策、法规站在他们那一边,不仅保护自己免受竞争,也让巨兽的力量愈来愈大。

四家科技巨头的业务中,引起反垄断争议的议题也各有不同。Google 体现在网络搜寻和广告网络的主导地位,例如对 YouTube 受欢迎影音频道的所有权,就被认为可能引起争议。亚马逊通过销售掌控相关信息,并通过这些用户信息推广自己的品牌、产品,这一行为也被认为可能会阻碍新创电商业者参与。脸书在社群媒体平台的主导地位,不仅让其他新创公司难以攻入社群领域,更因为使用者隐私、数据等议题,引发消费者权益争议。而苹果则因为控制整体产品生态系统以及被批评者称之为"敲诈勒索"的定价策略而引发反垄断。①

3. 垄断行为给平台经济带来的隐患,以电商"二选一"为例

想要减轻垄断现象,可以首先从改变电商行业竞争规则着手。需要明确的是,一些具有优势地位的互联网企业在没有任何道理的情况下,过度利用优势地位歧视交易方,违反诚信原则和公认的商业道德。

虽然关于"二选一"的争议很多,但在现实中,以对方的名义起诉对方垄断并将其告上法庭的情况非常少见,目前仅有两起案例。而且,即使在互联网起步较早的国外,也很难找到类似的案例样本,数量也非常少。为什么说得那么多,做得却很少?问题的根源在于"替代方案"是否违法。这样的争论很多,以至于在实践中,"替代方案"一直在"合法与非法之间徘徊"。浙江科技大学教授王建认为,市场监管机构可能会有更多涉及"二元选择"的案件,而法院可能会少一些。"二元选择"实际上并不一定是非法的,对其非法性的判断相当复杂。"我注意到,一些公司实际上是在平台的帮助下实现增长的,其中许多公

---

① 四大科技巨头齐聚!反垄断第二次听证会重点:网络平台如何扼杀创新创业? 2019 年 7 月 16 日, https://www.inside.com.tw/article/16925-what-to-expect-from-tomorrows-antitrust-hearing-featuring-big-tech,2020 年 9 月 6 日访问。

司瞄准的是企业发展。"王健认为,他们在与平台签订合同时自愿同意"二选一"的安排是合理的,这与新产业不适用反垄断法的规定是一样的,"但从目前公开的信息来看,有限的贸易活动大多以单边胁迫为特征,自愿达成协议的情况很少。"平台的自主权应该受到限制,超过一定限度,就应该动用监管力量。

(三) 传销风险

1. 电商平台现有传销风险

社交电子商务非常热门,很多人都在使用。"只要你培养了更多的人才,你就能赚钱。不要想太多。只要抓住时机赚钱。"以人民网所举的案子为例,住在南平的钱鑫(化名)结婚后辞职在家成了一名全职妻子。钱在一位朋友的推荐下加入了电子商务平台 global Catcher(环球捕手)。在她看来,这个平台不仅是一种自己买东西的廉价渠道,也是一种通过发展会员和销售商品来赚钱的方式。简而言之,这是一个没有损失的生意。2017年,环球捕手被永久禁止进入微信的官方账户,微信上层告诉他们,该账户涉及多层次的发行。

人气颇高的社交电子商务平台"达人"的子公司杭州大成网络科技有限公司也因传销行为受到余杭区市场监督管理局的处罚。

判断这种"互联网+"隐形"新模式"是否属于传销,看它是否具有以下主要特征:是否支付或变相支付费用;无论是分层级的,直接或间接的离线开发;利润是否根据线下、线上、直接或间接从关联公司的开发人员数量或销售提供补偿或佣金。与传统的线下传销组织不同,线上传销很难判断,因为它们通常提供实质性的产品或服务。

2. 传销与直销

在相关法规的明文规定中,传销和直销的差异界定包含销售行为、产品与价格、销售目的、人事制度和售后等多个方面。传销和直销有着本质上的区别。传销的主要目的是不断发展下线,其本质是存量资金的转移,销售产品大多时候只是"烟雾弹"。传销组织是典型的"金字塔"结构,以发展下线为牟利手段,下线越多,酬劳也越多。与之相比,直销注重产品的价格、口碑以及消费者的使用体验,有固定营业场所来配合售后服务。直销组织或企业需得到商务部的直销经营许可,推销员均为签订推销合同的人员。关于传销与直销的法律规范,主要是《禁止传销条例》和《直销管理条例》两部法规。

根据《禁止传销条例》,传销有三个特点:报名费、拉人头、分等级团队支付。

  报名费:被开发人员为获得参加资格或开发其他人员需要交费,如直接付费或购买商品等。在实践中,直接收取入场费的情况较少,更多体现在要求开发人员购买特定商品(如礼品、精选商品等)才能成为会员。

  拉人头:传销模式是会员发展的一个特征,要求会员不断开发线下会员,以获取收益。如前所述,在传销中,每个新成员将支付一项进入费用订购特定项目。支付报名费后允许新会员直接或间接与运营商分享收入。会员入会后积极发展新会员,直接或间接发展新会员均可获得报名费分享收入。增加会员的方法是为运营商创造一种新的激励模式。

  分等级团队支付:成员与所招募的成员形成上下关系,线上成员的薪酬是根据线下成员的表现来计算的。线上线下关系的形成是传销模式的一个重要特征。线上关系形成的目的是上线(包括直接和间接的线上关系)从线下的表现(包括新会员的开发和商品的销售)中获取利润。

  事实上,报名费、拉人头和分等级团队支付是与传销模式密不可分的三个特征,它们相互依存。只要是传销模式,这三个方面的特点往往都有。报名费收入是整个传销模式收入的基础,为传销模式的存在和发展提供了可能。等级团队的奖励给了每个级别的成员足够的动力去培养新成员,因为级别越高,线下的成员就越多,他们的表现就越好,分享的利润也就越多。最后,在这种激励机制的引导下,传销模式呈现出具有吸引力的特点。会员数量不断扩大,整个传销系统只能不断扩大并发挥作用。一旦扩张停止,整个传销系统将失去收入,这种模式将难以维持。

  在实践中,传销模式中存在两种成员等级制度,即"太阳线"和"双轨制"。"太阳线"意味着每个成员可以发展出无数的直接离线成员,就像阳光一样,以成员为核心向四面八方扩散。双轨制意味着每个成员只能有两个直接离线成员,其他成员只能挂在这两个直接离线成员之下。双轨系统的等级将明显高于太阳系。

  传销计划的报酬被所有浮华的名字所掩盖。一般来说,可以分为以下几类。

  开发新会员的奖金:每开发一个线下会员,就会获得一笔奖金。

  商品销售奖金:会员每一次销售商品或自己购买商品,就会获得一笔奖金。

  碰撞奖:在双轨公司,当会员的两条业务线在一定时间内(包括线下所有员工的表现)达到一定数量和比例时,将被视为"对抗",并给予奖励。

提成奖金:按团队销售业绩(包括线下销售业绩)的一定比例作为奖金。

高级成员奖金:当成员升级到一定级别时,还可获得整个团队的会议号开发、商品销售收入等部分的额外奖金。

《直销管理条例》规定,从事直销活动的企业应当领取《直销经营许可证》。《直销管理条例》只允许单向直销,即直销企业可以招募直销员开展产品促销活动,但直销员不能再进行线下发展。直销企业不应当为成为直销员而支付费用或购买商品,即不应当收取进入费用。此外,直销企业的直销人员只能向消费者销售产品,各种形式的报酬总额不得超过收入的30%。

但是,即使是取得《直销经营许可证》的直销企业,如果其未按照直销条例规定的模式开展直销业务,而是采用了《禁止传销条例》中所规定的传销模式开展经营活动,其依然会面临与非法从事传销活动相关的处罚和责任。在"(2016)鄂10刑终53号案"中,涉案公司拥有《直销经营许可证》,但是该公司及其主要负责人仍被追究组织、领导传销活动罪的刑事责任。

坊间一直有一个"认识",只要卖的是真实产品,是好产品,不是假冒伪劣、坑蒙拐骗,就不是传销。但是,这一"认识"并未被立法和执法实践所支持。《禁止传销条例》中关于传销的界定并没有对产品的有无和好坏进行考虑。国家工商总局2016年年底发布的网络传销典型案例"咸宁工商处字[2016]37号案"中,工商机关明确认定,以金字塔的形式销售商品也构成传销。

《直销管理条例》并没有规定直销活动在电子商务中如何运作。实践中,有不少电商平台大力发展会员,通过会员向消费者推销和推广产品,并由消费者向电商平台或者入驻电商平台的商家购买产品,而这些从事推销和推广活动的会员则可以获得一定的提成作为报酬。

虽然上述这种类型的电商平台是否构成直销企业从而需要取得《直销经营许可证》尚未明确,这些从事推销推广活动的会员是否属于直销条例项下的"直销员"还有待讨论。但是,如果电商平台是以传销模式组织会员从事推销和推广活动,将会违反《禁止传销条例》,甚至被追究刑事责任。在上文所述的"咸宁工商处字[2016]37号案"以及"杭高新(滨)市监罚处字[2017]2101号案"中,相关企业均是以电商模式从事传销活动,从而被处罚。

实践中,有些电商平台特定商品的销售并不对普通消费者开放,非会员只能通过老会员提供的"邀请码""会员口令"等才能购买商品。如果电商平台设置该"邀请码"的目的其实是为了确定新发展的会员(第一次购买特定商品的消费者)与老会员之间的上下线对应关系,那么这样的平台存在传销的可能性。

(四)税收忽略

1. 平台经济税收的重要性

(1)平台经济对税收治理提出了新需求

首先,"碎片化"交易需要一个更扁平的税收体系。在互联网平台的经济模式下,经济主体由传统的企业转变为个人,既可以作为产品和服务的提供者,又可以作为消费的需求者。税收主体更小、更灵活、更分散。商业模式和个人事务主题推动的是小批量产线和小额交易,多元化、高频率,导致了目前"投票控税"制度的不适应。那么,税收制度如何才能适应新经济模式的发展需要呢?笔者认为,应当在个体销售者、企业销售者、平台企业差异化征税的基础上,进一步探索符合当前新经济形式的税率、税收优惠和支付方式,提高经济效益。

例如,对于C2C个人网店来说,大部分都是不需要按照现行税法纳税的。根据国家税务总局《关于继续实施小微企业增值税政策的通知》([2017]76)和财政部的规定,2018年至2020年,小规模纳税人每月销售额不超过3万元(含3万元)的,免征增值税。所以,淘宝平台上的大多数C类卖家并不需要纳税。

其次,新的交易结构要求将税收要素纳入到税法轨道的平台经济中。加快平台经济税收法律体系的建设和完善刻不容缓。例如,滴滴出行是一个集出租车、私家车和平台车为一体的一站式交通平台。它是共享平台经济的典型代表之一。目前滴滴出行平台上大部分司机是兼职的,且约80%的驾驶员使用自己的车。在这种情形下,将应税对象界定为运输服务还是有形动产租赁和驾驶人服务,还需进一步明确。同时,对于共享运营平台是提供直接服务还是代理服务没有明确的规定,也没有相应的计税依据,这就导致了滴滴出行平台的税收目标和税率的不确定性。因此,应尽快出台促进包括平台经济在内的数字经济发展的税单,明确交易的各项税收制度要素,尽快将平台经济所涉及的税收制度要素纳入税收法制轨道。

最后,"互联网+大数据"要求税收征管高度重视"数据管理税收"。税务机关可以有效合作实现"数据管理税收",为提高税收合规水平发挥重要作用。因此,迫在眉睫的是促进更灵活的和灵活的税收征管,建立"政府+平台"双边税收征管模式。

2. 如何减少平台经济中的税收忽略

目前我国对平台经济缺乏具体的法律规定，在税收征管方面与传统经济形式存在一定差距，不利于新经济形式的持续健康发展。因此，加快构建适应平台经济发展需要的税收法律体系刻不容缓。

第一是加快出台系统平台经济税单。首先，借鉴国际组织的行为，如欧盟和美国等发达国家制定了相关法律法规，澄清了他们的法律权利和法律责任，并提供方案解决冲突和纠纷。二是要以法律的形式明确网络交易中的税收主体、税收目标、税率等各项税收制度要素，尽快将平台经济税收制度要素纳入税收法制轨道。

第二是修改和完善现有的相关法律。首先有必要利用法律修正案等形式，阐明法律规定第三方与税收相关的信息，明确经济平台的数据和信息，并规定检验权威、目的和程序。其次，对平台经济引发的纠纷所带来的各类新问题，加快相关法律的修订和完善，以更好地适应新经济形势。

第三，有必要澄清信息共享平台的扣缴义务和责任，建立监督机制、合作机制、激励机制和惩罚机制，积极推动电子发票，促进税收制度的优化和升级，并降低税务处理的成本。

（五）信用问题

从立法的角度来看，2018 年以前在我国经济发展中的信贷问题没有得到很好管控，法律法规不成体系，如《中华人民共和国民事诉讼法》《中华人民共和国商业银行法》《中华人民共和国合同法》和其他法律规范中虽然均有涉及信贷问题的法律，但是表达的条款太广泛而抽象，不直接适用于经济纠纷。例如，《消费者权益法》在改变之前，因为虚假广告销售商品或服务，需要承担消费者的损失连带责任的主体只有社会团体和组织，修改后，个人、明星也被纳入责任主体的范围。因此，可以看出平台经济的信贷标准的立法滞后严重，这将导致一些不诚实的行为不能及时和有效地处罚。2018 年 8 月 31 日，《中华人民共和国电子商务法》通过，这是中国首次颁布电商领域的法律，也是一个经济发展综合监管平台。新法律不仅清理了网络经济发展的混乱局面，还能发挥预警机制的作用，保护消费者的合法权益。

从司法实践的角度来看，在平台经济信用案件的审判过程中，存在着重审轻执行的现象,执法不力最直接的表现就是象征性的处罚。

在国内电子商务的第一个案件发生于 2016 年。简世公司扰乱了信用评价体系,在淘宝和天猫公司通过平台组织手工刷单,对淘宝公司的竞争力和声誉以及天猫公司的信用评价体系造成损害,最终因不正当竞争而受到处罚。这是在新修订的《中华人民共和国反不正当竞争法》发布之前做出的,对维护公平竞争的网络交易秩序具有创新的指导意义。但即使是这样一个经典案例的光环,也很难被藐视信用价值的判决所掩盖。花费近 200 万元上诉的案件最终以 20 多万元的罚款结束。无论如何原告起诉赔偿是否合理,对被告打破现有信用体系的行为,仅几十万元的处罚明显太轻,由此引发的不良信用风险在市场经济中意味着低成本风险,也将会不可避免地被投机者作为一个新的利润点和不法商业模式的应用手段。

二、平台经济安全管理面临的主要问题

(一)信用缺失问题

1. 信用缺失问题现况

信用是市场的基础,合同的精神是法治的基础,市场经济是建立在合同基础上的,诚信是合同最重要的原则。著名法学家江平在中国第 13 届经济论坛上说:"长期以来,我们国家契约精神始终没有贯彻,也没有得到发扬,与西方国家不同,他们合同精神非常贯彻。信用是市场经济的基础。在德国和法国这样的民法典中,关于诚实信用的规定被视为至高无上的条款,它们是管辖所有法律的最高条款;如果失去了交易中市场关系中最基本的诚实和信誉,也就会破坏整个市场经济所建立的基础和所建立的法律体系的基础。"

我国信用缺失的问题主要体现在各个经济面向。例如,个人信用的缺乏体现在经济和社会活动中的恶意欠款、伪造证书、逃税、信用卡的恶意透支以及各种手段的欺诈等。缺乏企业信用导致假冒伪劣商品横行,不合格食品和电器的生产和销售严重危害人们的健康和生命安全。在企业中,偷税漏税现象很严重,经常发生合同欺诈和其他欺诈现象,用虚假信息误导消费者的行为层出不穷。公司税收欺诈、逃税、走私等活动也很普遍。部分地方政府也存在信用缺失的问题,这主要表现在腐败行为、寻求租金权力、地方保护主义和缺乏标准化。政府的信用缺失还包括政府法规的随意变更、劳动效率低

下、统计数据不明等。任何缺乏信用的行为都会有损社会信用体系,破坏正常的经济秩序,也会给整个社会造成巨大破坏。缺乏信用,缺乏合同精神,使我国成为真正的法治国家还需要更多的努力。①

2. 平台经济中商家舞弊行为现况

由于平台公司有权分配平台资源,因此,资源配置权限可以轻松地成为平台公司员工追求灰色收入的方法,滋生了各种腐败和欺诈行为。以购物平台为例,商业欺诈被掩饰为"信贷交易",消除负面评论并提高声誉成为销售人员与员工之间私人交易的目标;"流量交易",销售人员可以付费获得促销清单等支持,这大大降低了他们学习和创新的意愿;"钱权交易",员工使用分配平台资源的权利换取平台商店的股份,这严重破坏了在线市场的公平竞争秩序。由于平台用户多样化且规模庞大,平台交易行为高度虚拟且紧密相连,因此互联网平台的商业欺诈通常不仅是内部员工的个人欺诈行为,而且还包括更多实体的欺诈行为,欺诈平台实体之间有团体或联盟。② 2016 年"魏则西事件"背后是民营医院、信息搜索平台等多个主体之间的共同舞弊,造成了十分恶劣的社会影响。

这种类型的团体欺诈或联合欺诈甚至催生了各种灰色的产业链,例如"刷单平台",这些产业链严重损害了平台用户的利益,并阻止了业务领域新合规环境的重新设计。因此随着我国正式加入全球机构反腐败浪潮,我们必须面对在新的"平台经济"形势下可能发生的新贸易欺诈模式,打破传统的内部控制和治理方法,创新舞弊治理更为有效的机制与手段。③

商业欺诈及其治理的研究源于学术界对资本市场上公司欺诈持续发生的现实反映,商业欺诈被定义为"一个或多个管理层,雇员和第三方使用欺骗手段获取不正当或非法的经济利益,或故意误导用户对公司财务报表的判断"④。欺诈的动机是有意识的,欺诈的手段是欺骗,欺诈的目的是获得一定的利益,

---

① 李颖,法治化市场经济建设存在的问题及对策,豆丁网,2015 年 7 月,http://www.docin.com/p-1689198983.html,2020 年 9 月 9 日访问。
② 汪旭晖、张其林,平台型网络市场"平台——政府"双元管理范式研究——基于阿里巴巴集团的案例分析,中国工业经济,2015 年第 3 期,第 135-147 页。
③ 易开刚、厉飞芹,平台经济视域下商业舞弊行为的协同治理——问题透视、治理框架与路径创新,天津商业大学学报,2017 年第 3 期,第 43-47 页。
④ 许东霞、阎洪玉,解读企业舞弊信号及其对内部控制的影响——法务会计视角,商业经济,2013 年第 5 期,第 37-39 页。

欺诈的性质是非法的或非有害的。① 随着平台经济的快速发展,特别是互联网平台的增长,商业欺诈的局面发生了新的变化。互联网平台起着磁性作用,以多样化的需求为核心,吸引了弱势市场中的大量参与者,形成了一个虚拟,紧凑的生态系统,由买方、卖方和第三方组成,即平台运营。② 与此同时,商业舞弊行为也可能借由平台成为主体间的"共谋"行为。例如,在线搜索竞标是第三方与卖方之间的欺诈合作。

首先,从个体的平台来看,商业欺诈可以分为企业的"自谋"行为和平台主体之间的"共谋"行为。其次,由于平台服务的类型不同,不同的平台具有其典型的欺诈形式。例如,购物平台通常会遇到诸如采购订单、投机性信件、消费者陷阱和伪造商店之类的问题。一些购物平台和商家经常发起诸如"最低折扣""全额折扣""优惠券""免费购买"等活动,这些活动经常被怀疑是虚假的宣传和折扣。

在网络打车市场发展的初期,各种出租车呼叫平台通常不严格控制驾驶员和车辆,并以此迅速占领了市场份额,这产生了许多发展严重社会影响的事件,例如乘客骚扰乘客或损害乘客财产。另外,部分平台用户会通过虚构出租车交易来获得补贴。数据欺诈在在线金融平台上更为普遍。2016 年 5 月,美国最大的 P2P 网络借贷平台 Lending Club 宣布,公司联合创始人因为舞弊和造假辞去董事长兼 CEO 职位。订餐平台对商家资质审查不严格的问题屡遭诟病,商家套用证照、"幽灵餐厅"等现象并不少见。2016 年"大学生裸贷"事件的持续发酵已经引起公众对在线金融平台的道德责任和控制门槛的疑问。某些信息搜索平台使用关键字误导用户进入那些购买了竞价排名服务的非目标网站;一些平台通过恶意点击迅速消耗竞争对手的广告费;一些平台使用自己的产品在为用户提供的搜索结果上"占领屏幕"。

实时流媒体平台在订单交换行为中也很常见,例如,在线名人和实时流媒体平台秘密地协商购买宣传,充值和退货可享受 50% 的折扣。此外,直播平台没有严格审查主播的资格,从而导致直播过程中的庸俗和低俗内容产生了严重的负面社会影响。③

---

① 黎仁华,资本市场中舞弊行为的审计策略,豆丁网,2006 年 1 月,https://www.docin.com/p-125073682.html,2020 年 9 月 9 日访问。
② 徐晋、张祥建,平台经济学初探,中国工业经济,2006 第 5 期,第 40-47 页。
③ 易开刚、厉飞芹,平台经济视域下商业舞弊行为的协同治理——问题透视、治理框架与路径创新,天津商业大学学报,2017 年第 3 期,第 43-47 页。

在平台经济语境下,新型舞弊可被定义为一个或多个平台的经营主体利用欺骗性的手段来获取不正当或非法的经济利益,或故意误导信息使用者对企业信息或产品信息等的判断的行为。[1] 随着平台经济的发展和互联网应用的常态化,平台式生态圈内的企业数量不断增加,其属性更为复杂,其关联性更为密切,由此产生的商家舞弊类型更加多样,影响更为广泛且恶劣,治理难度也不断加大。平台经济视域下的商家舞弊治理目前存在立法不足和效率不高的问题。鉴于平台经济具有行业交叉属性,且成熟的相关法律法规建设过程比较复杂,商家多、监管难、技术和执法人员数量有限等现实困境使得政府监管无法有效解决平台上的商家舞弊问题。

《网络商品交易及有关服务行为管理暂行办法》和《第三方电子商务交易平台服务规范》都明确规定,提供网上商务平台服务的经营者应积极帮助工商部门对网上商店经营者进行监督。其中,"提供网络交易平台服务的经营者"就是平台提供者,即平台企业,是以互联网信息技术为基础,为双边或多边用户提供平台服务的组织结构,[2]如提供淘宝、天猫等电商服务平台的阿里巴巴集团等。网店经营主体则是平台的供应方用户,即平台上的商家,指在第三方互联网平台上进行商品或服务交易的个人或经济组织。[3] 第三方监管是对政府监管的有效补充,可以形成与政府监管和市场监管互动的良好机制,平台企业作为商家的直接管理者,在商家舞弊治理方面应承担制约和监管责任。[4]

由此可见,平台经济视域下,一些公司会使用一种或多种欺骗性方法获取不正当或非法的经济利益,或有意用公司信息、产品信息、估值信息等误导消费者的相关判断,以增加利润。其中,平台企业和商家间存在监管和舞弊的非合作博弈,采取何种措施使商家在博弈中不舞弊这一难题亟须破解。[5]

---

[1] 易开刚、张琦,平台经济视域下的商家舞弊治理:博弈模型与政策建议,浙江大学学报(人文社会科学版),2019年第5期,第127-142页。
[2] 丁宏、梁洪基,互联网平台企业的竞争发展战略——基于双边市场理论,世界经济与政治论坛,2014年第4期,第118-127页。
[3] 蹇洁、袁恒、陈华,第三方网络交易平台与网店经营主体进化博弈与交易监管,商业研究,2014年第8期,第142-149页。
[4] 易开刚、张琦,平台经济视域下的商家舞弊治理:博弈模型与政策建议,浙江大学学报(人文社会科学版),2019年第5期,第127-142页。
[5] 易开刚、厉飞芹,平台经济视域下商业舞弊行为的协同治理——问题透视、治理框架与路径创新,天津商业大学学报,2017第3期,第43-47页。

3. 平台经济限制失信问题的建议

首先，平台企业依据其发展阶段调整监管策略，以制度治理为依据，搭建有约束力的制度体系。美国著名经济学家 Douglass C.North 将制度分为两个层面：非正式制度，包括习俗、道德、宗教等；正式制度，包括政府法律、市场与企业规则等。在平台经济的背景下，综合考虑业务行为的性质和程度以及治理实体的能力和责任的局限性，建立三层治理体系，同时加强联系并有效协调不同级别之间的系统以形成激励机制，且限制平台上每个成员的法律合规系统的网络。第一层级，法律与规制。有关政府机构应加强立法和对平台交易行为的执法，以进行高层规划，并明确对平台公司不可靠的商业行为进行识别和分类，例如使用电子商务进行不合理交易的不公平竞标行为等。应参照"负面清单"管理方法，明确列出各种平台经济运行中不得违反的行为，制定相关标准，制定规章制度，以此规范平台公司的行为。同时，对于一些特殊的平台（如 P2P 网贷平台），还必须从信息披露和信息安全的角度对其进行监管，以限制其商业行为在合法合规的范围内运营。运营平台的公司必须加快制定适合平台交易行为的规则和系统，切实使商业失信行为治理"有法可依"，改变"维权成本高、违法成本低"的现状。第二层级，规则与条例。运营平台的公司应加快平台上交易规则和系统的制定，通过实名制阐明每个合作伙伴的"开和关"机制、责任可追溯性机制和奖罚机制。加强对源代码的控制。同时，有必要为不诚实的商业行为建立"正常问题处理机制"和"紧急处理机制"，加强防范与监管力度。第三层级，自律与他律。平台买卖双方都必须遵守法律法规，遵守运营平台的公司规定，增强责任感并自觉抵制商业欺诈。政府应制定针对平台企业的弹性奖惩制度，平台经济的突出特征是网络效应，是指"某种产品或服务对用户的价值取决于使用该产品的其他用户的数量"[1]，平台吸收大量用户作为资源基础，并以此不断创造更大价值。

已有研究显示，随着平台发展阶段的推进，平台企业的成本曲线会变化，同时平台的网络效应被激发的程度（大/小）和方向（正/负）不同。在平台的网络效应达到临界点之前，负反馈效应显著（一般对应平台初创期）；在网络效应达到临界点之后，正反馈效应显著（一般对应平台引爆期）。对于平台公司而言，如果处于起步阶段，则强大的平台监管成本会更高，相应的正反馈效果也

---

[1] 张一进、张金松，互联网行业平台企业发展战略研究——以淘宝网平台为例，华东经济管理，2016年第6期，第54-61页。

会很小。以此为据,平台应该设法提高监管效率以降低监管成本,并实施扩展策略以扩大平台用户的规模,增加积极的反馈网络效应;若处于引爆期,则应增加在失信监管方面的投入以制约商家的失信行为。对政府来说,有关部门需要及时关注平台的利润、成本、用户规模等数据,并判断平台的发展阶段,以制定和实施灵活的平台公司奖惩制度。在平台初创期,政府应对平台执行严格的监管和惩处制度,以减少公众对平台的错误认识并增加对平台监督薄弱的处罚;在平台初创期以后,可以适当放松对平台的管制,多提供政策奖励和优惠。

其次,着眼于事中。平台需要运用技术手段,加强对各类不可靠人员的技术监督。根据研究,业务可靠程度与实施不可靠行为的成本成反比。同时,这也与监管的力度和平台实施的成本有关,与随后可能的纠正成本则成反比。当政府对平台的奖惩不明确时,在通过技术手段增加商家舞弊的实施成本的情形下,平台为控制成本倾向于不再实施强监管,但是商家会在重复博弈中发现这一点,所以商家更可能采用新手段去舞弊。因此,该平台必须首先将最先进的信息技术应用于平台技术监督,以增加舞弊行为的难度以及实施成本;其次,必须严格规范对新商户准入机制的审查,必须形成完善的调查、监督制度,该制度的内容应涵盖不同类型的舞弊,包括技术含量高、隐蔽性高的欺诈。

最后,聚焦事后。平台需对失信商家和不失信商家分别制定惩处制度和奖励制度。基于研究,商家失信的概率与失信的机会成本以及因失信而遭受的物质、非物质损失成反比。在运营中,一方面,平台可探索新的、有效的失信监管方式,充分利用大数据完善舞弊识别模型、加强平台诚信系统建设,还可以加大对被查处商家的惩罚力度。比如,平台对商家进行公开处罚、追责,或者考虑使用"一票否决"制,即一旦发现某商家失信,就将其移出平台,还要将其录入行业内失信商家大数据并将该信息在行业内共享。另一方面,平台可以多出台对评价高、信用高的不失信商家的奖励制度和措施,比如给予补贴优惠、加大宣传力度等,这既可以吸引更多的同类商家入驻平台以激发正向的网络效应和提升商家舞弊的机会成本,也可以支持他们与失信商家竞争对抗,分流失信商家通过失信获得的额外收益。[①]

---

① 易开刚、张琦,平台经济视域下的商家舞弊治理:博弈模型与政策建议,浙江大学学报(人文社会科学版),2019 年第 5 期,第 127 - 142 页。

（二）法规的不健全与滞后性

1. 互联网经济治理现有法规概况

互联网经济是传统金融行业与互联网精神相结合的新兴领域，互联网"开放、平等、协作、分享"的精神向传统金融业态渗透，发展出了互联网金融业的特征。[①] 其中，平台经济是促进经济转型发展的重要引擎。从微观的角度来看，该平台负责通讯或信息传递，具备交易的媒体功能，是新兴的行业组织以及利益协调者。从宏观角度看，平台经济的发展具有促进工业创新、带动新兴经济体增长、加速服务型制造业的转型以及改革专业生活方式的作用，是重要的工业形式。近年来，中国的平台经济发展迅速，但是中国的金融法律体系对平台经济的新金融形式还没有给予足够的重视，尽管互联网金融法规正一个接一个地发布，但是法规的数量依旧很少。

李克强总理在2015年政府工作报告中提出了"互联网+"行动计划，表示将进一步推动"移动互联网、大数据、云计算、物联网等与现代制造业结合，促进电子商务、工业互联网和互联网金融健康发展"[②]。这不仅显示我国政府对相关产业的态度，也反映了当前"互联网+"的快速增长已成为改变生产和生活方式的一种新的经济形式。

以平台经济为例，为合作参与者和客户提供将合作以及软硬件交易结合在一起的场所或环境，这些变化是革命性的。同时，运营商还充分利用互联网建立业务平台，开展营销活动，实现快速扩张。对北京大学学生在北京成立的数十家创新公司进行的研究和采访表明，移动互联网技术是近年来出现的商业繁荣的主要支撑。如孙陶然所创的"拉卡拉"，提出了"社区店+电商&金服平台+身边小店APP"的三位一体模式，这是典型的"互联网+"。不仅如此，像孟兵的"西少爷"、张天一的"伏牛堂"等传统快餐小吃行业，它们也将业务嵌入互联网技术和互联网思想中，因此有人称他们的公司"本质上是互联网企业"。[③]

[①] 陈蠡，互联网金融对传统金融业的影响浅析，中文科技期刊数据库，2016年12月，http://www.cqvip.com/QK/72004x/201612/epub1000000617445.html，2020年9月9日访问。

[②] 李克强，2015年政府工作报告，人民日报，2015年3月19日，http://cpc.people.com.cn/n/2015/0317/c64094-26702593.html，2020年9月9日访问。

[③] 吴志攀，"互联网+"的兴起与法律的滞后性，中国共产党新闻网，2015年7月6日，http://theory.people.com.cn/n/2015/0706/c392381-27261318.html，2020年9月9日访问。

经济形势正在发生急剧变化,整个监管体系、监管理念及思想都必须与时俱进。互联网具有极强的互动性、广域性、虚拟性和即时性,[①]大大增加了监管的难度。当前,与"互联网+"相关的产业的发展面临一些法律风险和法律问题。随着互联网技术发展和更新的速度加快,相关业务和运营模式的变化速度也随之加快,并且会出现越来越多的法律问题,其中一些是原本无法预料的,甚至是无法想象的。因此,要适应并且助推"互联网+"的兴起,监管机构必须转变理念,进一步调整治理的运行模式。

中国的互联网法律体系已经落后了相当长的一段时间,而相关的立法正面临着诸如权力薄弱、参与者分散和思想过时之类的一系列问题。近年来,中国加快了相关立法进程,形成了层级较高、集群性强、保障有力和理念创新的互联网法律规范体系,有力保障和创新理念已涵盖互联网管理、互联网基准、网络犯罪打击和网络经济促进等互联网治理领域。尤其是全国人大常委会2016年11月7日通过的《互联网安全法》,构成了我国当前互联网法律体系的主干立法。

网络经济作为市场经济发展和演变的一种创新形式,也必须遵循法治的逻辑,并受到法治的保护。实施国家网络经济发展战略的重点应放在促进互联网与实体经济的深度融合上,利用法律法规鼓励资本、人才、技术和物质的流动,促进资源配置的优化。为此,中央先后出台《"互联网+"行动计划》《促进大数据发展行动纲要》等政策与《完善产权保护制度依法保护产权的意见》等文件一起为我国网络经济发展保驾护航。

总之,平台经济创新层出不穷,这种创新意味着出现新的财务模型,也意味着需要新的监管法规。此外,当前的互联网资金监管法规还不够完善,已经出现了一些互联网资金运营模型,但是相关法规仍落后于现实,这意味着该领域的法规是空白的。期待监管机构尽快完善互联网金融相关领域的监管制度。

2. 法规在平台经济发展中的不足之处

尽管市场经济强调市场对经济自发调整的功能,但是市场经济体系本身的建立并不是自发的。人为建立的市场经济体制需要适当的政治和法律环境。市场监督是指限制市场活动实体及其行为的直接干预活动的总量。其主

[①] 李雅文、李长喜,互联网立法若干问题研究,北京邮电大学学报(社会科学版),2013年第4期,第13-17页。

体是有权实施监管的机构、机关、团体,其中以政府机关为主,市场监管的对象是市场活动的参与者及其市场行为。监管的目的是确保市场安全、控制风险并建立和维护正常的市场秩序。监管的方法是限制市场运作的全过程。其依据是市场监管管理的法律、法规和行业规定。

市场监管的最大根源在于市场失灵。所谓市场失灵是指由外部条件的失误、资源分配的某些领域的失误以及固有的功能失误引起的市场机制失去效令。任何国家都必须以立法的形式加强对经济的监督。当前,宽松的执法及违反执法的行为屡见不鲜。这是由于缺乏有效的监督和监督机制不足,对市场监督没有取得预期的效果。[1]

通过对现有法律规范的梳理发现,我国目前缺乏比较明确、完整、具体的互联网金融监管规则,互联网金融基本上还处于无规则约束的状态。一方面,需要制定或完善基本法律条款,例如保护金融消费者的权益、维护信息网络安全、建立社会信用调查系统以及保护发展互联网金融迫切需要的金融隐私权;另一方面,现有的一些互联网金融监管规则大多是声明性条款,尤其是在没有民事责任的情况下,或者尽管有规章,但民事责任非常轻,显然不利于对互联网的监管。[2]

首先,在与互联网有关的许多领域,尚未建立明确的法律监督系统。根据所谓的"摩尔定律",互联网等高科技的更新周期大约在两年左右,[3]一项技术往往在两年内即被替换,但是对于复杂的传统诉讼来说,两年可能不会太长。例如,在专利侵权纠纷中,诉讼周期通常相对较长,经过漫长的诉讼期,原本令双方担忧的新技术可能已失去其价值。又比如,近年来我国依托互联网迅速发展起来的各类支付、交易、金融服务等,都还缺乏相应的全面、细致的法律法规。网上第三方支付掀起了"金融风暴",使传统意义上的商业银行遇到了非银行非金融机构的强大竞争者,[4]这种竞赛实际上已经进行了十多年了,后来的参赛者已经处于领先地位。当前的竞赛环境已经发生了很大变化,但相关法律并未改变。当前,金融中介服务的运营商正在从实体商店迁移到移动互联网,这一新型业态迫切需要出台相应的法律法规参与监管。

---

[1] 李颖,法治化市场经济建设存在的问题及对策,法制博览,2015年第20期,第126-127页。
[2] 中国人民银行济南分行课题组,我国互联网金融监管的法律规制研究,中国论文网,2014年月,https://www.xzbu.com/3/view-6327690.htm,2020年9月9日访问。
[3] 孙泉,解读摩尔定律,集成电路应用,2004年第8期,第3页。
[4] 陈新林,第三方支付发展研究,特区经济,2007年第4期,第293-294页。

其次，平台在运营过程中缺乏法律管理。在向用户提供服务的过程中，平台作为签约方通常采用格式合同，一键访问方式节省了大量的成本，用户仅需简单地点击几个"同意"即可及时享受服务，但其中也暗含着用户合同权益保障的隐患。基于这种隐患，爱奇艺的"按需付费"案件裁决也受到了激烈的辩论。在此案中，法院认为爱奇艺平台涉及单方面更改合同条款。电视连续剧播出中"按需付费"服务的推出，破坏了"观看热门电视剧优先"会员的权益完整性，侵犯了黄金贵宾会员观看电视剧的权利和利益。尤其是在此期间，非接触式经济呈指数增长，平台公司的市场力量得到了前所未有的增强。某些超大型平台的服务内容和交易条件单方面变化已成为社会各界争执的热点话题，平台经济的深化发展需要全面、三维支撑的法律建设。[①]

随着互联网的飞速发展，一些法律法规明显滞后，不适应我国互联网的实际环境；同时，又有许多互联网法规执行不力，很难合理地保护互联网用户的合法权益。魏泽西事件后，联合调查组进入百度调查。结果表明，百度搜索相关的关键词竞标结果客观地影响了魏泽西的医疗选择，那就是搜索引擎背后的竞标机制和非法商业广告影响了搜索结果的公平性和客观性。但是，我国尚未发布适当的互联网广告搜索方法和管理规则。以前颁布的法律法规无法解决正在出现的新问题，互联网违法现象尚未得到法律制裁，没有足够的法律依据解决互联网违法行为。[②]

3. 平台经济管理法治建设的对策

（1）提高立法效率，适应"互联网＋"条件下的业态转变

立法的有效性是一个源自法律的概念，结合了经济分析方法。更具体地说，它是指立法利益与立法成本之间的关系。立法利益是指随着法律的出现而出现的社会利益。而立法成本主要是指立法程序、执法、合规等引起的成本和费用。[③] 只有在立法成本保持不变的前提下，最大化立法效益，才能达到最好的立法效果。就我国目前的情况来看，法治意识淡薄、立法资源配置不合理、监督机制不够完善等情况依旧存在，从而使得我国现在的立法仍存在越权、资源浪费、权力寻租等问题。由于复杂的等级制度而导致立法选择的延

[①] 陈兵，互联网平台经济法治化发展需多方努力，第一财经网，2020年8月19日，https://www.yicai.com/news/100739301.html，2020年9月9日访问。

[②] 肖雪、胡承武，互联网法治建设存在的问题及对策——以"魏则西"事件为例，2017年2月，https://www.doc88.com/p-0641391867456.html，2020年9月9日访问。

[③] 顾伟、汪新胜，略论立法效率，理论月刊，2004年第12期，第11-19页。

误、立法周期的延长或立法项目的调整。① 互联网时代的立法应更加关注立法效率,作为立法机构,必须树立效率概念,合理分配相关资源,加快立法进程,以有效可行的方式完成立法工作。特别是在互联网领域,对立法的及时性要求更高,可能需要考虑对立法过程进行相应的简化和提高效率。只有这样,才能适应网络条件的快速业务转换,并真正为互联网空间的原则和法律保护奠定基础。

(2) 增强法律的前瞻性和预见性

每一种法律都有适用限度,从垂直的角度来看,法律也应有一定的使用期限,在一定时期后,就必须重新制定法律或修改法律。在传统社会中,对法律的修改和修订的频率相对较慢,其适用时间较长,但是,在新时代互联网迅速变化的领域中,最近修订的法律条款甚至不再适用于几年后的实际情况。因此,必须加强立法论证,特别是鼓励学者参与立法,增强法律的预见性、前瞻性。例如,美国在出台《统一计算机信息交易法》和《全球电子商务政策框架》时,通过充分的立法论证,相当准确地预见了即将到来的商务时代的多重问题。

(3) 建立高效的反馈机制,及时反映立法诉求

法律积压在互联网时代变得更加明显,并且已成为互联网领域的重要问题。现有法律者很难解决全国范围内互联网上出现的许多问题。因此,在建立完善的立法论证程序、提高法律前瞻性的基础上,高效的问题反馈机制同样必不可少。如果想及时报告因互联网的快速发展和变化而引起的问题,则还应将互联网用作快速传播信息的平台。在这样的平台上,一方面,它可以更方便、有效地实施在线反馈机制和监测机制;另一方面,它还可以减少学习的限度和成本,使公众能够参与有关互联网问题的反馈。

因此,国家立法者已经制定了基本的法律原则,行业协会可以制定并实施针对特定监控和反馈的详细规则和机制,并通过该平台让公众参与。不仅可以适时地发现"痛点"问题,还可以及时反映其法律诉求,为立法提供重要参考。

(4) 调整立法位阶,尽快完善互联网法律体系

我国当前互联网立法过程中主要面临两大难题。一方面,互联网立法水平与互联网行业的特征不符。这不仅是一个高和低的水平,而且是一个适合、匹配的问题。国家层面的法律法规等管理文件暂时仅《全国人民代表大会常

---

① 李龙亮,立法效率研究,现代法学,2008年第6期,第51-59页。

务委员会关于维护互联网安全的决定》和《电子签名法》两部。① 因此,互联网领域的立法水平需要提高,需要采用更高级别的法律来定义互联网产业的治理原则,维护全体人民的利益,特定的实施规则可以由监管机构和行业进行管理。

要鼓励并发挥行业协会的监督作用,这既可以减少政府公务员的压力、减轻纳税人的负担,还可以利用行业协会解决特定问题;行业协会还可以建立一个专用平台,向公众开放,以接受大多数互联网用户的意见或建议。发挥全民的智慧和力量,监督本行业在互联网服务运行中的情况。互联网本身的特点,就是开放的,即公众参与度极高;是体验的,即关注公众的感受,并及时反馈和调整;是互动的,即公众既是参与者,又是贡献者;因此,互联网新业态的监管工作,也应该符合开放、互动和体验这三个特点,这样才有助于将相关立法和执法工作做出成效。

互联网立法中的另一个重要问题是,特殊法律不是系统性的,相关法律分散在其他法律法规中。② 但是与互联网相关的契约、侵权、公司并购、贸易支付、物流配送、金融交易、上门服务以及人力资源调配与管理等,是一个庞大的紧密联系的复杂系统,目前的情况是,分散在多个法律法规中的相关法规,很难处理这个复杂的系统。需要在互联网领域建立独立的法律体系,并建立相关的规则和解决方案以适应当前迅速变化的新条件和新问题。③

(三) 规则制定权权源与主体多元

1. 规则制定权权源多元现象概况

首先,在我国,平台经济治理的权力来源是政府。但是,在实际治理当中,因为上级与下级政府之间的信息误差、平台主体多元化以及平台关系的复杂性,出现了规则制定权的权源分散化现象,更是影响了规则实际应用的成效。

习近平总书记指出,从实践的角度来看,与互联网技术和应用的飞速发展相比,当前的管理体系存在明显的缺陷,主要是多头管理、职权不同、职能重叠、效率低下等。为此,以党的十八届三中全会《决定》为依据和开端,国家安

---

① 张平,互联网法律规制的若干问题探讨,知识产权,2012 年第 11 期,第 3-17 页。
② 罗用男,论我国网络立法的现状及完善建议,法制与社会,2013 年第 21 页,第 67-68 页。
③ 吴志攀,"互联网+"的兴起与法律的滞后性,中国共产党新闻网,2015 年 7 月 6 日,http://theory.people.com.cn/n/2015/0706/c392381-27261318.html,2020 年 9 月 9 日访问。

全委员会、网络安全和信息化领导小组等顶层设计相继推出,在事件管理系统、网络紧急响应机制和网络实名注册系统实施期间和之后,互联网的建设进一步发展。这从制度机制上为互联网治理的合法化提供了坚实的基础。

2. 规则制定权主体多元现象概况

平台具有双边或多边市场的特征,通常在一边市场上向用户提供免费/零定价商品或服务,为大量用户带来了巨大的利益。同时,平台还交换了用户的海量数据(信息)。搜集大量用户数据的平台可以从中获取准确信息为用户提供个性化服务,并通过个性化广告来获利。但是,此类定制服务可能会损害消费者的知情权、选择权以及交易安全性,并使得平台内部的类型变得更多、角色多元、关系复杂。[①]

(四)自治规则效力模糊且有限

1. 平台自治现况

平台具有信息传播速度快、传播范围广的特征。基于此功能,平台可以使人们的生活更轻松,促进社会生产并提高资源效率,但它也会突破无效的监督,并混合一些负面和错误的信息,将会对社会秩序产生负面影响。为此,一方面有待行政部门积极科学监管;另一方面也需平台经营者承担起相应的主体责任,提高自律意识,增进自治效果。[②]

2. 平台自治发展趋势

(1)管理主体平台化

数字经济背景下,企业之间的竞争重心正从产品竞争、技术竞争、供应链竞争逐步演进为平台化的生态圈竞争,从企业内部管理、价值链管理到平台管理,许多数字平台的出现帮助企业实现了社会责任管理的突破。

这种平台化趋势主要体现在以下两个方面。一是平台型企业积极履责,增强了相关业务的生态系统示范和激励效果。能力越大责任越大。数字生态圈核心的平台型企业本身因具备技术、信息、资源、用户等先天优势而获得高创新壁垒和强议价能力,基于平台的公司必然成为该生态系统的最大受益者。

---

① 陈兵,互联网平台经济法治化发展需多方努力,第一财经网,2020年8月19日,https://www.yicai.com/news/100739301.html,2020年9月9日访问。

② 陈兵,互联网平台经济法治化发展需多方努力,第一财经网,2020年8月19日,https://www.yicai.com/news/100739301.html,2020年9月9日访问。

同时，它们必须是最大负责任的实体，并扮演相关公司的榜样角色。尤其在众多中小企业面临着数字化转型能力不足的现实困境时，基于平台的企业必须承担集群化数字平台的重要职责，并建立一个具有数字技术和数据能量的新业务生态系统。利用新技术、新应用对传统产业进行全角度、全方位、全链条的改造，助力中小企业适应数字化转型浪潮。二是数字生态系统加剧了平台业务与责任之间的双重关系。一方面，生态系统包含了不同公司的社会责任，平台需要协调其责任，另一方面，生态系统中缺乏社会责任通常是因生态系统缺乏领导者造成的，这样的平台需要有影响力和协作管理能力强的多个参与者协作管理。在强大的关联状态下，公司之间的管理边界逐渐被打破，这在一定程度上支持了朝着实现协作责任和协作治理的平台发展的趋势。

（2）管理流程数字化

大数据使管理科学真正进入了可量化的科学发展阶段，也将推动企业社会责任管理在"目标—措施—结果"全流程上趋向数字化。

第一，从前端的角度来看，公司可以量化其企业社会责任战略和目标，并使用数字方法阐明履行其企业社会责任的时间节点和内容方法，从而有效地改善企业责任绩效的证据并减少公司现有绩效流程的盲目性和不确定性。事实上，传统的企业社会责任管理常常以企业本身为源头，企业的能力和收益成为责任绩效的尺度和边界，这种相对盲目的责任输出行为可能是无效的，甚至是公众难以理解的。而在数字经济的背景下，公司可以使用数字工具准确地描述利益相关者的需求，明确目标和职责内容。例如在公益履责方面，传统的捐赠和材料已开始向有针对性的减贫方向发展，大量的电子商务平台利用数字和渠道的优势在贫困地区积极"投资"。

第二，大数据在流程的中间阶段就可以准确地反映公司运营和管理的各个方面，借助数字工具，公司可以向负责的经理清楚地说明实施采购、生产、研发和营销的途径。通过智能化的履责手段，企业将大幅提升社会责任管理的效能。

第三，从过程终端的角度来看，公司可以基于数字结果深刻地解释自己在社会责任领域的优缺点，从而修改企业社会责任的治理目标，形成"目标设定—管理实践—目标优化"的循环，既而为企业社会责任实践的可持续性做出贡献。

（3）管理节点可控化

数字经济背景下，信息的不对称现象被进一步打破。原本企业社会责任管理过程中的黑匣子已逐渐透明,社会责任被视为一家公司的企业责任和行为标准,这一管理过程变得越来越可追溯,关键管理措施也不可避免地变得可控。一是管理节点的事前可控,公司可以使用数字工具科学地预测企业社会责任的投入产出情况,并且需要意识到在实现企业社会责任行为之前可以做什么。这既有利于破解当前企业社会责任在成本与价值维度无法有效衡量的现实困境,强化企业履责的信心,也有利于企业降低履责成本、提升履责效率。二是管理节点的事中可控,在数字经济的背景下,所有公司责任表现和违约行为均可以跟踪数字踪迹。一方面,这些数字痕迹可以作为利益相关者履行其企业职责的监督基础;另一方面,当企业管理行为触及道德和法律的红线时,数字线索还可以向公司提供实时、准确的警报,从而帮助公司快速主动地做出响应。如上所述,企业社会责任管理节点的可控性将大大降低企业责任绩效的风险和成本,从而促进企业社会责任实践的规范化。

(4) 管理沟通高效化

责任沟通是企业社会责任管理的重要组成部分。公司使用负债报告将负债绩效信息发布给相关方以接受他们的监督。在数字经济的背景下,利益相关者获取信息的渠道更加多样化,信息的有效性也提高了企业社会责任管理沟通的效率。首先,企业责任绩效信息的披露将发生变化。《企业社会责任报告》(CSR 报告)这种发布年度信息的传统方法已被全媒体的实时发布所取代。社交媒体随时可供公众使用,公司可以使用自媒体及时发布责任绩效行动状况,从而将事后责任沟通转化为预处理和预处理沟通。通过数字化工具,逐步恢复公司责任的过程得以实现,能够与利益相关者沟通责任,有效地改善了利益相关者对公司的意义,增强了公司负责任的行为意识和参与意愿。但是,尽管数字技术已经改变了沟通渠道和提升了责任效率,但公司仍必须面对更广泛的责任沟通对象。在许多情况下,利益相关者的监督已上升至国家层面的监督,这也是公司面临企业社会责任管理的压力和挑战。

(5) 管理价值溢出化

随着企业社会责任活动在我国的不断推进,"责任=价值"的判断已逐步取代"责任=成本"的思维定势。在数字经济的背景下,企业责任的内容是多种多样的,其行为方式是智能的,这促进了企业社会责任管理从一维向多维的转变。形成了"经济价值+社会价值+环境价值+文化价值"的价值体系。同时,数字生态系统加强了利益相关者之间的僵化,高度的内部关系意味着企业责任绩效的外部性稳步提高,溢出趋势变得更加明显,一些公司责任表现可能会对社会产生长期的价值影响。[1]

3. 增强自治规则效力改进建议

（1）政府简政放权

中国市场经济发展历程的历史特征是政府指导,如果离开中央政府的宏观调控和中观水平的指导,在关键时刻,在短时间内不可能取得举世瞩目的经济发展成就。[2] 政府专注于主要任务,克服困难。同时,我们还必须明确客观地认识到,在市场经济体制改革过程中,政府监管仍然存在许多问题,必须坚决解决。建立和发展网络平台经济是深化经济体制改革、"让市场在资源配置中起决定性作用,在政府指导下发挥更好作用"的尝试、选择和途径。其实质是打破现有市场资源配置和市场竞争机制运行的壁垒,建立符合市场经济规律并在各个层面进行整合的现代市场经济服务体系。客观地讲,网络平台经济的兴起是对当前市场经济体制运作的挑战。

只有继续深化行政管理和权力下放的简化,激活市场要素的配给比例,吸引社会资本积极合法地参与各种互联网平台的经济运作,国内平台市场的开放性、透明性和竞争性才能得以实现有效改进,并可以培育面向国际市场的高质量互联网,增强在国际互联网市场上的竞争能力等。[3] 从当前网络平台经济发展的趋势来看,传统经济领域的深度融合以及科学合法地利用大信息技术促进传统经济活动的转化和更新,是推动互联网平台发展的动力和潜力所在；另一方面,在现有互联网平台的经济市场中保持自由公平的竞争,包括维持现有高质量平台运营商的竞争行为的资格标准以及对互联网市场公平竞争的充分性的审查。例如,可通过"行业标准 + 负面清单"的模式,尝试建立透明,合法的网络平台经济监管基准,探索规范网络平台经济运行的有效途径。[4]

（2）政府规制路径的重构

一般而言,政府相关法规是基于现有经济活动的典型组织形式。这使得共享经济作为一种新的商业模式难以适应当前的法律框架,而将现行的监管要求严格应用于新的经济活动也不利于刺激创新。当前,放松管制信息使用的可能在

---

[1] 厉飞芹,易开刚,数字经济背景下企业社会责任管理新趋势,光明日报,2019 年 4 月 19 日第 16 版。
[2] 吴敬琏,江平,市场经济和法治经济——经济学家与法学家的对话,中国政法大学学报,2010 年第 6 期,第 5 - 15 页。
[3] 娄成武,董鹏,供给侧结构性改革视野下的简政放权,探索,2016 年第 4 期,第 104 - 110 页。
[4] 陈兵,互联网平台经济运行的规制基调,中国特色社会主义研究,2018 年第 3 期,第 51 - 60 页。

我国显得尤为重要。政府需要在适应效率创新和风险管理的同时适应新形势。

监管的想法是减少负外部性,即由不确定性引起的溢出效应,要最大限度地发挥最低监管的作用,制定更有效的规则和激励平台,以增强社会责任感和自我优化。开发兼容的激励机制的中心思想是为政府指导和促进提供更多空间,并通过这种外在力量帮助创建平台的内生机制。简而言之,只有建立兼容的激励机制,政府对信贷安全和信息保护的外部需求才能转化为平台的内在需求,也就是说,只有进行这种转换,我们才能用一半的努力就获得两倍的成果,并实现局面的双赢。①

（3）建立共享规制架构

如果说网络平台经济是数字信息时代市场经济的先进形式,那么它作为一种新兴的经济发展模式,涵盖了数字经济市场活动的整个生命周期以及数字经济活动涉及的所有主题、市场及其行为。那么其法规的完善还必须建立新的思维和新的创新方法。只有对平台经济运行中起作用的对象关系和行为类型进行全面和多维的检查,才能建立监管方法、建立科学法规并实施有效法规。如前所述,网络平台经济是建立在双边市场共同信任、互惠的经济模型的基础上的,该平台可感知经济市场活动期间所有对象的状态变化、对象行为的直接性以及行为过程的透明度。平台强大的吸附力,改变了传统市场机制运行的模式,共建与共享成为趋势。

从传统市场规制结构及其法律设置的角度看待市场经济活动,其主体主要涉及三大类型——规制者、经营者及消费者,其行为分别对应为规制行为、经营行为及消费行为。在传统的经济模式中,三方之间的对抗大于合作,三方之间的利益冲突大于胜利,相互怀疑胜于信任。这可以从现行的反垄断法、反不正当竞争法和消费者保护中看出。而伴随网络平台经济的高速发展,信息技术和数字技术得以广泛使用,大数据支持下的各种算法的创新让传统主体类型的特征开始模糊化、混同化,规制者、经营者及消费者的市场地位和角色发生了融合,基于扁平化和透明化的平台运行由原先的对抗、冲突、怀疑转向合作、共赢及信赖。

单一法规无法满足平台经济运营的实际需求,平台运营商和用户已从一维受管制对象转变为管制行动的参与者和执行者。例如,中国最大的购物平

---

① 郑佳,共享经济的自治与规制,中国社会科学网,2019 年 1 月 30 日,http://news.cssn.cn/zx/bwyc/201901/t20190130_4819881.shtml,2020 年 9 月 9 日访问。

台天猫商城在对商户经营的商品和服务进行随机检查和清洁方面具有很强的准入监管行为：利用大数据算法创建的反欺诈系统以及对"淘宝村"和"淘宝镇"的评选等实质上是与政府规制主体合作互补的共享规制体系。因此，迫切需要改变当前基于政府监管的单一监管理念，从上到下改变不平衡的一维监管模式，改善分阶段、分散的单位制的监管方式，朝着多元化的讨论、合作与共享的方向发展适应数字经济时代的规章制度。[①]

（五）政府监管难度大

1. 缺乏明确的监管机构

我国已经在金融领域建立了全面的运营体系，很难采用单独的监管模式来适应银行、证券和保险领域的跨部门业务创新。这导致监管能力下放和监管信息集中化的困难，监管资源严重浪费。因此，中国的金融监管迫切需要从机构监管转变为职能监管。[②] 互联网金融的开放减少了金融领域各种金融产品和服务的进入壁垒。其金融产品经常影响到银行、证券和保险领域的多家公司，并在一定程度上促进了中国金融业的整合。商业模式对我国目前的行业监管系统构成了又一个挑战。

2. 缺乏明确具体的监管规则

在互联网融资的开放性和接受性以及金融产品的专业性和复杂性方面，监管规则应在严厉禁止不正当竞争和鼓励公平贸易的市场现有监管框架的评估中监控规则，减少信息不对称并加强信息披露的审慎监管规则和监管稳定性规则，以降低系统风险。基于以上分析，目前我国互联网融资缺乏完整、清晰、具体的监管规定，互联网融资处于根本不规范的状态。

一方面，现有的金融法律法规以传统金融格式在规范传统金融服务，很少涉及互联网金融。即使参与其中，也需要对其进行修订。互联网金融发展迫切需要的基本法律框架，如金融消费者权益的保护、信息网络安全的维护、社会信用调查系统的建立以及金融隐私权的保护等，仍然亟待制定或完善。立法的滞后，使得我国互联网金融处于"野蛮生长"状态。

另一方面，现有的互联网财务监管规则大部分是声明性条款，尤其是在没

[①] 陈兵，互联网平台经济运行的规制基调，《中国特色社会主义研究》，2018年第3期，第19-23页。
[②] 钱小安，货币的规则，商务印书馆，2002年版，第124页。

有法律责任规定的情况下,或者尽管存在法规,但民事责任非常轻,显然不利于财务监管。只有通过行使民事诉求权,互联网金融监管最终恢复法律责任和民事责任,才能起到赔偿损害和威慑非法经营者的作用,并确保互联网金融合法和健康地发展。目前,监管层已经注意到互联网金融存在的风险,并开展了专题调研。

三、平台安全的两大内涵

(一)网络安全是平台经济发展的基础性价值目标

1. 网络安全现况

网络的危机主要来自"网络黑客"的侵害和"计算机病毒"的传播。网络黑客在网络上口耳相传,逐渐传开,加之传播媒体的推动,甚至让人常将其与间谍战或阴谋论联想在一起。它是网络主要危机的来源之一,因为它会窃取或破坏平台数据,甚至假借平台和用户名义去做坏事。而网络的另外一个危机是计算机病毒,有些人会借由四通八达的网络到处传播病毒,造成某种程度上的损害。平台经济作为互联网经济的产物,自然也会受到这样网络危机的影响。

2. 网络安全缺失造成的平台损害

对于平台用户而言,网络安全缺失会导致一定的损害,较为普遍的就是计算机病毒破坏存储数据和个人数据被窃取等。

很明显,黑客的行为确实触犯法律,因为网络的主机属于私有财产,是不容许他人不经同意而任意使用的。而我们常言的"网络入侵",就是指非法进入他人主机,甚至是利用他人的名义,散发不良的消息或是破坏别人的网络!对于这样的行为,除了要负法律责任,有可能还要偿付罚金及赔偿他人名誉及公务上的损失。

至于毁掉或修改他人公司资料的这种犯罪,就等于是跑到人家家里去砸坏东西,一定会吃上官司的,而且这种影响他人公务上的犯罪行为,其赔偿金额通常都很大。黑客的犯罪行为虽是举证历历,但是有办法抓到吗?答案是可以的,因为每一个人在上网时都会有一个专属的 IP,同时主机也会把所有上网人的记录,都写在里面,所以如果顺利的话,其实不难抓到这个人。用调制解调器连上网就可以躲掉吗？别天真了！因为ISP①也会有记录，否则他怎么跟你算钱呢？所以警告许多跃跃欲试的黑客，千万别因为想向自我"潜能"挑战，而聪明反被聪明误，其实你上网的一举一动，都会在不知不觉中被记录下来。要顺利抓获黑客，除了需要网络上的各单位通力合作外，每一位网络管理人员的安全概念也是很重要的，只要耐心的分析主机上的记录文件，每个黑客都将无所遁形。

（二）数字资产的出现使得数据安全成为重要目标

1. 数据安全含义

信息安全或数据安全有对立的两方面的含义：一是数据本身的安全，主要是指采用现代密码对数据进行保护，如数据的保密工作、数据的完整性、双向强身份认证等；二是数据防护的安全，主要是采用现代信息手段对数据进行主动防护，如通过磁盘阵列、数据备份、异地容灾等手段保证数据的安全。

2. 数据安全对数字资产的重要性

截至2018年8月底，境内累计发现互联网金融平台被黑客攻击次数达126万次；新增系统安全漏洞1 570个；在遭遇网络攻击而丢失数据的金融企业中，33%的企业承认曾丢失支付数据；欺诈者截获了客户的金融数据，仅在一周时间内便从该银行账户中窃取几十万元到几百万元不等。这还没完，谷歌、微软、阿里、腾讯的云计算平台都出现了不同原因的故障事件，直接导致了使用这些云平台的互联网公司出现了不同程度的损失。在信息技术与金融业融合发展的当下，技术安全风险事件也与日俱增。互联网金融如何实现自我保护成为很多企业不得不考虑的问题。

3. 如何让数据安全保障数字资产

从资产角度看，数据的安全保存产生的价值非常有限，数据的价值体现在使用上。进一步讲，数据的价值不仅仅在于聚合与分析，更多地在于分享与流动。数据的多维度叠加使用是在创造更多的数据资产，本身并没有被消耗掉。基于分享，数据在流动的过程中被不断使用，从而不断产生新的价值。由此可见，要挖掘数据的价值，必须在数据采集、数据交换与分享、数据清洗与处理、

---

① 因特网服务提供商（ISP）是为个人或企业提供访问、使用或参与互联网的服务的组织。互联网服务提供商可以以各种形式进行组织，例如商业形式、社区所有的、非营利或其他私人所有的。因特网服务提供商通常提供包括互联网接入、互联网中转、域名注册、网络托管、Usenet服务和主机托管等互联网服务。

数据使用等环节所构成的全业务链条和生命周期中,确保数据与数据资产所有权、使用权、控制权有清晰的界定、确权和继承,并且得到技术手段和管理体制的有力保障。这已经不是狭义地保障数据本身的安全,而是需要在数据安全治理的范畴和体系下来实施数据资产安全管理。

数据安全治理是以数据的安全使用为目的的综合管理,其目标是数据安全使用。这是以数据资产化为视角、以数据价值体现为重要驱动力的安全管理体系与方法。数据安全治理主要包括以下几个方面的内容。

首先是三个需求目标:数据安全保护、敏感数据管理、合规性。只有合理地处理好数据资产的使用效率与安全保障,企业才能在数字经济时代可持续地快速发展。对于数据资产中的敏感数据需要进行重点保护和专项管理。敏感数据的安全管理和使用,是数据安全治理的核心主题。

其次是两大重要环节:分类和梳理,通常情况下在大数据应用和多元化数据应用中,会经常面临不同类型数据、不同规模数据、不同实效数据的重要程度和安全敏感度各不相同的复杂情况。因此,要实现数据的流动与使用,就必须对数据资产进行分类分级管理,按重要性、敏感度的不同,制定差异化的安全规则,采取有针对性的安全技术措施。简单的封闭和隔离不是解决之道,不仅有违"开放与分享"这一信息社会发展的基本规律,同时也不符合科学发展要求。

最后是全生命周期管理。从数据资产管理的视角看数据安全,需要贯穿数据全生命周期,提供有针对性的安全管控手段。数据资产安全治理要包括四个阶段。

元数据管理。数据治理成功的关键在于元数据管理,即赋予数据含义的参考框架。经过有效治理的元数据可以提供数据流视图、影响分析的执行能力、通用业务词汇表以及其术语和定义的可问责性,最终提供用于满足合规性的审计跟踪。元数据管理成为一项重要功能,让IT部门得以监视复杂数据集成环境中的变化,同时交付可信、安全的数据。因此,良好的元数据管理工具在全局数据治理中起到了核心作用。数据资产治理规划首先要构建对企业安全元数据的统一管理和标准化定义,通过安全元数据制定并且控制着企业整体的数据安全。通过规划工作制定数据安全管理策略,明确关键岗位、职责范围、操作规范、组织流程制度、权限管理、敏感数据分级分类、安全级别和策略、响应策略等。计划工作主要针对业务发展的需要,明确数据安全管理的重点工作内容和具体落实措施;采取和落实相关数据安全标准;实施对数据安全治理体系定期排查,针对数据安全隐患制定计划并推进落实。

资产加工。数据资产加工包括数据清洗、重要数据脱敏、元数据构建、权限控制管理、数据整合、数据汇总等工作内容。在此阶段,数据资产安全治理的工作重点是在各个作业环节切实地落实安全管理规则,采取适当的技术手段进行安全保障。

资产流通。数据流通也就是数据跨主体流转环节,是安全防护的难点和关键环节,非常重要。首先是安全保障。流通过程中,既要流转过程"不泄密、无隐私、不超限、合规约"。其次可追溯。又要保证,一旦出现数据外泄,隐私泄露等安全问题,必须有必要的数据溯源机制,找到风险点和责任人。最后是可继承。在数据资产业务链条和生命周期中都需要确保资产权益的可继承性,这一点在流通环节尤为重要。在数据资产流通中,确保数据与数据资产所有权、使用权、控制权有清晰的界定、确权和继承,并且得到技术手段和管理体制的有力保障。

资产运维。监督与评估,是指监督数据安全治理的实施过程,评估数据安全治理实施的符合性和效果。通过定期开展对数据存储、传输、使用环节的安全审计,对数据安全管理能力进行监督,并且反馈监督与评估的结果及建议,持续改进数据安全治理的实施过程,提升数据安全治理实施的有效性。运维监控为平台或系统管理者提供了统一的数据安全监控工具,对数据资产进行全流程的整体管理,并通过流程监控、日志分析、风险告警等多种手段全面记录分析数据使用者的每个操作动作。流程制度在数据安全治理规划的指导下,针对不同的数据类型与数据对象、不同的作业角色、不同的数据使用场景,确实地落实规范流程、权限与职责和安全技术保障手段。风险预警则通过对特定指标的分析和阈值的监控以及对安全威胁情报的及时获取分析,提前预判企业数据加工使用、开放流通等环节中可能出现的风险,在安全隐患发作之前进行排除和防范。

第三章　平台经济安全管理中的法律责任及权利保护

一、网络平台的民事责任

（一）网络平台民事责任的概述

目前,我国现行法中关于网络平台的民事责任相关内容主要集中在《民法典》[①]《网络安全法》《著作权法》《全国人民代表大会常务委员会关于加强网络信息保护的决定》《信息网络传播权保护条例》和最高人民法院的相关司法解释中。

在2021年1月1日施行的《民法典》对民事主体的民事权利、义务与民事责任做了一般性的规定。该法在"民事权利"一章通过两个条款对个人信息和数据保护的问题作出了专门规定,即第一千零三十四条第2款关于个人信息保护的民事法律规则[②]和第一百二十七条关于对数据、网络虚拟财产的保护规定[③]。然而,值得注意的是,从上述两个条款的文字表述来看,其虽然是规定在"民事权利"章节,但并未从正面明确肯定其为独立的民事权利,亦未明示其应归属为既有的何种民事权利,也未规定违反此法律规定的法律后果或民事责任的类型。

在2016年颁布的《网络安全法》中,立法者为包括网络平台在内的"网络运

[①] 《民法典》于2020年5月29日,十三届全国人大三次会议表决通过了《中华人民共和国民法典》,自2021年1月1日起施行。婚姻法、继承法、民法通则、收养法、担保法、合同法、物权法、侵权责任法、民法总则同时废止。《民法典》被称为"社会生活的百科全书",是新中国第一部以法典命名的法律,在法律体系中处于基础性地位,也是市场经济的基本法。《民法典》分为7编,总共1260个条文,各编依次为总则、物权、合同、人格权、婚姻家庭、继承、侵权责任以及附则。

[②] 第一千一百三十四条第2款:个人信息中的私密信息,适用有关隐私权的规定;没有规定的,适用有关个人信息保护的规定。

[③] 第一百二十七条:法律对数据、网络虚拟财产的保护有规定的,依照其规定。

营者"规定了多种法律义务,其大多数条款均为公法性质的管制性条款,但在该法第七十四条做出了一条概括性规定,即"违反本法规定,给他人造成损害的,依法承担民事责任"。因此,《网络安全法》第七十四条为创设网络平台的民事责任规定了一个入口,然而,有疑问的是,是否违反《网络安全法》所规定的任何一项法律义务均会导致网络运营者的民事责任,或者说,违反哪些义务才会产生民事责任?依据侵权法的一般理论,行为人违反管制性规范所设定的义务并非必然会产生民事责任或赋予受害人以民事诉权。只有当所违反的法律规定具有"保护他人之目的"时,才有可能导致民事责任。然而,对于哪些管制性规范具有"保护他人之目的",而哪些规范不具有此类属性,法律规范本身往往并没有明确说明,而是需要司法机关结合立法者的意图、特定条款的规范功能、适用情形等因素去判断。[1]

即使违反了《网络安全法》及其配套法规和规章所设定的管制性规范有可能产生民事诉权,也并不意味着网络平台必然会承担民事责任,至于是否需要承担民事责任,尚需要依据《民法典·侵权责任编》来判断其是否具有侵权责任的构成要件。《民法典·侵权责任编》不仅规定了一般侵权责任的构成要件,而且还对网络服务提供者的侵权责任做出了具体规定。第一千一百九十五条规定:"网络用户利用网络服务实施侵权行为的,被侵权人有权通知网络服务提供者采取删除、屏蔽、断开链接等必要措施。网络服务提供者接到通知后未及时采取必要措施的,对损害的扩大部分与该网络用户承担连带责任。"该条第3款规定:"网络服务提供者知道网络用户利用其网络服务侵害他人民事权益,未采取必要措施的,与该网络用户承担连带责任。"一是上述规定的意义在于将原本适用于网络环境下的著作权侵权规则中的"通知—移除"规则扩张适用于网络服务提供者的一般侵权领域,但是,其并未规定反通知与恢复规则。二是该规定明确了网络服务提供者与用户之间的连带责任及其适用条件。

事实上,第一千一百九十五条仅规定了网络平台承担侵权责任的一般规则,但是,在利用信息网络侵害人身权损害领域与侵犯著作权领域,还需要分别适用更为具体的法律规则。至于在利用信息网络侵害人身权益领域方面,最高人民法院于2014年发布了《关于审理利用信息网络侵害人身权益民事纠

---

[1] 解亘,论管制规范在侵权行为法上的意义,中国法学,2009年第2期,第57-68页;朱虎,规制性规范违反与过错判定,中外法学,2011年第6期,第1194-1215页。

纷案件适用法律若干问题的规定》；在利用信息网络侵害著作权领域，国务院早在《民法典》颁布之前的 2006 年就制定了《信息网络传播权保护条例》，并于 2013 年进行了修订，最高人民法院于 2012 年发布了《关于审理侵害信息网络传播权民事纠纷案件适用法律若干问题的规定》，对有关概念进行了进一步的澄清和解释。

网络平台与其用户之间存在合同关系，其常见的表现形式为"用户协议"或"服务协议"等。网络平台对于用户的行为的管理，包括对用户所发布的信息的删除、屏蔽，对用户个人信息的收集、使用与分享，亦是依据用户协议等合同约定来进行的。因此，合同责任亦是网络平台所面临的民事责任类型之一。尽管用户协议通常是由网络平台单方面制定的格式合同，并且，网络平台通常会在制定格式合同时加入各式各样的免责条款，但是，对于这些免责条款的效力依然需要依据《民法典》第四百九十二条的规定进行评估。该法第四百九十六条规定了格式条款提供者对于免责条款的提示和说明义务。① 该法第四百九十二条规定"提供格式条款一方免除其责任、加重对方责任、排除对方主要权利的，该条款无效"。从上述两项条款的内容可以看出，《民法典》第四百九十二条规定的是对格式条款的订入控制，即如果格式合同条款的提供者不对免责条款，特别是令人感到吃惊的免责条款，进行提示或说明，那么，可将该免责条款的内容排除在具有法律约束力的合同内容之外。《民法典》第四百九十二条则属于内容控制条款，对于有失公平的条款的效力做出否定性评价。另外，即使是经过《民法典》第四百九十二条考验的格式合同条款，在对合同条款的含义进行解释时，如果存在分歧，那么，依照《民法典》第四百九十六条的规定，应当做出不利于提供格式条款一方的解释。对于网络平台制定的用户协议而言，如果用户协议的条款含义模糊，存在两种以上的解释，且网络平台与用户之间就协议条款的解释存在分歧时，法院应该做出不利于网络平台的解释。

在消费者权益保护领域，2013 年修订后的《消费者权益保护法》第四十四条第 1 款规定："消费者通过网络交易平台购买商品或者接受服务，其合法权益受到损害的，可以向销售者或者服务者要求赔偿。网络交易平台提供者不能

---

① 《民法典》第四百九十六条："格式条款是当事人为了重复使用而预先拟定，并在订立合同时未与对方协商的条款。采用格式条款订立合同的，提供格式条款的一方应当遵循公平原则确定当事人之间的权利和义务，并采取合理的方式提请对方注意免除或者限制其责任的条款，按照对方的要求，对该条款予以说明。"

提供销售者或者服务者的真实名称、地址和有效联系方式的,消费者也可以向网络交易平台提供者要求赔偿;网络交易平台提供者作出更有利于消费或者服务者利用其平台侵害消费者合法权益,未采取必要措施的,依法与该销售者或者服务者承担连带责任。"①

（二）网络平台在人身权益保护领域的民事责任

对于网络用户利用网络平台所实施的侵害第三人的人身权益的行为,网络平台服务的提供者应在何种条件下对受害人承担民事责任,除了应当根据《民法典》关于一般侵权责任构成要件的规定以及最高法院做出的关于人身权益侵权的司法解释外,还应适用《民法典》第九百七十条和《最高人民法院关于审理利用信息网络侵害人身权益民事纠纷案件适用法律若干问题的规定》(以下简称《网络人身权益司法解释》)来做出判断。

第一,需要明确的是,上述《网络人身权益司法解释》的适用范围仅限于利用信息网络侵害人身权益,而不适用侵害财产权益或知识产权。所谓的人身权益,是指姓名权、名称权、名誉权、荣誉权、肖像权、隐私权等人身权益。②

第二,应当区分网络平台服务提供者对于用户所实施的侵权行为是"知道",还是"不知道"两种情形。在后一种情形中,适用所谓的"通知—移除"规则,即人身权益被侵害的当事人可以向网络平台服务提供者发出投诉通知,要求其采取删除、屏蔽、断开链接等必要措施。如果网络平台服务提供者在收到通知后,及时采取了必要措施,则可以对受害人主张免责,同时,亦可对发布的信息被采取删除、屏蔽、断开链接等措施的网络用户主张免责。③ 如果网络平台服务提供者未及时采取必要措施,并最终认定被投诉的行为构成侵权,那么,网络平台服务提供者将对于其接到通知后的受害人所遭受的扩大的损害部分承担赔偿责任。

第三,受害人应当以书面形式或者网络平台服务提供者公示的方式发出通知,并应包含下列内容:"(一)通知人的姓名(名称)和联系方式;(二)要求采取必要措施的网络地址或者足以准确定位侵权内容的相关信息;(三)通知

---

① 周学峰、李平,网络平台治理与法律责任,中国法制出版社,2018年版,第356页。
② 《最高人民法院关于审理利用信息网络侵害人身权益民事纠纷案件适用法律若干问题的规定》第一条。
③ 《最高人民法院关于审理利用信息网络侵害人身权益民事纠纷案件适用法律若干问题的规定》第七条。

人要求删除相关信息的理由。"①

第四，法院在认定网络平台服务提供者采取的删除、屏蔽、断开链接等必要措施是否及时，应当根据网络服务的性质、有效通知的形式和准确程度，网络信息侵害权益的类型和程度等因素综合判断。②

第五，无论是《民法典》，还是最高人民法院的《网络人身权益司法解释》，都未要求网络平台服务提供者在采取删除、屏蔽、断开链接等措施以前，将受害人投诉的通知转发给被指控从事侵权行为的用户，或听取其意见，也未规定任何的反通知的规则。而是仅仅规定："被采取删除、屏蔽、断开链接等措施的网络用户，请求网络服务提供者提供通知内容的，人民法院应予支持。"③最高法院的司法解释虽然规定了，因通知人的通知导致网络服务提供者错误采取删除、屏蔽、断开链接等措施，被采取措施的网络用户请求通知人承担侵权责任，但是，其并没有规定网络平台需要对此承担侵权责任，相反，该司法解释的第 5 条引用《民法典》第一千一百九十五条，为网络平台明确提供了免责依据，但是，依据《网络人身权益司法解释》第八条第 2 款："被错误采取措施的网络用户请求网络服务提供者采取相应恢复措施的，人民法院应予支持，但受技术条件限制无法恢复的除外。"然而，其并没有规定由谁何时来认定网络平台所采取的措施是"错误的"，如果等到法院对此做出最终判决，那么，时间会比较久。

（三）网络平台在知识产权保护领域的民事责任

1. 著作权领域

（1）《信息网络传播权保护条例》下的网络平台的民事责任

《信息网络传播权保护条例》将信息网络传播权作为著作权人的一项专有权利予以保护，未经权利人的许可而通过信息网络擅自向公众提供受著作权保护的作品、表演、录音录像制品的，将构成侵权。所谓侵害信息网络传播权行为，是指通过上传到网络服务器、设置共享文件或者利用文件分享软件等方

---

① 《最高人民法院关于审理利用信息网络侵害人身权益民事纠纷案件适用法律若干问题的规定》第五条。
② 《最高人民法院关于审理利用信息网络侵害人身权益民事纠纷案件适用法律若干问题的规定》第六条。
③ 《最高人民法院关于审理利用信息网络侵害人身权益民事纠纷案件适用法律若干问题的规定》第七条。

式,将作品、表演、录音录像制品置于信息网络中,使公众能够在个人选定的时间和地点以下载、浏览或者其他方式获得的。①

在该条例中,与网络平台的民事责任最密切相关的规定主要有两部分,一部分是该条例第十四条至第十七条规定的"通知—移除"和"反通知—恢复"规则;另一部分是该条例第二十条至第二十三条为四类网络服务提供者分别规定的"避风港"规则。《信息网络传播权保护条例》的上述规定明显借鉴了美国《数字千年版权保护法》的相关规定。

（2）信息网络传播权司法解释背景下的网络平台责任

首先,对于用户实施的侵害信息网络传播权的行为,最高人民法院的司法解释将网络平台的责任定性为侵权责任中的"帮助和教唆"责任。其中,教唆行为包括以言语、推介技术支持、奖励积分等方式诱导、鼓励网络用户实施侵权行为。

其次,网络平台服务提供者的责任适用过错责任原则,只有当网络平台服务提供者存在过错时,才承担侵权责任。网络平台服务提供者的过错包括对于网络用户侵害信息网络传播权行为的明知或者应知。

因此,判断网络平台服务提供者是否应承担侵权责任的关键在于其对于用户实施的侵害信息网络传播权的行为是否存在"明知"或"应知"。

对于权利人而言,要想证明网络平台对其用户实施的侵权行为是"明知"的,往往会非常困难,但是,其如果发现侵权事实后,以书信、传真、电子邮件等方式对网络平台发出了符合法律要求的书面通知,要求对侵权作品实施删除、屏蔽、断开链接等措施,可以认定网络平台对侵权事实构成明知。

在认定网络平台对网络用户的侵权行为是否有过错时,会涉及对网络平台的注意义务的设定。首先,网络平台服务提供者对网络信息不负有主动审查义务,因此,网络平台对用户的侵权行为未主动进行审查的,不构成其有过错。对于如何理解"直接获得经济利益",最高法院将其解释为"网络服务提供者针对特定作品、表演、录音录像制品投放广告获取收益,或者获取与其传播的作品、表演、录音录像制品存在其他特定联系的经济利益"②。但是,网络服务提供者因提供网络服务而收取一般性广告费、服务费等,不属于直接获得经

---

① 《最高人民法院关于审理侵害信息网络传播权民事纠纷案件适用法律若干问题的规定》（法释[2012]20号）第三条。

② 《最高人民法院关于审理侵害信息网络传播权民事纠纷案件适用法律若干问题的规定》。

济利益。

值得注意的是,在最高法院的司法解释中,当网络平台从提供侵权作品中直接获得经济利益时,其法律后果是对用户的侵权行为"负有较高的注意义务",但这并不等于认定网络平台有过错,是否有过错仍要看其是否违反了应负的注意义务,然而,在司法实践中,有的地方法院则直接将网络平台推定为"有过错",如北京市高级人民法院在其发布的《关于视频分享著作权纠纷案件的审理指南》中明确规定:"网络服务提供者从网络用户提供作品、表演、录音录像制品中直接获得经济利益,且该提供行为未经权利人许可,推定其主观上有过错。"①

2. 商标权领域

目前,我国现行立法和最高人民法院的司法解释都尚未对网络平台服务提供者在商标权领域内的民事责任做出专门的或特别的规定,因此,其应当适用《商标法》和《民法典》所设定的一般规则。《民法典》第三十六条所规定的"通知—移除"亦可适用。从司法实践来看,相关案件主要发生在电子商务领域和网络信息搜索领域。

《商标法》第五十七条第(六)项规定,"故意为侵犯他人商标专用权行为提供便利条件,帮助他人实施侵犯商标专用权行为的",属于侵犯注册商标专用权。"故意"通常是以明知为前提的。网络平台对用户从事的商标侵权行为的一般性或概括性知道是否可以认定为其明知,还是需要对具体侵权行为确定的知道?例如,淘宝网存在大量侵犯商标权的仿冒商品是众所周知的事实,微信中由个人建立的微店中也销售着大量假货,一般认为,这种一般性知晓显然不能作为判定网络服务提供者"知道"被诉商标侵权的标准。在报喜鸟服饰公司诉淘宝案中,法院接受了被告的辩护意见,认为原告在向淘宝公司就该特定侵权行为进行投诉之前,淘宝公司无从得知,因此淘宝公司不存在明知侵犯商标权行为存在而不采取措施的情形。②

也有一些案件,法院否认网络平台对用户的行为负有审查义务。例如,在"2001年11月21日公司(AKTIESELSKABETAF21. NOVEMBER2001)诉

---

① 《北京市高级人民法院关于视频分享著作权纠纷案件的审理指南》(2012年12月31日京高法发[2012]419号)第九条。

② "浙江报喜鸟服饰股份有限公司与陈才胜、浙江淘宝网络有限公司侵害商标权纠纷案",参见杭州市余杭区人民法院(2015)杭余知初字第160号一审民事判决书。

易趣网络信息服务(上海)有限公司等商标侵权纠纷案"中,原告系商标专用权人,其认为亿贝易趣网准许他人在其平台上销售侵权商品,侵犯了该公司的商标专用权,因此将亿贝易趣网和上海易趣贸易有限公司诉至法院。在案件审理中,被告方代理人认为亿贝易趣网只提供一个交易平台,并不参与交易,因而不应该对销售侵权商品承担责任。一审法院认为:"作为网络交易平台服务提供商的被告方在易趣网站上设立了知识产权权利人举报系统,故其为制止网上侵犯知识产权行为尽到了谨慎义务。被告方提供的是网络交易平台服务,该种网络交易平台服务的方式表现为在一个虚拟化的市场上通过计算机系统提供用户注册、登录、查询和浏览功能,使用户之间自行磋商并通过用户的最后确认来达成商品的买卖交易,并且这种交易的实现尤其是商品实物的交付需要交易双方在网下进行交割。在商品成交后,网络用户应当向被告方支付相应的服务费用。在这种交易过程中,被告方并非交易的一方当事人,故其对交易本身并不负责。又由于网上用户及每日登录的商品数量非常多,故对于作为网络交易平台服务提供商的被告方而言,如果要求其对登录易趣网上的每件商品是否涉嫌侵权均进行事前审查或者监督并不现实,且即使被告方尽到了事前审查义务或者监督义务,其也不能完全保证网下交易商品的安全性与合法性,故被告方没有控制在交易平台以外实现交易商品的义务与能力。本案中,原告并未证明其通过与易趣网用户交易所购得的商品以及易趣网上发布的商品交易信息中所出售的商品均为假冒原告注册商标的商品,故要认定被告方明知通过其网上出售的商品是假冒原告注册商标的商品而不去制止即为他人实施销售的侵权行为提供便利尚缺乏事实和法律依据。本院对于原告提出被告方销售了被控侵权商品以及为销售被控侵权商品提供了便利的行为构成商标侵权的诉讼主张不予支持。"[①]

3. 专利权领域

目前,专利侵权领域,我国尚不存在对网络平台服务提供者的民事责任的特别规定,因此,其应当适用《专利法》和《民法典》所设定的一般规则。《民法典》所规定的"通知—移除"制度在专利侵权领域原则上亦可适用。但是,从司

[①] "2001年11月21日公司(AKTIESELSKABETAF21. NOVEMBER2001)诉易趣网络信息服务(上海)有限公司等商标侵权纠纷案",参见上海市第一中级人民法院2005年沪一中民五(知)初字第371号民事判决书。该案二审以法院调解的方式结案,参见上海市高级人民法院(2006)沪高民三(知)终字第99号民事调解书。

法实践来看,认定是否存在专利侵权要远较侵犯著作权或商标权更为复杂和困难,其有可能超出网络平台的判断能力。①

2015年12月,国务院法制办公室②所公开发布的《专利法修订草案(送审稿)》第六十三条对网络服务提供者的责任做出了专门规定,其基本上借鉴了《民法典》所规定的"通知—移除"制度。该条第1款规定:"网络服务提供者知道或者应当知道网络用户利用其提供的网络服务侵犯专利权或者假冒专利,未及时采取删除、屏蔽、断开侵权产品链接等必要措施予以制止的,应当与该网络用户承担连带责任。"其明确使用了"知道或者应当知道"的表述。该条第2款规定:"专利权人或者利害关系人有证据证明网络用户利用网络服务侵犯其专利权或者假冒专利的,可以通知网络服务提供者采取前款所述必要措施予以制止。网络服务提供者接到合格有效的通知后未及时采取必要措施的,对损害的扩大部分与该网络用户承担连带责任。"③

(四) 网络平台在消费者权益保护领域的民事责任

保护消费者的合法权益是网络平台的一项法律义务,特别是对于电子商务平台而言尤其重要。目前,网购已成为许多消费者主要购物渠道之一,因此,在用户所提起的针对网络交易平台的诉讼中,有相当多的案件是消费者所提起的网络购物纠纷案件。对于此类案件,首先要明确的问题是消费者与网络交易平台之间的法律关系的性质。目前,比较流行的观点是消费者与网络交易平台、卖家之间存在居间合同关系,网络交易平台为潜在的交易双方当事人提供交易机会或媒介服务;也有人认为网络交易平台基于其提供的技术服务和平台环境与销售者、服务者之间构成网络服务合同关系,其本质上是一种无名合同关系。④ 除此以外,还存在其他一些观点,如将网络交易平台的法律地位类比柜台出租者或商品交易所等。从目前的司法实践来看,国内最大的网络交易平台淘宝网所涉案件中有相当部分是由该平台经营企业住所地法院,即杭州市的法院,来处理的,其相当一部分判决都采用了居间合同的观点。

---

① "沈阳东辰日用品有限公司与霸州市兴旺家居用品有限公司、浙江天猫网络有限公司等知识产权纠纷案",参见浙江省高级人民法院(2014)浙知终字第38号民事判决书。
② 现为司法部。
③ 周学峰、李平,网络平台治理与法律责任,中国法制出版社,2018年版,第369页。
④ 周荆、杨琳,网络交易平台民事责任的类型化研究,人民司法,2016年第34期,第85-89页。

2013年修订后的《消费者权益保护法》第四十四条规定:"消费者通过网络交易平台购买商品或者接受服务,其合法权益受到损害的,可以向销售者或者服务者要求赔偿。网络交易平台提供者不能提供销售者或者服务者的真实名称、地址和有效联系方式的,消费者也可以向网络交易平台提供者要求赔偿;网络交易平台提供者做出更有利于消费者的承诺的,应当履行承诺。网络交易平台提供者赔偿后,有权向销售者或者服务者追偿。网络交易平台提供者明知或者应知销售者或者服务者利用其平台侵害消费者合法权益,未采取必要措施的,依法与该销售者或者服务者承担连带责任。"

从司法实践来看,在2014年—2016年之间北京地区有关网络商品交易平台的案件有70余件,法院判决商品交易平台承担责任的只占10%。绝大多数判决都依据《消费者权益保护法》第44条,只要网络商品交易平台及时提供了销售者的真实名称、地址和有效联系方式,并且没有明知或应知侵权行为的存在,就不会判决交易平台承担责任。[①]

关于网络平台对于平台上所销售的商品信息的审查义务和注意义务的范围,在司法实践中存在争议,在"中国友谊出版公司诉浙江淘宝网络有限公司、杨海林侵犯著作权纠纷案"中,[②]一审法院和二审法院的不同意见也印证了这一点。

值得注意的是,在2019年1月1日施行的《中华人民共和国电子商务法》中,将"电子商务平台经营者"界定为"在电子商务中为交易双方或者多方提供网络经营场所、交易撮合、信息发布等服务,供交易双方或者多方独立开展交易活动的法人或者非法人组织"。该法不仅规定了电子商务平台负有对申请进入平台销售商品或者提供服务的经营者身份、行政许可等信息进行审查和登记、建立登记档案、定期核验更新的义务,而且,还规定平台应当对平台内的商品或者服务信息进行检查监控。

(五)网络平台在个人信息保护领域的民事责任

目前,我国尚无个人信息保护方面的专门立法,关于个人信息保护领域的法律规定分散在多部法律、法规和规章中,其中,就民事法律而言,关联最密切的法律包括《消费者权益保护法》和《民法典》。

[①] 周荆、杨琳.网络交易平台民事责任的类型化研究.人民司法,2016年第34期,第85-89页。
[②] 一审:北京市东城区人民法院(2009)东民初字第2461号民事判决书;二审:北京市第二中级人民法院(2009)二中民终字第15423号民事判决书。

目前,在个人信息的权利属性尚不明确的情况下,司法实践通常将个人信息保护纳入隐私权的范围来进行保护。例如,在"朱烽诉北京百度网讯科技有限公司案"中,原告是以隐私权受损害为由提起诉讼的,法院亦是在侵犯隐私权的法律框架内来处理该案件的。① 该案揭示了从隐私权的角度来处理个人信息案件所面临的问题:一是个人信息的范围与隐私的范围并不重合,在这种背景下,如何界定个人隐私的范围往往会存在争议,如 cookie 是否属于个人隐私信息;二是侵犯隐私权通常是以公开披露他人隐私信息为要件的。更为深层的原因在于,公民对于个人隐私受保护的渴望与互联网企业的商业模式存在冲突。目前,许多互联网企业通过收集、分析用户的个人信息来向其推送定向精准广告,以此来营利。如果限制其获取用户的个人信息,将会影响其商业逻辑。更为重要的是,在大数据技术应用的商业背景下,对于个人数据的分析变得更为重要,其意义并不限于商业广告的推送,还涉及许多新产品、新服务的开发。

网络平台是个人信息的汇集之处,其所面临的潜在的民事责任威胁一是对个人信息的不当收集与利用;二是个人信息的泄露,特别是大规模的数据泄露。在因数据泄露引发的民事索赔诉讼中,原告所面临着举证的困难。因为,依照侵权法理论,只有当原告能够证明损害已经实际发生的情况下,才能获得赔偿。例如,在"周某某与上诉人中国保险监督管理委员会、北京中科汇联科技股份有限公司网络侵权责任纠纷案"中,二审法院确认了原告的个人信息遭到了泄露,但是却否认了原告的损害赔偿请求权。在该案中,原告发现个人信息泄露后,担心信息被别人利用造成经济损失,从而提出精神损害赔偿的请求。但是法院认为:"首先,对于精神损害赔偿来说,其前提是有损害事实,并且必须是确定的,即损害后果在客观上是可以认定的,而周某某以难以确定的、臆测将来可能发生的事件,作为精神损害事实根据,没有法律依据。其次,这种精神损害造成的后果是严重的,但周某某并没有举证证明。"②该案件的被告虽然并不是网络平台,但是,法院的相关判决意见对于网络平台民事责任亦适用。③

---

① 江苏省南京市中级人民法院(2014)宁民终字第 5028 号民事判决书。
② 海南省三亚市中级人民法院(2016)琼 02 民终 375 号民事判决书。
③ 周学峰、李平,网络平台治理与法律责任,中国法制出版社,2018 年版,第 372 页。

（六）对我国网络平台民事责任制度的检视

1. 对"知道"的界定

网络平台民事责任可分为合同责任与侵权责任。其中在侵权责任领域，《民法典》第九百七十条确立了网络平台侵权责任的一般规则，该条第3款规定："网络服务提供者知道网络用户利用其网络服务侵害他人民事权益，未采取必要措施的，与该网络用户承担连带责任。"对于如何理解该条款中的"知道"，在法学界存在一定的争议。大多数学者都主张将该条款中的"知道"解释为"明知"；[1]也有人认为"知道"既包括"明知"，也包括"应知"；[2]亦有学者主张，"知道"的含义包括"明知"和"应知"，应当将"明知"解释为"实际知道"，将"应知"解释为"推定知道"；[3]还有学者主张，应将"知道"解释为"已知"。[4]

在《信息网络传播权司法解释》中并没有出现"知道"这一用语，而是使用了"明知或者应知"的表述。[5]而《网络人身权益司法解释》则另辟蹊径，不是直接对"知道"的含义进行解释，而是列举法院在认定网络服务提供者是否"知道"时应当综合考虑的因素，从规则的适用结果来看，被认定为"知道"的范围会超出通常理解的"明知"或"实际知道"的范围。《消费者权益保护法》第44条第2款则明确规定："网络交易平台提供者明知或者应知销售者或者服务者利用其平台侵害消费者合法权益，未采取必要措施的，依法与该销售者或者服务者承担连带责任。"

由此而产生的问题在于《民法典》第九十七条第3款中的"知道"应作何种解释，对于网络服务提供者的侵权责任主观要件是否需要做出统一的解释，还是应当区分人身权益、著作权、消费者保护等不同领域而分别作出不同的解

---

[1] 张新宝、任鸿雁，互联网上的侵权责任：《侵权责任法》第三十六条解读，中国人民大学学报，2010年第4期，第85-89页；王利明，中华人民共和国侵权责任法释义，中国法制出版社，2010年版，第159页。

[2] 全国人大常委会法制工作委员会民法室编，《〈民法典〉条文说明、立法理由及相关规定》，中国法制出版社，2010年版，第152页。

[3] 吴汉东，论网络服务提供者的著作权侵权责任，中国法学，2011年第2期，第38-47页。

[4] 杨立新，《民法典》规定的网络侵权责任的理解与解释，国家检察官学院学报，2010年第2期，作者对此的解释为："已知与明知是有区别的，明知应当是能够证明行为人明确知道，故意而为；已知是证明行为人只是已经知道了而已，并非执意而为，基本属于放任的主观心理状态。"

[5] 《最高人民法院关于审理侵害信息网络传播权民事纠纷案件适用法律若干问题的规定》第七、八条。

释,或者应当区分网络服务提供者的不同类型而适用不同的认定标准。

对于上述问题的回答会影响到其他领域的相关立法和法律适用。例如,在侵犯专利权和侵犯商标权领域也同样会面临此类问题,在目前的《专利法》《电子商务法》中对此亦有相关规定。

2. 对网络平台的审查义务的界定

欧盟的《电子商务指令》明确排除了网络平台对于用户发布的信息的一般性的事先审查义务。并且,在司法实践中通常认为,即使网络平台自愿安装了某种可自动进行的信息筛查措施,通常也不得因此而认定网络平台对于用户发布的违法信息知道或应当知道。然而,在我国却对此未有正式的立法规定,司法意见亦不统一。目前,仅在《信息网络传播权司法解释》第8条第2款对此规定:"网络服务提供者未对网络用户侵害信息网络传播权的行为主动进行审查的,人民法院不应据此认定其具有过错。"该司法解释仅适用于著作权侵权领域,严格来说,其并不能当然地适用于其他领域。另外,关于网络平台对重复侵权行为是否负有审查义务或预防侵权再次发生的义务,网络平台对于实施重复侵权的用户在采取一定程度的处置措施后才算做到合理的注意义务,在司法实践中亦有一定的争议。

3. 关于"通知—删除"和"反通知—恢复"规则

在"通知—删除"和"反通知—恢复"规则的适用过程中,网络平台处于非常关键的地位。如何保障网络平台不会为追求自己的商业利益或避免自身承担责任而滥用此规则,亦是我们所面临的问题。如果仔细留心美国《数字千年版权法案》的相关规定,可以发现其特别强调了网络服务提供者须是基于"善意"而采取了删除措施,才可以免责。

4. 关于披露用户身份信息的规则

网络平台经常基于技术中立的理由拒绝对用户实施的侵权行为承担责任。在这种情况下,受害人需要对网络用户直接提起诉讼。然而在网络匿名的环境下,受害人通常并不掌握实施侵权行为的用户的身份信息,而这些用户在网络平台进行注册时通常都会留有一定的身份信息。另外,网络平台亦可利用信息技术发现一些关于用户的信息。因此,有必要赋予受害人为提起诉讼的需要而请求网络平台提供侵权用户身份信息的权利。但如果无限制地允许他人请求或网络平台对外披露用户的身份信息,又不利于保护网络用户的隐私。因此,需要具体的法律规则来对此做出规定。英、美、日、韩等国对此都有具体的法律规定。

关于披露用户身份信息的法律规则,在我国现行法中是不明确的。首先,《民法典》对此未做规定。其次,在著作权法领域,《最高人民法院关于审理涉及计算机网络著作权纠纷案件适用法律若干问题的解释》第5条曾规定有:"提供内容服务的网络服务提供者,对著作权人要求其提供侵权行为人在其网络的注册资料以追究行为人的侵权责任,无正当理由拒绝提供的,人民法院应当根据民法通则第一百零六条的规定,追究其相应的侵权责任。"然而,上述司法解释已随《信息网络传播权保护条例》的制定和《信息网络传播权司法解释》的发布而被宣告废止。同时,《信息网络传播权保护条例》只规定了著作权行政管理部门有权要求网络平台提供涉嫌侵权的用户的身份信息,并规定了网络平台拒绝提供时的行政责任,但未规定著作权人享有此种权利。[①]《信息网络传播权司法解释》也未有相关规定。最后,在《网络人身权益司法解释》第4条中虽然规定了法院可以根据原告的请求及案件的具体情况,责令网络服务提供者提供能够确定涉嫌侵权的网络用户的信息,但是,其仅适用于侵害人身权益方面。

5. 网络平台承担侵权责任的理论基础不明确

在英美法系国家是通过间接侵权理论来解决这一问题。在我国,传统的侵权法理论和目前多数侵权法学者均不承认所谓的直接侵权与间接侵权理论。我国《民法典》第1195条规定了网络服务提供者与网络用户的连带责任,对于此种责任的性质,在法学界存在不同的理解。除一部分学者主张应遵从英美法的间接侵权理论来对此进行解释以外,[②]多数学者仍然是从传统侵权法理论框架出发来对此问题进行分析,有的学者认为在网络服务提供者与网络用户之间构成共同侵权,[③]有的学者则认为并非是共同侵权行为,而是基于公共政策考虑而规定的连带责任。[④]

《信息网络传播权司法解释》则明显采用了共同侵权理论,将网络服务提

[①] 《信息网络传播权保护条例》第十三、二十五条。
[②] 最高人民法院研究室编,《中华人民共和国侵权责任法条文理解与适用》,人民法院出版社2010年版,第265页。
[③] 吴汉东,论网络服务提供者的著作权侵权责任,中国法学,2011年第2期,第38-47页。
[④] 杨立新,《民法典》规定的网络侵权责任的理解与解释,国家检察官学院学报,2010年第2期,第3-10页。

供者的责任界定为"帮助责任"和"教唆责任"。① 然而在《网络人身权益司法解释》却没有做出类似的规定,对于是否需要对其做出与侵害信息网络传播权相同的解释尚存疑问。②

二、网络平台的行政责任

由于篇幅所限,本部分将主要从信息内容监管和协助规范化执法的角度来对网络平台所负有的行政法上的义务与法律责任问题进行论述。

(一)网络信息内容监管的主要立法

目前,我国已构建起以《网络安全法》和《互联网信息服务管理办法》为中心,以多部行政规章为主体的网络信息内容监管的立法体系。其所涉及的行政规章包括:《即时通讯工具公众信息服务发展管理暂行规定》《互联网用户账号名称管理暂行规定》《互联网信息搜索服务管理规定》《移动互联网应用程序信息服务管理规定》《互联网直播服务管理规定》《互联网新闻信息服务管理规定》《互联网论坛社区服务管理规定》《互联网跟帖评论服务管理规定》《互联网群组信息服务管理规定》《互联网公众账号信息服务管理规定》等。③

值得注意的是,在上述十个规章中,前四个规章仅从名称就可看出其是以特定类型的网络平台作为规制对象的,或者与网络平台有着密切的关联,虽然其并未使用"平台"作为立法用语,而后六个规章则全部都明确地提到了"平台"。众所周知,在网络平台模式下,网络信息内容是由用户或其他第三方提供的,网络平台本身并不制作信息内容,上述规章将网络平台列为监管对象,反映了其欲通过网络平台来监管网络用户的立法思路。

---

① 《最高人民法院关于审理侵害信息网络传播权民事纠纷案件适用法律若干问题的规定》第 7 条、第 8 条。
② 周学峰、李平,网络平台治理与法律责任,中国法制出版社,2018 年版,第 376 页。
③ 此外,还有一些属于网络信息内容监管的范围,但并非针对网络平台的,如《互联网文化管理暂行规定》《网络表演经营活动管理办法》《互联网视听节目服务管理规定》《网络出版服务管理规定》《互联网医疗卫生信息服务管理办法》《互联网医疗保健信息服务管理办法》《关于加强互联网地图和地理信息服务网站监管的意见》。

（二）网络平台在信息内容监管方面的义务

1. 网络平台对网络信息内容的审查义务

2000年颁布的《互联网信息服务管理办法》第十五条明确列举了互联网信息服务提供者不得制作、复制、发布、传播的信息内容，其包括："（一）反对宪法所确定的基本原则的；（二）危害国家安全，泄露国家秘密，颠覆国家政权，破坏国家统一的；（三）损害国家荣誉和利益的；（四）煽动民族仇恨、民族歧视，破坏民族团结的；（五）破坏国家宗教政策，宣扬邪教和封建迷信的；（六）散布谣言，扰乱社会秩序，破坏社会稳定的；（七）散布淫秽、色情、赌博、暴力、凶杀、恐怖或者教唆犯罪的；（八）侮辱或者诽谤他人，侵害他人合法权益的；（九）含有法律、行政法规禁止的其他内容的。"随后的第十六条则明确要求："互联网信息服务提供者发现其网站传输的信息明显属于本办法第十五条所列内容之一的，应当立即停止传输，保存有关记录，并向国家有关机关报告。"值得注意的是，该管理办法第十六条对于网络平台之类的互联网信息服务提供者的责任进行了限定，即在"发现"其网站传输的信息"明显"属于违法信息时，才负有"立即停止传输，保存有关记录，并向国家有关机关报告"的义务。

2012年颁布的《全国人民代表大会常务委员会关于加强网络信息保护的决定》第五条规定："网络服务提供者应当加强对其用户发布的信息的管理，发现法律、法规禁止发布或者传输的信息的，应当立即停止传输该信息，采取消除等处置措施，保存有关记录，并向有关主管部门报告。"如果将2012年全国人大常委会的决定与《互联网信息服务管理办法》相比较就可发现，前者删除了关于"明显"的表述，并在对违法信息处置措施方面增加了"采取消除等处置措施"。

2016年颁布的《网络安全法》第四十七条几乎全文复制了2012年全国人大常委会的决定中的第五条，只不过用"网络运营者"替代了"网络服务提供者"。同时，《网络安全法》还增加了一个条款，即第四十八条："任何个人和组织发送的电子信息、提供的应用软件，不得设置恶意程序，不得含有法律、行政法规禁止发布或者传输的信息。电子信息发送服务提供者和应用软件下载服务提供者，应当履行安全管理义务，知道其用户有前款规定行为的，应当停止提供服务，采取消除等处置措施，保存有关记录，并向有关主管部门报告。"值得注意的是，第48条中未使用"发现"这一用语，而是使用了"知道"。

关于网络平台对于在其平台上传输的信息是否负有事先的一般性的审查或监控义务,我国现行法律、行政法规对此没有明文规定。首先,对于《网络安全法》第四十七条和《互联网信息服务管理办法》第十六条所使用的"发现"一词,有学者认为是指网络平台在用户发布信息之后的发现;[①]另外,值得进一步探讨的是,《反恐怖主义法》第十九条是否亦应做相同的解释,该条款规定互联网服务提供者应当落实网络安全、信息内容监督制度和安全技术防范措施,防止含有恐怖主义、极端主义内容的信息传播。

其次,从网络平台发现违法信息后所应采取的措施来看,如停止传输、消除等,都可以理解是在违法信息发布后所采取的措施,如果信息尚未发布是不存在停止传输或消除的问题的。再次,《网络安全法》不仅在第四十七条[②]使用了"发现"一词,亦在第五十条[③]关于国家网信部门和其他网络信息监管部门的义务中使用了"发现"一词,对此亦可佐证"发现"是指在信息发布之后的发现,因为网信监管部门通常很难在信息发布之前就发现该信息是法律、法规禁止发布的信息。最后,《网络安全法》第四十八条[④]使用"知道"一词,立法者未对其含义做进一步解释,但是,从其规制的对象(电子信息发送服务提供者和应用软件下载服务提供者)来看,亦应理解为事后知道。立法者并未对"电子信息发送服务提供者"做出界定,但是从其与第四十七条区分来看,可以理解为第四十七条规定的是对电子信息的"公开发布",而第四十八条的"电子信息发送"应理解为非公开的或针对特定对象的信息发送,此类信息发送往往具有私密性,因此,违法信息难以被发现。而应用软件下载服务提供者所提供的并不是信息发布或传输服务,而是应用软件,所以难以对使用该软件进行的信息传

---

① 赵鹏,私人审查的界限——论网络交易平台对用户内容的行政责任,清华法学,2016 年第 3 期,第 115 - 132 页。

② 《网络安全法》第四十七条:"网络运营者应当加强对其用户发布的信息的管理,发现法律、行政法规禁止发布或者传输的信息的,应当立即停止传输该信息,采取消除等处置措施,防止信息扩散,保存有关记录,并向有关主管部门报告。"

③ 《网络安全法》第五十条:"国家网信部门和有关部门依法履行网络信息安全监督管理职责,发现法律、行政法规禁止发布或者传输的信息的,应当要求网络运营者停止传输,采取消除等处置措施,保存有关记录;对来源于中华人民共和国境外的上述信息,应当通知有关机构采取技术措施和其他必要措施阻断传播。"

④ 《网络安全法》第四十八条:"任何个人和组织发送的电子信息、提供的应用软件,不得设置恶意程序,不得含有法律、行政法规禁止发布或者传输的信息。电子信息发送服务提供者和应用软件下载服务提供者,应当履行安全管理义务,知道其用户有前款规定行为的,应当停止提供服务,采取消除等处置措施,保存有关记录,并向有关主管部门报告。"

输进行事先的内容审查。

尽管《网络安全法》并未有明文规定,但是依据国家网信办制定的有关规章,对于新闻类信息,网络平台负有"信息发布审核""先审后发"等义务。

在信息发布或传输以后,网络平台是否负有审查义务呢？特别是积极主动的审查义务。《网络安全法》第四十七条第一句规定:"网络运营者应当加强对其用户发布的信息的管理。"该法第四十九条则进一步规定,网络平台应当建立信息安全投诉、举报制度。受理投诉而后对相关信息进行审查可以理解为网络平台的被动审查义务。在国家网信办制定的有关规章中,存在要求网络平台进行"公共信息巡查"的规定,例如《互联网新闻信息服务管理规定》第十二条:"互联网新闻信息服务提供者应当健全信息发布审核、公共信息巡查、应急处置等信息安全管理制度,具有安全可控的技术保障措施。"①

对此可以理解为网络平台应该按照相关法规要求建立公共信息巡查的机制。另外,从实践的角度来看,我国的网络监管机关要求网络平台在特定场景下有承担某种程度审核的积极义务,如果网络平台未履行此种义务,有可能招致行政处罚及至刑事责任。例如在"快播案"中快播公司曾经因其网络平台上有淫秽信息传播而受到行政处罚并被责令整改,其为达到合法要求而开发出"110"不良信息过滤程序,但是在刑事案件审理中,法院认定快播公司并未认真运行"110"不良信息过滤程序,而是将其搁置,最终导致大量的淫秽信息传播。快播公司的行为被认定构成犯罪,法院在判决理由中指出:"快播公司具备承担网络安全管理义务的现实可能但拒不履行网络安全管理义务……不论是通过专用程序自动审核还是通过专门人员人工审查。快播公司作为一家网络视频信息服务提供商,应当具备相应的安全管理能力,应当付出必需的经营成本。一般来说,网络视频服务企业难以做到屏蔽所有非法视频,但证据表明,快播公司连行业内普遍能够实施的关键词屏蔽、截图审查等最基本的措施都没有认真落实。快播公司对于信息网络安全管理义务不是没有履行的现实

---

① 《互联网论坛社区服务管理规定》第五条:"互联网论坛社区服务提供者应当落实主体责任,建立健全信息审核、公共信息实时巡查、应急处置及个人信息保护等信息安全管理制度,具有安全可控的防范措施,配备与服务规模相适应的专业人员,为有关部门依法履行职责提供必要的技术支持。"《互联网跟帖评论服务管理规定》第五条:"跟帖评论服务提供者应当严格落实主体责任,依法履行以下义务:……(五)建立健全跟帖评论审核管理、实时巡查、应急处置等信息安全管理制度,及时发现和处置违法信息,并向有关主管部门报告。(六)开发跟帖评论信息安全保护和管理技术,创新跟帖评论管理方式,研发使用反垃圾信息管理系统,提升垃圾信息处置能力;及时发现跟帖评论服务存在的安全缺陷、漏洞等风险,采取补救措施,并向有关主管部门报告。"

能力,而是没有切实履行的意愿。"①从法院的判决可以看出,其认为快播公司负有"网络安全管理义务",而该义务要求快播公司对网络信息内容进行积极主动地审查,而且其还指出"关键词屏蔽、截图审查"已成为互联网视频行业普通实施的基本措施。

2. 网络平台对违法信息的处置义务与执法协助义务

依照《网络安全法》第四十七条和第四十八条的规定,网络平台在发现法律、法规禁止发布或传输的信息后,负有以下义务:第一,立即停止传输相关信息或停止相关服务;第二,采取消除等处置措施,防止信息扩散;第三,保存有关记录;第四,向有关主管部门报告。所谓的"消除等处置措施",在国家网信办制定的有关规章中被得到了细化。例如,《互联网跟帖评论服务管理规定》所规定的处置措施包括"警示、拒绝发布、删除信息、限制功能、暂停更新直至关闭账号等措施"②。

《网络安全法》第五十条规定:"国家网信部门和有关部门履行网络信息安全监督管理职责,发现法律、行政法规禁止发布或者传输的信息的,应当要求网络运营者停止传输,采取消除等处置措施,保存有关记录;对来源于中华人民共和国境外的上述信息,应当通知有关机构采取技术措施和其他必要措施阻断传播。"《网络安全法》第二十八条规定:"网络运营者应当为公安机关、国家安全机关依法维护国家安全和侦查犯罪的活动提供技术支持和协助。"另外,在《保守国家秘密法》中也有类似的规定。③ 而《反恐怖主义法》第十八条则更为明确地要求互联网服务提供者应当为公安机关、国家安全机关依法进行防范、调查恐怖活动"提供技术接口和解密等技术支持和协助"。基于上述规定,网络平台负有执法协助义务。如果网络平台违反执法协助义务,应当承担法律责任。④

网络平台对违法信息所采取的处置措施的合法性是以存在"法律、法规禁止发布或传输的信息"为前提的,然而对于哪些信息属于"法律、法规禁止发布

---

① "北京市海淀区人民法院关于快播案"的一审判决书。
② 《互联网跟帖评论服务管理规定》第八条。
③ 《保守国家秘密法》第二十八条:"互联网及其他公共信息网络运营商、服务商应当配合公安机关、国家安全机关、检察机关对泄密案件进行调查;发现利用互联网及其他公共信息网络发布的信息涉及泄露国家秘密的,应当立即停止传输,保存有关记录,向公安机关、国家安全机关或者保密行政管理部门报告;应当根据公安机关、国家安全机关或者保密行政管理部门的要求,删除涉及泄露国家秘密的信息。"
④ 《网络安全法》第六十九条。

或传输的信息",在《网络安全法》和《互联网信息服务管理办法》中都只是做出了概括性的规定,而未有公开的具体的判断标准。对于谁有资格来认定、依照何种程序来认定某一信息是否属于"法律、法规禁止发布或传输的信息",现行法律、法规未有明确规定。在实践中,包括网络平台在内的各类网络服务提供者都在对违法信息采取处置措施。但是,其判断标准和认定程序在一定程度上缺乏透明,由此会产生许多纠纷,因此对于网络平台而言,存在被用户起诉的法律风险。

例如,在北京市大兴区人民法院审理的"胡星斗诉北京新网数码信息技术有限公司服务合同纠纷案"中,原告胡星斗与被告北京新网数码信息技术有限公司(以下简称新网公司)签订《用户服务开通通知单》及《用户入网责任书及服务约定》,约定被告向原告提供 2 年期限国内域名、虚拟主机和邮局服务,原告向被告交纳了两年服务费 1 370 元。双方约定,根据国家政策法规的要求,如果发现入网用户信息内容不符合要求,新网公司有权通知用户更正直至停止通讯服务。

后来,被告向原告发送电子邮件一封,内容为:"网站存在非法信息,已经关闭网站。"同时,原告使用的网站被关闭。原告坚持认为自己网站上的信息全部符合国家法律、法规和规章的要求,并且在网站被关闭以前也从未收到被告的更正要求,因此,其认为被告关闭其网站的行为属于违约,从而要求被告承担违约责任。在该案开庭审理时,被告拒不到庭,法院做出了缺席判决。法院认为:原被告之间具有服务合同关系。被告以原告的网站存在非法信息为由终止了服务,但未对其主张的事实提供证据,亦未履行告知原告对信息予以更正的义务,因此被告应承担违约赔偿责任。[①]

3. 网络平台对用户的自律管理

在网络信息内容管理方面,网络平台对用户的自律管理发挥着重要的作用。网络平台对用户的管理权利来自两个方面。一是合同约定,即网络平台与注册用户签订的服务协议以及网络平台制定的平台公约,通常情况下,网络平台会通过服务协议要求用户承诺遵守平台公约。二是法律的授权与要求,《网络安全法》和国家网信办制定的一些规章中明确要求网络平台应对其发现的法律、法规禁止传输的信息采取消除等处置措施,并要求其建立信息发布者

---

① "胡星斗诉北京新网数码信息技术有限公司服务合同纠纷案",参见北京市大兴区人民法院(2009)大民初字第 5548 号民事判决书。

信用等级管理体系,提供与信用等级挂钩的管理和服务,并且,还要求其建立黑名单管理制度。①

网络平台对用户的管理虽然具有自律性质,但是,这种自律管理可能需要依规进行,其在性质上属于受政府监督的自律。例如,服务协议和平台公约是网络平台对用户进行自律监管的最重要的依据,然而,依照《互联网直播服务管理规定》第十三条的规定:"互联网直播服务协议和平台公约的必备条款由互联网直播服务提供者所在地省、自治区、直辖市互联网信息办公室指导制定。"

(三)网络平台的行政责任

根据《网络安全法》和《互联网信息服务管理办法》等法律法规,网络平台违反有关法律、行政法规所设定的义务,有可能承担警告、罚款、没收违法所得、暂停相关业务、停业整顿、关闭网站、吊销许可证或者取消备案、吊销营业执照等处罚。

(四)对现行制度的检视

网络平台承担行政责任是以其违反行政法上的义务为前提的,然而,网络平台应当承担的信息管理义务的性质和范围在现行法律中欠缺清晰、合理的界定。全国人大常委会制定的《关于加强网络信息保护的决定》和《网络安全法》,国务院制定的《互联网信息服务管理办法》,国家网信办制定的多项规章,均对网络平台施以对用户发布的信息进行管理的义务,在实践中,各大网络平台也切实在发挥着对网络信息进行管理的作用。然而,对于网络平台所实施的网络信息管理行为的性质,却存在许多争议,有学者认为其属于网络平台的自律行为,有学者认为其构成行政授权,也有学者认为既存在行政授权也存在行政委托。② 更进一步的问题则在于,我国行政法上行政授权的法理存在模糊之处,对于哪些管理事项可以授权给网络平台行使,哪些管理事项不得授权给网络平台行使,哪些管理事项只能通过法律或行政法规的形式予以授权,哪些管理事项可以通过规章的形式予以授权,等等问题,在现行法律框架中缺乏清

---

① 《互联网直播服务管理规定》第十五条。
② 赵鹏,私人审查的界限——论网络交易平台对用户内容的行政责任,清华法学,2016年第3期。

晰的指引。① 由此而导致的后果是,在网络信息监管领域,行政机关与网络平台之间的职责划分的合理性往往受到质疑。

通过近年来我国在网络信息监管领域的法律、法规和规章以及实践中逐步形成的监管模式来看,我国网络行政监管制度的一个发展趋势就是不断强化网络平台的责任,将越来越多的监管责任转移至网络平台,试图通过行政机关监管网络平台、网络平台监管用户的方式来最终实现监管目的。上述内容非常宽泛,有一些信息的违法性非常明显而易于做出判断,但也存在大量的对其违法性难以判断的信息,而网络平台不是专业的执法机构,要求其对海量复杂信息的违法性做出准确地判断有些强人所难。如果网络平台发生误断,有可能使得许多原本合法的信息被误判为违法而被删除、屏蔽等,从而影响到人们的言论自由与正常的信息传播。②

三、网络平台的刑事责任

(一)我国网络平台刑事责任类型

总结我国当前网络平台的刑事责任,大致可以归纳为三种基本类型:一是基于网络平台独立行为单独触发刑事责任;二是基于用户犯罪的帮助行为产生的刑事责任;三是基于协助执法义务触发刑事责任。

1. 基于独立行为触发刑事责任

就网络平台作为独立行为人单独触发刑事责任而言,其行为本质上并未超出传统刑法罪名的基本理论和犯罪构成。例如,《刑法》第二百八十七条之一规定了三种非法利用信息网络的犯罪形式:其一是设立用于实施诈骗、传授犯罪方法、制作或者销售违禁物品、管制物品等违法犯罪活动的网站、通讯群组;其二是发布有关制作或者销售毒品、枪支、淫秽物品等违禁物品、管制物品或者其他违法犯罪信息;其三是为实施诈骗等违法犯罪活动发布信息。与之相类似的还包括第二百八十五条的非法侵入计算机系统罪,非法获取计算机

---

① 关于行政授权在我国行政法理中所面临的困境,可参见关保英,社会变迁中行政授权的法理基础,中国社会科学,2013年第10期,第102-120页。
② 赵鹏,私人审查的界限——论网络交易平台对用户内容的行政责任,清华法学,2016年第3期,第115-132页。

信息系统数据、非法控制计算机信息系统罪,提供侵入、非法控制计算机信息系统程序、工具罪,第二百八十六条规定的破坏计算机信息系统罪、网络服务渎职罪等。

除新型网络犯罪形态以外,网络平台也有可能成为传统犯罪的主体。典型的例子是为实施非法集资而设立的P2P贷款平台。2011年银监会专门发布《关于人人贷有关风险提示的通知》指出"由于行业门槛低,且无强有力的外部监管,人人贷中介机构有可能突破资金不进账户的底线,演变为吸收存款、发放贷款的非法金融机构,甚至变成非法集资"。

2. 基于帮助行为触发刑事责任

网络平台承担刑事责任的第二种情形基于其用户行为而连带产生,此时网络平台虽不是犯罪行为的直接实施者,但其作为或不作为对侵犯他人法定权益起到了辅助作用,由此引发刑事责任。原则上,基于"避风港原则",网络平台对于其用户实施的违法犯罪行为并不承担连带的法律责任,但该原则不适用于网络平台明知其用户行为仍然予以协助支持的情形。

3. 基于行政执法义务触发刑事责任

网络平台可能承担的第三类刑事责任源于前置于刑法规定的行政执法义务,因此其启动以行政义务的不履行为前提。从当前我国已经出台的法律法规来看,这些前置的行政义务主要表现为对于网络运营及用户行为的管理义务,具体包括三种类型:一是针对网络系统及环境安全所承担的安全认证、检测、风险评估等义务;二是针对平台用户信息的存留、监控、移除、截留、报告等义务;三是具体执法活动中提供技术支持和协助。

需要注意的是,《刑法》第二百八十六条采用的是"网络服务提供者"这一表述,既区别于网络平台,同时也与《网络安全法》采用的"网络运营者"存在差异,因此这种拒不履行行政义务所引发的刑事责任是否能扩展至全部类型的网络平台,存在进一步解释的空间。此外,所谓"网络安全管理义务",第二百八十六条规定了四种具体后果:一是致使违法信息大量传播;二是致使用户信息泄露造成严重后果;三是致使刑事案件证据灭失,情节严重;四是兜底的其他严重情节。从这四种情形来看,网络平台承担的"安全管理义务"基本上可以囊括上述三种前置的行政义务。①

（二）对我国网络平台刑事责任制度的检视

纵观我国当前有关网络平台刑事责任领域的规定，我们可以观察到以下三个特征：其一是在总趋势上呈现出扩张态势；其二是相关法律规定在一定程度上缺乏内在体系衔接，存在碎片化的特征；其三是主体—行为—责任三者的类型化程度不高。

1. 刑事责任扩张

从宏观层面来看，在过去十几年的时间里，我国制定了大量关于网络平台的法律法规，其中不乏对其刑事责任的规定，网络平台所承担的刑事责任在立法和司法层面均呈现出扩张的趋势。这主要表现为三个方面。

首先，网络平台作为传统犯罪的行为主体被追究刑事责任的法律适用被激活，进而引发传统犯罪理论如何适用于此类主体的深入的理论探讨，如"快播案"中各方学者分别从正犯与帮助犯、作为犯与不作为犯、纯正不作为犯与不纯正不作为犯、入罪与非罪等角度，对被指控人的行为加以解读。

其次，就网络犯罪中的新类型而言，《刑法修正案（九）》集中规定了一系列新的网络平台单位犯罪，特别是第二百八十七条将网络犯罪的帮助行为正犯化的规定，是国家在打击网络犯罪过程中将犯罪控制手段向犯罪行为链条上游推进的集中体现。

再次，网络平台刑事责任的扩张尤其体现在以前置行政义务为基础的刑事责任领域。如前所述，《刑法》第二百八十六条规定的拒不履行信息网络安全管理义务罪，明确了行政义务与刑事责任的连接。更重要的是，该条文通过开放式的后果列举，使得刑事责任可以对接的行政义务范围大幅膨胀。随着低效力层级的行政法规、规章等规范性文件不断丰富网络平台需要承担的行政义务，第二百八十六条的适用范围可能会进一步扩大。

2. 法律法规碎片化

网络平台刑事责任在不断扩张的同时，一个相对棘手的问题逐渐凸显出来，即相关规定相对碎片化，条文之间特别是不同部门法之间的衔接存在缺

---

① 涂龙科，网络内容管理义务与网络服务提供者的刑事责任，法学评论，2016年第3期，第66-73页。

失。这一问题一方面使得《刑法》条文的具体适用面临困难,另一方面也为刑事责任的进一步扩张提供了便利。前者的典型例子是"快播案"中,对于快播公司是否属于"网络内容提供者"的争议以及在认定"明知"的过程中,《刑法》与《两高解释(二)》在表述上的差异。后者则集中体现在行政法与刑法的衔接问题上,如前文提及的《刑法》第二百八十六条中规定的"网络服务提供者",是否属于《网络安全法》第七十六条规定的"网络运营者"项下的"网络服务提供者"进而排除对"网络所有者、管理者"的适用,还是等同于众多行政法规和规章中涉及的"互联网服务提供者",目前相关规定言之不详。与之相类似的还包括对"安全管理义务"的界定,仍以《网络安全法》为例,第 21 条规定了网络运营者的安全保护义务,第四十八条又单独就"电子信息发送服务提供者"和"应用软件下载服务提供者"的"安全管理义务"进行了规定,两者所指之义务内容是否相同以及是否均可以对应《刑法》第二百八十六条的"信息网络安全管理义务",存在进一步解释的空间。

3. 主体—行为—责任的类型化缺失

与刑事责任扩张和内部体系碎片化并行的第三个特征是,当前的法律规定尚未从类型化的角度形成刑事责任"主体—行为—责任"的统一。网络空间行为纷繁复杂,参与主体多元,单就商业行为而言,其经营模式、技术架构、业务范围等均存在较大差异。正是在这一前提下,世界范围内各国立法存在一个普遍趋势,即以业务为标准,将网络中的行为主体做类型化区分,与之匹配相应的权利义务以及法律责任。[①]

再从我国当前相关法律法规来看,立法对于网络平台刑事责任的扩张主要是在整体层面展开,具体表现在两个方面。首先,无论是传统犯罪的适用抑或新型犯罪的设定,均未针对不同类型的网络平台行为加以区分。例如,《刑法》第二百八十七条规定的帮助信息网络犯罪活动罪,其中同时涉及了互联网介入、服务器托管、网络存储、通讯传输、广告推广、支付结算等多种服务类型。

其次,类型化的缺失还体现在行政法与刑事法的衔接层面。网络行为从其实施到进入纠纷再进入司法程序,是一个连续且持续的过程,其中任何一个环节的行为均有可能导致《刑法》第二百八十七条的后果。在鼓励支持网络产业发展的大方向上,采用限制责任作为基本原则是必然要求。

---

① 王华伟,网络服务提供者的刑法责任比较研究,环球法律评论,2016 年第 4 期,第 41 - 56 页。

（三）关于网络平台应对刑事责任风险的建议

综合以上关于我国当前相关法律规定的三个特征的讨论，我们可以得出两点结论。其一，在未来可以预见的是，这种扩张趋势有可能继续，特别是在协助网络治理方面，借由行政法律规定的内容丰富化，网络平台刑事责任的前置行政义务有可能进一步加重。其二，法律法规内部逻辑结构的搭建、概念体系的统一、责任的类型化和层级化会不断推进，但改进需要时间，因此网络平台仍有必要在现有法律框架下探索如何尽可能地规避刑事责任。

首先，从整体而言，网络平台刑事责任除平台自身专门为犯罪之目的行为外，更多的情形是因其未能积极履行平台管理义务而引发。从这个角度讲，为避免此类刑事责任的触发，网络平台有必要强化平台的事前管理、事中监督和事后纠正，在事前根据相关业务类型制定网络安全管理的内部规范，设立用户举报等多元违法行为监督管理制度；在业务运营过程中，做好用户信息收集存储和用户行为审查监督；在发现违法行为或信息之后，及时采取信息拦截、清除等措施，并及时上报。

其次，鉴于当前法律规定中存在概念不统一且分类不清的现实情况，从单个条文对于行为主体和行为方式的具体表述去划定刑事责任范围，在实践层面难度较大。例如，网络平台难以主张自己不属于《刑法》第二百八十六条规定的"网络服务提供者"来豁免其刑事责任。从这个角度讲，更为稳妥的方式是对于各类网络商业主体可能承担的刑事责任均有所认知。

最后，就相关的传统犯罪和新型网络犯罪而言，网络平台需要对可能触及的犯罪类型之构成要件进行完整且准确的理解，如《刑法》第三百六十三条规定的传播淫秽物品牟利罪，需要结合相关司法解释，明确"传播行为"可能包含的不作为形式以及可能与第二百八十六条产生的竞合关系，避免触犯相关罪名。

这里需要说明的是，以上建议仅从规避刑事责任的法律风险角度出发，并不必然构成网络平台日常运营过程中的最佳模式。首先，强化网络平台对于经营业务的监督管理职能势必会加重其经营成本，这与商主体利润最大化的核心目标存在一定程度上的冲突。其次，网络平台强化监督管理将不可避免地与公民的基本权利特别是个人信息权存在张力，在一定程度上有可能降低其用户体验和信赖关系。基于上述现实情况，网络平台仍需发挥行业的集体能力,在各项价值之间寻求平衡,并尽可能形成与规则制定者的合理对话。[①]

四、平台经济下的社会权利保障问题

共享经济日益高涨,至平台经济以全新的经济形态诞生。据统计,全球排名前100大公司中有60家公司的主要收入来自平台公司经营业务。[②] 在中国,约有5 000万人参与了业务共享领域的服务提供,其中平台公司约有500万员工。[③] 出于经济成本因素考虑,大多数互联网平台都尽量避免与工人建立劳动工作关系。例如,Uber称其员工为独立合同工(承包者),[④]京东将通过京东众包平台接收订单,将货物交付京东的员工将"众包兼职员工"等。在这种机制平台下的工人就不能得到同样的报酬、休息、休假等享受,这也造成了大量的劳动争议,[⑤]我国传统的劳动关系认定标准已经不能适应就业条件出现的多元化、碎片化、从属性弱化的趋势。平台经济条件下的实践就业认定标准是我国劳动法的核心问题。在新的经济形势下,就业认定标准的确定是一个不可回避、亟待解决的问题。笔者首先从平台经济条件下确定就业条件的困难和挑战入手,深入分析了我国现行劳动关系认定标准的不足,并借鉴国外的经验,提出了重新设计我国劳动关系认定标准的建议,以期对我国劳动关系的重构提供有利借鉴。

(一)平台经济员工交易特征

平台经济植根于互联网、云计算、大数据统计等现代信息技术。它是一种以多元化需求为核心,全面整合产业链、融合价值链、提高市场配置资源效率

[①] 周学峰、李平,网络平台治理与法律责任,中国法制出版社,2018年版,第391页。
[②] Thomas Eisenmann, Geoffrey Parker, Marshall Van Alstyne, platform envelopment, Strategic Management Journal, Vol 32, No. 12, 2011, p.1272.
[③] 国家信息中心课题组:分享经济:全球态势和中国概览——中国分享经济发展报告(2016)要点,浙江经济,2016年第6期,第21-24页。
[④] 独立合同工(Independent contractor 或 sel-employment),最初是指那些拥有技术,不易替代的技术人员或高级管理人员,由于他们比一般低级工或者其他劳动者难以侵害,一般不受劳动法律调整,不享受劳动法律上的权利。随着经济发展,独立合同工的劳动者范围被不断扩大,现在一些餐饮配送员、酒店服务者也可能被定义为独立合同工。
[⑤] 例如北京海淀区法院审理首例网约车事故纠纷案、天津郭某诉诸Uber确认事实劳动关系案、北京孙某诉亿心宜行的"e代驾"劳动争议案件、孙基等8名厨师状告上海乐快信息技术有限公司劳动争议案等。

的一种新型经济形态。[①] 平台用户在平台上利用个人自有资产或个人劳动,为他人提供服务以获取报酬,平台为个人提供信息平台和交易平台。模式大致可以分为三种:第一种是点点结合,消费者告知平台他们的需求,平台直接指派合适员工;第二种模式是点面衔接,一旦平台接收到消费者的需求,信息将进一步与员工共享,并通过进一步的规则,员工竞争以保持业务的正常运行;第三种是面面相容,该平台提供了一个信息媒介,员工可以在其中提供自己的相关信息,消费者经过考虑可以选择合适的员工来满足他们的需求。平台工作雇佣关系与传统模式也大相径庭,原因是平台经济的特点不同于传统就业。其特点主要呈现三种形式。

(1) 自治性

平台经济中社交资源的整合成为了平台的主要工作,而非生产产品。依据网络技术让大量劳动者以灵活就业的形式获得新的就业机会。灵活就业是互联网发展的一大趋势。与其他标准工作条件相比,在平台经济下,平台不与工人签订雇佣合同,例如 Uber 与驾驶员签订"合作协议"。工作设备通常由工作者提供,例如滴滴、美团、饿了么等工作人员需要自己提供车辆,网络主播需要自己准备电脑、麦克风等必备工具。平台上对工作者的管理逐渐松散,平台一般侧重于劳动者的工作标准,但是不太注意自己的工作纪律,工作者可以同时为一个或多个平台工作。总而言之,平台经济下的劳动者貌似在选择工作相关内容上有着相对较强的自主性。

(2) 内容限制

尽管该平台为劳动者提供了一定程度的灵活性和自主性,但在支付劳动力的形式和内容上也存在一定的局限性。例如,Uber 从员工上网的那一刻起就监控他们的整个行为。公司要求员工穿工作服饰,在接到订单后向顾客发送信息,为顾客开门并确保车内播放音乐,营造轻松氛围。虽然员工可以自由选择注册时间,但 Uber 会将长时间不在线的员工从平台上移除。在实践中,它会定期淘汰位于底层约 5% 的工人;此外其公司单方面决定工人所做工作的价格,并从中提取一定数量的"抽成"。Uber 禁止员工从 Uber 平台以外的客户那里获得服务等。[②] 这些限制似乎类似于传统雇佣关系背景下雇主对员工

[①] 丁宏、梁洪基,互联网平台企业的竞争发展战略——基于双边市场理论,世界经济与政治论坛,2014 年第 4 期,第 118 页。

[②] O'Connor, et al., v. Uber Techs. Inc. 82 F Supp. 3d, p.1142-1150.

的管理。

(3) 隐藏手法

传统工作模式下,雇主通常直接控制雇员,例如分配工作内容、开展工作培训等。但平台是间接与工作者保持控制和被控制的关系,而不是直接。这种控制方法具有很强的保密性,使社会大众容易产生工作者有很大自主权的错觉。在 2016 年英国法院[①]曾裁定 Uber 应将驾驶员视为员工(worker)提供最低工资、病假工资和假日薪水等各项基本权利(Johnston,2016)。Uber 上诉后,2017 年劳动法庭又裁定维持原判(BBC News,2019),Uber 继续上诉,2018 年年底英国上诉法院仍然决定维持原判(BBC News,2018)。Uber 认为上诉法院中的三个法官,意见并不一致,因此仍决意继续上诉至最高法院。在 2018 年年底英国上诉法院的判决中,提到 Uber 认为是驾驶员们通过平台直接和乘客成立运输服务的契约、驾驶员并非受雇于 Uber。但法院指出:当驾驶员决定接单时,他所知的乘客信息有限。驾驶员并无法决定运输服务契约的关键条件(如价格)。乘客付费是付给 Uber 而非驾驶员。Uber 对驾驶员有进行质量管理措施。驾驶员若要通过 Uber 平台提供运输服务,则必须要向 Uber 办公室递交一些必要文件。因此,法院认为驾驶员并非直接和乘客订定运输服务契约,而是受雇于平台。此外,某些公司通过降维的方式把公司本应承担的责任"分解"后下分到各个基层员工手里还附带约束条款。如美团外卖模式下,公司自主采用的定位系统在实际运用过程中并不准确,导致外卖员采用了公司定位系统后发现客户的实际位置与系统定位并不符合,如果不在规定时间内送达将会扣除大额份的工作提成,这迫使外卖员在限定时间内快速联系客户并作出对应措施保证外卖按时送达。

(二) 商业经济视角下的平台欺诈

平台经济的本质是全球化、信息化和网络化。[②] 因此,平台框架内的商业欺诈既有传统影响因素,又有平台经济属性的影响。它具有主题广泛、形式多样、隐蔽性强、成因复杂、危害性大等特点。

(1) 层层围圈

某些类型的平台往往以第三方平台为核心圈,以平台公司和众多微商电

[①] 陈绿蔚、杨浩彦、马鸿文、江雅绮,平台经济兴起对产业发展与资源使用的影响,2019 年 12 月,第 113 页。

[②] 李允尧、刘海运、黄少坚,平台经济理论研究动态,经济学动态,2013 年,第 123 - 129 页。

商为辐射源,形成与交易关系相对应的关系网络(即与雇佣者保持所谓间接控制关系)。网络中主体的角色和职责不同,形成了圈子的内在联系。在平台上,各要素相互借鉴、相互模仿,形成欺诈行为网络。例如卖家在购物平台上占主导地位,而买家则可能受利益驱使返现诈骗;有的卖家通过刷单牟利,而其他卖家则是主动的或被动的加入其中。此外,某些依附于商业欺诈的职业个人或群体正在慢慢演变为成熟产业链。如以刷单赚取"刷单费",低价平价抢购热门商品高价出售的"黄牛党",搜索引擎首页广告的"点击方"和"第三方代理"等。这些欺诈行为主体由空壳公司或其他相关产业代表出面收集,以有组织、共享和有报酬的方式实施舞弊。

(2) 虚拟行为

信息技术提供了更多形式、更便捷和更隐蔽的商业舞弊手段推动平台经济。虚拟交易行为使得平台上的真假信息难以被有效识别,而线下交易关系也增加了技术筛选难度。如许多购物平台常见的刷单行为为例,生产线所在地、交货地点和商家所在地都是不同的,技术追踪的难度相当大。许多平台经营者善于利用网络的虚拟性,通过不道德或突破道德的界限来获取利润,譬如刷单平台、违法行为软件或游戏代练代购平台。平台运营商除了能对刷单嫌疑账号进行管制手段处罚、严重者关闭其账户外,尚未有其他防范措施。

(3) 复杂性

在平台经济的背景下,商业欺诈行为的原因是多样复杂的。商业欺诈行为除了我们熟悉的经济利益驱动之外,往往还具有复杂的心理、社会、制度、文化动机等方面的原因。其一是我国互联网平台企业大多还处于"野蛮成长期",平台规则和监管体系还不完善,平台运营存在管理漏洞和技术薄弱环节;其二,网络经济快速发展,国家法律体系的制定和传播速度仍然落后于新问题产生的速度,而消费者对于出现的商业欺诈问题了解并不深入;最后,由于平台类型的不同,平台上的参与者数量较多,规模不同,类型也不同,因此商业欺诈的类型也非常复杂。

(4) 危害性

平台经济的开放性很容易增加和泛化商业欺诈的负面影响。它威胁着平台经济的安全,破坏了社会企业商家信任度。商业欺诈会直接损害平台主体,例如平台本身的声誉和公司的声誉,平台利润也会受到影响。其次,平台用户会间接受到贸易欺诈的影响。虚假错误信息可能将导致受害人的生命财产受到威胁;平台中包含的私人信息如果泄露,将可能被个人或不法团伙使用,从而损害他人的隐私。此外,当贸易欺诈行为加剧和蔓延时,可能会导致平台经济的安全、可持续发展及社会信任度的大幅下降。[①]

(三)重新设计工作关系标准的必要性

传统劳资关系认定标准的缺陷致使不同地区法院检察院对相似案件可能会得出不同的结论,对于相同的劳动者却有了分层独立的现象。一些工人被纳入标准劳动关系并享受相关劳动法的保护,另外的一部分人无法得到同样的保护,从而导致其权利的减少。因此,工人和雇主如果不能依法行事,也就不可避免地出现了平台劳动纠纷案件。若长期保持如今的态势,不公正是不可避免的。于表层维度而言,将平台经济中的工人定义为自雇合同工的方式,可以满足当前灵活就业的需求。

劳动者可以拥有更加灵活的时间设置和工作安排,这也容易导致工人阶层的不合理划分。全职劳动者享有的一些权利,在平台经济的劳动者或全职工作者的"兼职人员"身上没有体现。平台津贴的减少和劳动力成本的增加开始影响到劳动者,他们开始进入"负收入"阶段。最终,他们原本可以享有的休息休假、社会保障等基本权利却消失了,这无疑与国际劳工组织的倡导相矛盾。另一方面,这个平台在工作内容和劳动者的工作条件上确实存在一定的局限性,例如工资水平的片面确定、行为准则和被"雪藏"员工等。在2015年国际劳动大会上《关于从非正规经济向正规经济转型的建议书》发表,认为从非正规经济向正规经济转型是实现一体化发展的关键,强调了集体谈判的重要性和社会对话的重要性,[②]对于我们而言是重大的启示。我国保守地采用"三要素"的固定标准来考核劳动关系,这与不断变化的经济形态不相适应。有的学者一直在讨论如何建立科学合理的劳动关系规范。一些学者认为构建综合标准有两种方式:一种是主观评价,另一种是内容判断。一些学者认为应该制定关于固定就业的一般标准和灵活就业的特殊标准。但对于如何建立识别工作关系的相关标准,需要我们重新审视平台经济。[③]

[①] 易开刚、厉飞芹,平台经济视域下商业舞弊行为的协同治理——问题透视、治理框架与路径创新,天津商业大学学报,2017年第3期,第43-47页。

[②] 参见国际劳工组织《从非正规经济向正规经济转型建议书》。

[③] 孟现玉,平台经济下劳动关系认定标准的重塑,河南财经政法大学学报,2018年第3期,第82-89页。

五、数字科技时代的数据采集使用问题

(一) 数字科技对当代社会的影响

美国广播及电视实业家 David Sarnoff 曾说道:"我们太容易把科技器具当成替罪羊,代替操控这些工具的人的罪过。现代科学产物的本身并没有好坏,决定其价值的是我们使用它们的方式。"①科技在形塑社会生态、塑造人类行为模式上所扮演的角色一直存在着争议。"科技工具论"者则是认为科技是中性的对象,仅受使用者意识的支配,科技只是科技,除此之外,什么都不是。"科技决定论"者认为人类无法有效控制科技的进步和速度,反而有时候我们会为了迎合科技的需求而改变自己,科技孕育了我们的历史,人类只是其中的小小齿轮。②

大多数人或许很难接受科技决定论的观点,但从更长远的人类历史以及更宏观的社会脉络来看,我们的生活的确受到科技影响并被定型。位于光谱两端的对立观点存在着相同的中心思想,即我们应该要了解科技对人类思考及行为所造成的影响以及因科技所重塑的社会环境背后所代表的意涵,科技不仅仅是我们窥看世界的窗口,也是我们反思自身的一面镜子。数字科技的出现使信息操作、储存、搜集、传播的形式发生了本质上的改变,我们想得知国家大事不再需要殷殷切切地等待早晨送报员的到来,只需要开启智能手机点开新闻手机应用程序,不论身处何地、不论白昼黑夜,我们都可以获取最实时的资讯。而身处于信息时代、被数字科技环绕的我们,在这些技术的辅助下,书写报告不再需要奋笔疾书,只需运用文字处理软件即可有效率地完成,我们也不需要在截止日前匆忙至课堂上向老师交报告,只需轻点鼠标送出电子邮件即可。科技的进步所带动的不仅仅是人类生活质量的提升,更是在无形之中渐渐改变人类的行为模式,塑造专属于信息社会的环境与氛围,而这些信息时代的特性给个人隐私权带来极大的挑战,并因此引爆出以"被遗忘权"救济个人隐私权的热烈讨论。因此,在正式进入被遗忘权的讨论之前,本节先以网

---

① "We are too prone to make technological instruments the scapegoats for the sins of those who wield them. The products of modern science are not in themselves good or bad; it is the way they are used that determines their value."

② Nicholas Carr 著,王年恺译,网络让我们变笨? 数字科技正在改变我们的大脑、思考与阅读行为,猫头鹰,2012 年,第 60 页。

络为例,说明数字科技如何改变人类行为的形态进而塑造信息时代的社会环境,以厘清问题的背景事实并以此带出后续章节的被遗忘权讨论。

1. 个人信息大量流通的时代

根据国际数字科技顾问公司 Zephoria 的研究显示,网络社群平台脸书(Facebook)截至 2016 年在全球囊括近 18 亿的用户,平均每一秒钟就有 5 位网络服务使用者在脸书的应用程序平台上创建个人信息成为脸书用户,并开始使用其所提供的功能分享个人信息。[①] 这 18 亿的用户利用脸书所提供的平台与他人互动、发布信息,而这些互动所造就的现象是在脸书上平均每一分钟有51 万条的留言被张贴、30 万条的个人状态被发布、13 万张的个人照片被上传,在这庞大的数据之中藏着的不仅仅是平台经济的发展与商机,也藏着我们信息时代的新面貌。在数字潮流降临后,信息时代中我们流通于网络中的个人信息量比以往各个时代都要庞大。网络中承载大量个人信息的原因首先来自信息的数字化,相较于纸本信息、模拟信息,数字信息所传达的信息质量更好,二进制的世界可以减少出错的机会,能准确复制信息并确保信息的质量不会下降。

此外,数字信息可以以二进制的形式储存所有信息,我们不再需要个别的设备来处理不同形式的信息,例如声音、文字、影像不再需要不同的显示载具,数字信息可以在同一装置上以不同的形式显示出来。数字信息标准化的储存及提取模式在规模经济上具有极大的效率,市场对这种装置的接受度也非常高,因而需求量提升;同时,大量生产后也会压低这种装置的单位成本,使得越来越多人有能力负担数字信息的显示装置。因此,数字信息的价值与便利性远高过以往的纸本信息与模拟信息,且数字信息的成本较低,使得人们渐渐倾向以数字的形态来记录、传播、储存信息。[②] 信息数字化后,人们开始倾向以数字形态纪录信息,然而个人信息大量流通还源自于另一个因素——网络的兴起。

首先,网络打破了以往设备单向接收信息的使用模式,数字信息的传播管道转变为双向或者是多向接收与制造信息,人们不仅可以在网络上留下数字

[①] See Zephoria Inc., The Top 20 Valuable Facebook Statistics-Updated January 2017, ZEPHORIA DIGITAL MARKETING, https://zephoria.com/top-15-valuable-facebook-statistics/, last visited: 2020/9/12.

[②] See VIKTOR MAYER-SCHÖNBERGER, DELETE: THE VIRTUE OF FORGETTING IN THE DIGITAL AGE, 54-58(2009).

足迹,还可以用多向、复杂的模式互动。以纸本信息——书籍为例,纸本的局限让书籍只能聚焦在特定的主题之上,作者与读者也通常不会有交流的机会,思想的创造是单方向传递与发展的。但网络联结许多人,可以让形形色色的人与信息彼此交错流通,让知识不再局限于特定主题而有更多摩擦与创意的可能,让知识可以累积、可以无限制地缩放,作者与读者之间也有更多机会互相切磋而开拓新视野。网络多元整合的系统让网络之间的信息更容易传播、网络的互动性也更容易增加人们的好奇心,流通于网络间的信息量也随之增加。其次,网络中难以知晓对方的身份的现状则提供给了使用者相对的匿名性,而这种"匿名性"也使得人们越来越愿意在网络上分享、交流与传播信息。网络上的身份被隐藏,让人们可以暂时逃离社会阶级以及社会规范的制约。仍然以书籍为例,书籍的出版不是大多数人的权利,通常必须具有一定的社会地位的人方有接触出版的渠道,也必须经过烦冗的过滤系统才能淬炼一本著作的诞生。然而,网络可以提供"任何人在任何地方向每个地方的每个人出版"的可能性,在数字世界中个人身份皆有相对的匿名性保障,因此发表著作没有特定的门槛限制,即便普通百姓也可以开创博客传递自己的思想。此外,网络还打破了现实生活中"出版社与作者的分轨"的限制,在网络里重视的是讨论质量而非个人身份,相较于现实社会生活,知识和专长在网络上发展时较少会遇到人为阻碍,身份阶级也不会成为评断讨论内容的依据。在网络中我们不一定需要具备较高的社会地位、我们的故事不用被审查即可出版,也因为如此,网络上的信息越来越丰富。[1] 再者,网络使用者愿意在各式各样的网站或者信息平台中揭露个人信息,从社会心理因素来说便是通过自我表达来建立社交关系。博客(blog)、社群网站提供网络使用者表达自我的管道,个人可以通过揭露个人信息进而吸引他人关注、创造社会认同。例如撰写博客(blog)的软件在1999年问世并在当时蔚为风潮,而成就博客兴盛的最大原因是因为作者可以从读者的留言中获得回馈,甚至借由与读者的交流累积社会地位,作者从这些反馈与交流中获得满足、创造自我价值的心理动机便是促成个人在网络中大量发表信息的因素之一。[2]

也有研究显示,与数字科技相伴的年轻人已经习惯于在网络上暴露个人

---

[1] See LAWRENCE LESSIG, CODE 2.0, 19(2006).
[2] 刘静怡,社群网络时代的隐私困境:以 Facebook 为讨论对象,台大法学论丛,2012年第1期,第18-20页。

信息、创造个人信息,并以利用网络发布个人信息、参与社群网站与同侪的互动。① 网络已经成为年轻人不可或缺的一项社交活动工具,而倾向于揭露信息、分享信息的习惯也随同科技进步而根植于年轻一代的文化氛围。② 在数字世界中如滔天巨浪般袭来的庞大个人信息量,不仅是因为我们将日常活动建构于网络,也是由于数字科技的进步让我们轻易得以连结网络,数字科技使得我们纪录、交换、分享、储存信息的方式更加容易。以数字形态操作信息也能大幅降低成本,数字信息的便利性以及价值也高过于以往信息形态,因为数字信息可以取代往日需要物理运输的形式或是商品,例如上网缴税将不需要实际前往税务局,也可以节省大量的纸张和文件。数字信息可以永久储存以供日后交叉比对分析与研究,对公司而言,数字信息的价值是大于纸本信息的。而科技的多向互动、匿名性特性以及倾向于分享信息的社会环境,皆使得我们愿意以大量数字形式纪录信息,且这庞大的数字信息中有大部分是有关个人的信息。也因此,信息时代中个人信息量之大远超过人类历史上的任何一刻,我们正身处于一个个人信息量爆炸性成长的时代。③

2. 数字记忆永恒的时代

记忆有限是人类的生理现象。我们的记忆一方面受限于储存抽象记忆的困难,对于具体的事物很容易记忆,但却很难记得抽象的行政法的一般原理原则究竟有哪些;另一方面我们的记忆受限于储存的容积,记忆的储存是以人为单位,若要将记忆传承给他人需要面对面、长时间的传授才能"有限地"移植于他人脑中。因为记忆的有限,人类大脑会自动过滤、筛选所接收事物中要储存为长久记忆的信息,并在未来有需要时将这些长久记忆提取、检索并使用。④ 而人类会遗忘则是"记忆失灵"的状态,遗忘通常指涉人类记忆在编码、储存、提取程序中出错的生理运作常态,例如我们无法了解抽象概念所以无法记住概念的内容、我们对于某些事物似乎有印象但却无论如何都想不起来便是在

---

① See Mary Madden, Amanda Lenhart, Sandra Cortesi, Urs Gasser, Maeve Duggan, Aaron Smith & Meredith Beaton, Teens, Social Media, and Privacy, PEW RESEARCH(2013), http://www.pewinternet.org/2013/05/21/teens-social-media-and-privacy/#fn-67-1,2020年9月13日访问。

② 王明礼.论信息隐私:科技与商业发展脉络下的观察,中原财经法学,2014年第32期,第16-17页。

③ See FRED H. CATE, PRIVACY IN THE INFORMATION AGE 13(1997).

④ See Paulan Korenhof, Forgetting Bits and Pieces: An Exploration of the "Right to be Forgotten" as Implementation of "Forgetting" in Online Memory Process, 4 TILT L. &. TECH. WORKING PAPER, 117(2013).

编码、提取记忆的程序中出现了误差的情况。

而人类的遗忘主要受三种因素影响：信息是否有意义、信息是否经常使用和时间的经过。无意义和未经常使用的信息不能在我们脑中长久记忆、时间的经过会削弱我们记忆的维持，因而当这三种因素之一出现时，人类便会倾向于遗忘曾经记忆的事物。[1] 为了增加生存的可能性、为了追求累积经验以克服生活中的困难，人们慢慢发展了语言、绘画、文字、书籍等外部工具来辅助人类的记忆，借此打破遗忘的生理常态、满足人类长久以来对记忆的渴望。[2] 这些外部工具由当代的科技来塑造，并由当代的科技决定储存信息的容量、储存的内容以及如何找寻信息。在数字信息出现以前的外部工具皆具有高成本、不能永久保存、需要大量实体保存空间的问题，例如纸本信息从发明后有很长一段时间属于社会地位高阶人士才能使用的能力，阅读书籍、领会书中知识需要足够的识字能力，然而教育是富家子弟才能负担得起的奢侈活动；纸张亦非一般人所能负担的纪录信息的工具，其不仅不能抵抗时间的流逝，慢慢地会被侵蚀、会腐烂，而且需要大量的实体空间才能储存。再举例而言，十九世纪人类进入了模拟时代，摄影、电视、广播慢慢成为我们记忆的主要媒介，摄影、录像等设备也随着技术的进步慢慢克服昂贵的成本，成为一般大众可以负担的纪录信息工具，但在这人人欣喜的背后，却有不为人知的隐藏成本，我们储存信息的成本以及获取信息的成本仍然没有降低，我们可以靠一卷卷录音带去储存我们的声音，但在茫茫的录像带租借店中，我们始终找不到当初还想再回味一次的那部电影。这一切在进入了信息时代后开始改变，我们慢慢突破了往日外部记忆工具在使用成本上、在记录信息质量上、在储存体积上的局限，数字信息不需要大量的实体保存空间、不易受环境所影响而能长久保存，数字信息更不需要花费极高的费用来记录信息，也因此人们慢慢倾向于以数字信息来记录生活中的大多数信息。

首先数字信息在储存上不需要大量的实体空间，以往我们需要建造一座又一座的图书馆来保存书籍、需要一卷又一卷的录像带来保存模拟形态的电视影片，现如今我们只需要如同橡皮擦大小的随身闪存便可以储存我们生活中大

---

[1] See Paulan Korenhof, Jef Ausloos, Ivan Szekely, Meg Ambrose, Giovanni Sartor & Ronald Leenes, Timing the Right to Be Forgotten: A Study into "Time" as a Factor in Deciding About Retention or Erasure of Data, REFORMING EUROPEAN DATA PROTECTION L.1 71-201(2015).

[2] See VIKTOR MAYER-SCHÖNBERGER, DELETE: THE VIRTUE OF FORGETTING IN THE DIGITAL AGE, 22-49(2009).

部分的重要数据,数字信息让我们在空间的使用上更具有效率。其次,数字信息没有书籍会受环境影响、难以长久保存的问题;数字形态也没有模拟形态的信息存有噪声的问题,以数字形态记录的信息能在长久时间后仍可以完好读取,甚至还能完美的复制。再者,自个人计算机开始发展以来,就如同摩尔所预测,计算机硬件的储存空间一年更胜一年,甚至每年翻倍地成长,储存设备的价格也随着产业的进步变得便宜又实惠;除了储存设备价格的下降,企业与个人大量消费计算机储存空间也是储存设备价格越来越便宜的原因。哈佛大学商学院教授 Clayton Christensen 认为每个产业初期的产品都是极昂贵且只有少数特定人可以消费的,然而产业一旦经过"破坏式创新"后产品就会变得经济实惠。以主机型计算机为例,在 19 世纪 70 年代,主机型计算机的价格高昂且只有工程师才具备使用的技能,然而微型处理器的发明让计算机产业出现了技术促能因子,并结合其他经营模式以及价值网络的创新造就了计算机产业的破坏式创新,使这个产业的产品价格慢慢变得平易近人,而产业也从集中化慢慢走向分散化,主机型计算机也因此成为一般大众可以负担的产品。①

另外,计算机硬盘并不需要外接读取器材,可以直接在计算机上读取各种形式的信息,往日影像、音乐都可以直接在计算机上播放并储存,这减少了设备器材成本;数字设备并不需要在不同的储存硬件间进行设备升级或为每一种硬件配置一套读取配备,这也减少了必须使用不同设备的转换成本。这些成本的节省让使用者更愿意选择计算机产品并以数字的形态记录、储存信息,并且使得我们无须删除原有的信息来储存新的信息,甚至删除信息对科技而言才是较为困难的运作模式。数字设备以记忆为预设模式,而遗忘对于科技而言反而是成本较高、较复杂的技术。② 数字科技的发展使得我们大量以数字形式记录、储存我们的各种信息,数字信息不仅不需要大量的实体保存空间、保存成本低,还能长久存在且不易被磨灭。数字信息只要储存设备保存良好便可以永久读取,不会受时间、环境变化而磨损。多数情况下数字信息之所以流失大多是因为软件不兼容,而非因为储存设备的出错。此外,现今大多数人将信息放置于网络上、储存于云端中,借助网络服务帮助我们储存信息以确保信息能永久保存,他人也能轻易地复制我们公开放置于网络上的信息并加以

---

① Clayton Christensen 著,蔡承志、许长礼译,创新者的处方:克里斯汀生破解医护体系的破坏型解答,麦格罗希尔,2012 年,第 33 页。

② See VIKTOR MAYER-SCHÖNBERGER, DELETE: THE VIRTUE OF FORGETTING IN THE DIGITAL AGE, 63-71(2009).

保存,我们的信息一旦以数字形态记录下来或者在网络上传输、散播,便成为我们存在过的永久证明,在信息时代我们不仅利用数字信息提升生活的便利性,更迎来一个关于我们的数字记忆永远不会消失的时代。

3. 充斥偏颇与极端信息的时代

在网络兴起以前,报纸杂志是我们主要的获取时事消息的管道,消息的传播集中于少数的中间媒介(intermediaries),举例而言,在网络时代以前新闻媒体主宰了大众所能获取的时事消息、出版业者筛选市面上流通的书籍。而进入信息时代后,网络提供我们在任何地方向其他人传播信息的可能性,人人都可以绕过新闻媒体、出版商、电视台等现实生活中的媒介限制,我们不再需要特定的身份才能制造并传递消息,人人都能自行创造媒体并握有传播管道。数字科技所形成的中间媒介形式,把由少数人所持有的信息散播渠道回归于大众,让社会大众可以拥有更多元的信息以及更多创造的机会。然而中间媒介也会造成市场机制带来的好处消失、并导致中间媒介的审查机制无作用,例如新闻媒体受限于报纸版面的限制,八卦等非重大的新闻能刊载于报纸中的量极小;也例如在传统时代新闻业者的职业伦理规范能建立第一道审查机制,指导新闻媒体审查信息的真实性、正确性。一旦信息被数字化,媒体与个人之间的界线便随同消失,我们用一个全功能的网络取代多个单一功能的中间媒介,这些原有的中间媒介所能带来的好处也随同消失,因而引发了网络中极端、偏颇信息比例大增的现象。[1] 再者,网络中充斥极端、偏颇信息等棘手现象的原因是网络开放空间、匿名性让不真实言论随意发表。当八卦只存在于口语生活中时,通常只能在有限的范围内以及有限的时间内传播,将信息自一个人口中传播给另一个人需要一定的时间以及成本,对个人所造成的伤害也通常不会扩及社交圈以外的地方,而八卦一旦超出社群范围外、经过时间的风化,往往也会销声匿迹。[2]

在网络的世界中,链接让我们可以自如地穿梭在各种信息中并大量、快速地散布信息,八卦及谣言等偏颇言论通过链接迅速、广泛地传播,传播的范围远远超我们个人的社交圈,通过点击我们的鼠标将被害人置于网络使用者之

---

[1] Nicholas Carr 著,王年恺译,网络让我们变笨?数字科技正在改变我们的大脑、思考与阅读行为,猫头鹰,2012 年,第 103 页。

[2] See DANIEL J. SOLOVE, THE FUTURE OF REPUTATION: GOSSIP, RUMOR, AND PRIVACY ON THE INTERNET, 62(2007).

公审下,而八卦也通过网络在世人的记忆中留下永远的印记。八卦的本质其实是中性的,我们可以通过八卦评价个人其品行,八卦也可以帮助社会规范的落实;然而在八卦进入数字世界后,其影响力及本质被大幅度地改变。人们对事实断章取义、对八卦的传播不假思索,网络八卦通过羞辱的手段评价他人,人们在网络平台上指责违反社会规范的当事人,而后引起网络大众的群体攻击,并将在线的力量带入现实生活中破坏当事人的声誉。[①] 网络上的谣言、八卦、人肉搜索、网络霸凌等极端、偏颇的信息美其名曰可以帮助落实社会规范,但社会规范本有其内在的执行机制,隐私也容许我们每个人轻微地违反社会规范,网络上的极端、偏颇言论可能带来与当初设想相反的结果,对和谐的社会秩序、个人名誉产生无法预见的破坏力。哈佛大学法学教授 Cass Sunstein 认为,网络中充斥极端、偏颇信息棘手现象的第三个原因是网络提供每个人发声的机会以及筛选信息的功能下,社会大众将慢慢趋向于群体化而危害社会的运作。换言之,当我们可以选择自己想要看到的言论,我们会倾向与熟悉、看法相近的人交流、强化我们既有的想法,并渐渐会组织成回声室(echo chamber),而网络使得我们更方便与同好接触而加深回声室的问题。[②] 网络筛选言论的机制让住在回声室里的人们可以紧密地组织在一起,而回声室外无论有多少相异的观点、争论都影响不了回声室里人们的坚定信念,由此形成对于某个人或某件事偏激的看法。

在可以由个人完美筛选信息的网络世界中会面临三种困境:首先,我们会因为将自己隔离在回声室里而无法培养对大众社会价值的共同理解,频率相近的人们更可能会演化出群体极化现象或暴力行为而使社会产生分裂的现象;其次,信息是公开的,当某一消费者得知某一信息时,并不能阻止他人获知此信息,若当信息的传播仰赖于单一个人之选择时,消费者可以印刻在信息的网络世界中,信息的流通将被限制而造成他人无法受益、信息传播之价值亦减少;[③]最后,大众被群体化后只能偏颇吸收个人想听的意见,并导致社会大众在未充分掌握完整信息时、对社会价值没有共同基础意识时就做出个人决定。[④] 数字科技的快速发展让我们能以多向渠道的方式与人互动,可以筛选映入眼

---

① See DANIEL J. SOLOVE, THE FUTURE OF REPUTATION: GOSSIP, RUMOR, AND PRIVACY ON THE INTERNET, 90(2007).
② See CASS R. SUNSTEIN, REPUBLIC.COM 2.0, 1-3(2007).
③ See CASS R. SUNSTEIN, REPUBLIC.COM 2.0, 107-109(2007).
④ See CASS R. SUNSTEIN, REPUBLIC.COM 2.0, 43-45(2007).

帘的信息,这种特性使得我们能更有效地利用信息、更快速地找到问题的答案。然而在科技这美好的光环底下我们也有可能更果断、更无知地踏入歧途,我们将听着由自己回声所建筑起的高墙而拒绝他人任何的建议与批评,并让网络空间中的信息与讨论渐渐朝向一个极端、偏颇的方向发展。这些偏颇与极端的信息不但降低了网络信息的价值,也无法促进社会大众的互相理解,还可能会日渐消磨社会大众对于重要议题的基本共识或者促使社会大众做出不理智之行为,进而有碍社会的良好运作。①

4. 信息随手可得的时代

在网络上流通的个人信息数量庞大,个人信息的记载能永久留存,同时又充满偏颇或极端的信息,但与纸本时代、模拟时代相比,我们信息搜寻的成本大幅降低。举例而言,在纸本时代我们只能通过人力的方式进行搜寻,美国国会图书馆里虽然有两千万本的丰富书籍资源,但要在这两千万本书籍中找到我们真正需要的知识却是一项很浩大的工程,必须耗费个人极大的心力与时间后方能找到所需的信息。而在模拟时代,信息主要由大众媒体提供,模拟时代的信息量增多、信息样本数较大而有较多切合个人需求的数据。因为数据数量变多,在信息浩瀚、杂乱无章的情况下,获取信息所需投入的时间及劳力可能更加提升。当进入信息时代后,在信息数字化、网络流行以及搜寻引擎的辅助之下,我们想要的任何信息均可通过算法于弹指之间找到,信息获取的时间成本及需要付出的劳力成本大幅度下降,这种网络搜寻技术的进步使在网络中流通的各种信息更容易获取,即便是往日不为人所知的信息。②

根据数字科技顾问公司 IDC(International Data Corporation)的研究预测,数字世界中的信息量每两年将以超过倍数的速度成长。2013 年时数字世界的信息量约等于 4.4ZB,截至 2020 年,数字世界中的信息量将大幅度增加至 44ZB,这数量之庞大若以容量 128 GB 的 iPad Air 平板计算机堆栈,③44ZB 的信息量足以让我们登陆月球 6.6 次。④ 也就是因为数字世界中令人惊叹的信息量催生了我们对信息质量的要求以及信息搜寻技术的进步。从一开始计算机

---

① See CASS R. SUNSTEIN, REPUBLIC.COM 2.0, 91-94(2007).
② See VIKTOR MAYER-SCHÖNBERGER, DELETE: THE VIRTUE OF FORGETTING IN THE DIGITAL AGE, 72(2009).
③ php 中文网(www.php.cn),堆栈是什么意思? 2020 年 9 月 9 日访问。
④ See IDC, Executive Summary: Data Growth, Business Opportunities, and the IT Imperatives, IDC ANALYZE THE FUTURE(2014).

软件工程师发展以名称、日期等方式有系统地储存信息的方法,以图书馆目录的概念设计计算机的文件存取方式,让我们可以追踪信息在存储设备中的路径与位置,以便于日后可以以档案关键词的方式来重新获取储存于计算机中各处的信息。这种通过关键词的数字信息搜寻方式较传统搜寻方法有弹性。一般实体信息及模拟信息只能通过定义好的基本信息以及细致分类的条目才能被搜寻到,因而实体信息及模拟信息的搜寻模式非常的老套,也难以找寻到全面性的信息;但数字信息本质上存在弹性,数字信息可以被任意加入搜寻条件进行找寻,这种弹性也让我们获取信息的成本大幅度降低、获取信息的能力大幅度提升。数字信息搜寻技术从网络于19世纪90年代向社会大众开放后开始大发展,例如Google能在现今网络搜寻引擎服务中占据龙头的原因之一,即是Google不同于其他传统搜寻引擎依据关键词在网页中出现次数来进行搜寻,而是分析网站间的关系、评估网站的重要性,然后进行搜寻结果排序,而这种搜寻结果的精确度更胜于以关键词出现地频率为标准的搜寻技术,Google所设计的算法能更贴合使用者的需求、更有效率地列出搜寻结果,成为Google与其他同业者竞争时的一项优势。而网络中信息搜寻技术不断地进步与演化,使得我们在获取散落在数字世界中的信息时,不再需要耗费极大的心力和时间。我们不再需要孜孜矻矻的在一本又一本的书籍中寻找解答、也不需要花费好几天的时间阅读内容来找寻相关的文献,我们想要的信息通过高度发展的搜寻技术只要在几秒钟之内就可以系统地排列出来。不仅仅如此,信息搜寻技术结合大量流通于网络的个人信息以及数字信息永久存在的社会环境,任何个人的数字信息不但可以抵抗时间的磨损,更能通过搜寻引擎的作用而无所遁形。同样的,在网络中流通的偏颇与极端言论也能通过搜寻技术轻易被他人获取并更加广泛地传播,偏颇与极端言论造成的负面效应亦更加扩大。

5. 资料分析技术飞跃的时代

现今数字世界中信息量爆炸性的成长让人们重新思考信息的用途,庞大的数据量让以往借由数据来获取知识的模式被重新定义,例如大数据(Big Data)即是因应数字时代而发展出的资料分析技术。虽然现今社会各界对于大数据尚无一致的定义,但可以大略指出大数据乃指称"数据量规模巨大到无法经由人工撷取、管理、处理并整理成为人类所能解读、利用的信息"。换句话说,大数据是由数量巨大、结构复杂、类型多样的数据所构成的数据集合,而大数据分析技术提供了我们数据分析的新模式。

大数据分析技术可以归纳出三种特征。第一，以往受限于样本数不足的研究方式在大数据时代不再成为研究限制。第二，以往数据研究的重点之一为精确性，但在信息时代中因为样本数已经几乎等于母体数量，因而研究的重点将转变为追求可能性。换言之，我们不再追求必须通过精确的研究过程以获得正确结论的研究方式，而改变为追求从庞大的数据中找出任何可能的结论。第三，大数据不再强求信息必须与结论间具有明确的因果关系，即便信息与结论仅具有相关性也为有价值的数据分析结果。① 也因此，大数据着重于数据量越多越好，资料与研究结论间不再严格追求因果关系，且有时候数据间只需要存有相关性即可。通过大数据分析技术的活跃，数据能将过去所无法显露的价值展现出来，数据不再限定于原始用途，数据还可以为了许多不同的潜在目的而重复使用、结合使用以及延伸应用，甚至连被废弃的数据都可以再重新量化，亦即使用者主要活动下形成的副产品资料也能产生极大的效益，例如企业可以通过网页浏览纪录预测消费者的行为，进而在网页中刊登吸引消费者的产品广告。哈佛大学教授 Gary King 称大数据为一场革命，庞大数据所带来的新形态资料分析技术将横扫学界、政治界及商业界，大数据分析技术将触及所有领域。② 新形态的数据分析技术不仅仅改变了个人看待事物的角度，亦改变了企业对于数据的思维以及商业模式，数据分析技术所能带来的巨大效益让企业开始看重自己拥有的数据，并希望能够拥有更多数据。大数据对于企业而言，即便尚未特定数据处理的目的，"所有数据"本身就有其价值，企业现有的数据可能可以结合其他数据产生分析结果，现有数据也可能在将来某一天重新使用，因此企业也倾向于大量搜集消费者的各种信息。③ 依据国际数字科技顾问公司 IDC 的另一项研究预测，全球大数据的商业分析收入将在 2019 年达到 1 870 亿美金，显见大数据这一块蕴藏有多大的商机。④

---

① Vicktor Mayer-Schönberger & Kenneth Cukier 著，林俊宏译，大数据，天下文化，2014 年，第 32 页。
② See Gary King, Preface: Big Data Is Not About The Data!, INSTITUTE FOR QUANTITATIVE SOCIAL SCIENCE, HARVARD UNIVERSITY (2013), available at http://gking.harvard.edu/files/gking/files/prefaceorbigdataisnotaboutthedata_1.pdf
③ Vicktor Mayer-Schönberger & Kenneth Cukier 著，林俊宏译，大数据，天下文化，2014 年，第 140 页。
④ See IDC, Worldwide Big Data and Business Analytics Revenues Forecast to Reach $187 Billion in 2019, According to IDC, IDC ANALYZE THE FUTURE(2015), https://www.idc.com/getdoc.jsp?containerId=prUS41306516

由于科技发展，个人数据的搜集在信息时代中亦非难事，我们的个人智能设备每天都在大量地搜集信息，我们不用一一费心纪录便能够被动地搜集数据，且这些设备所搜集的大部分信息是我们的个人信息。个人信息的搜集普及是因为商业发展的推波助澜，企业想要知道消费者的行为模式，借以求得巨大商机；而另一方面，为了获取网络上各式各样的商品与服务，或者为了建立身份、保持与社会的联系，个人也经常于网络上有意识、自主性地揭露个人信息；甚至有时候个人是无意识地揭露信息、因不了解企业会如何使用信息而揭露之；还有时候我们根本没有意识到我们所使用的设备或服务正在搜集我们的个人信息。[①] 数据分析技术的进步除了造成个人信息被大量、广泛地搜集外，还能快速串联、比对与系统化过去所无法处理的零碎、片段、无意义之个人数据，当这些无意义的个人信息结合进步的信息分析技术，所能透露出的个人信息就不再只是信息表面所显示的意涵。当大量关乎个人且看似中性无害的信息累积在一起时，便能显示出个人的身份，个人长期行为的轨迹也随之暴露了出来，这种特征分析的技术可以毫无预警地剖析一个人未公之于众的习性，甚至加以利用。

例如，谷歌(Google)公司在 2007 年以前平均每个月储存了 300 亿的个人搜寻纪录，若再根据登入 Google 的账号密码、IP 位置、网页浏览记录等信息，Google 便能结合这些信息做成其所有使用者的人口普查表，甚至是这些人的个人清册。[②] 而这些清册中可以详细列出你喜欢阅读哪些种类的书籍、你最近对哪些新闻非常关注、你想送什么母亲节礼物，甚至是你习惯在什么时候就寝、你固定喜欢造访的餐厅等一切有关你个人的信息都有可能被大数据技术分析出来。企业对于个人信息的需求以及消费者有揭露自身信息动机或者无意识地被记录信息，在结合信息分析技术以后，网络世界中的各种微量个人信息经过收集分析比对后足以形成个人完整信息，我们每一种信息无论是否有意义或者是信息量极小甚至是看似无关个人信息的信息都有可能被发掘出无限有关个人身份、习性的结论，而谁掌握了这些技术与信息，便掌握了监看他人的权力。

[①] See Muge Fazlioglu, Forget Me Not: the Clash of the Right to be Forgotten and Freedom of Expression on the Internet, INT'L DATA PRIVACY L.1 49(2013).

[②] See Miguel Helft, Google Adds a Safeguard on Privacy for Searchers, NEW YORK TIMES (2007), http://www.nytimes.com/2007/03/15/technology/15googles.html.

（二）信息时代的隐私威胁

数字科技为我们的生活带来便利,却同时也使我们的个人信息肆意流窜,我们的影像恰巧被校园里自拍的学生照下并上传,我们的对话内容被地铁邻座的先生放在他的个人博客上讨论。我们的日常生活被裂解为各式各样的信息,漂浮在这广袤的数字世界里,而数字世界里的信息传播快速、影响力太广泛,渺小的我们对于脱离个人掌控的信息似乎无能为力,我们所期待的隐私也正在一点一点地瓦解。例如某公司因疏忽而大量外泄顾客的个人信息事件,甚至还有人通过非法渠道获取个人信息后以高价卖出,诸如此类的消息时有听闻,我们在数字世界中传播的信息已经不再受个人所掌控,我们的隐私权利也岌岌可危而充满被滥用的危机。

也许社会大众还沉溺于数字科技的便利中,赞叹科技的伟大并且自豪于人类的无限潜能,但不停出现的隐私权侵害案例之疾疾呼声也提醒着我们,在享受科技所带来的恩赐时,我们也付出了相对的代价——我们于数字世界中流通的个人信息不再安全,我们的隐私权正在受到各种不怀好意的威胁。科技的进步没有回头路可以走,我们只能思索由此而生的隐私权议题到底要如何制定游戏规则:也许是通过建立道德规范,让科技使用者彼此约束而建立良好的秩序;或者是通过法律的制定,让法规违反者接受制裁;或者是回归科技,利用科技改良隐私安全的设定;或者放手由市场机制自行运作,让价格的竞逐引导科技的善意操作。本节首先聚焦于最先决的问题——隐私权的意义,从探讨隐私权的意义中启发我们对解决隐私权议题的线索。

当代社会、个人对于隐私权的认知将塑造我们的隐私界线,这条界线所划定的隐私范围将能协助我们妥善认定个案中的隐私权威胁,并踏出解决数字时代隐私权纷争的第一步。对于网络生态进行观察,从信息社会的环境出发加以分析现今越演越烈的侵害隐私权,能够更好地使我们以此为敲门砖开启数字科技挑战隐私权意义与保护的讨论。事实上,科技的进步以及媒体的变迁并非一朝一夕的事,我们也曾面临书籍、报纸、摄影等科技的变化。在历史上我们制定法律来规范科技、发展当代的个人基本权利、运用科技手段解决问题,这些借鉴值得我们好好思索,因而本节也将从道德规范、法律、市场、自然结构等方向思索信息时代中隐私权议题的解决政策,以为数字时代中隐私权议题适合的解决方向提供一个粗浅的指引。

1. 数字科技对于隐私权的挑战

隐私权是相对晚近的权利，在 16 世纪王权至上的专制时代，国家即属于国王所有，国王的权力凌驾于人民之上，人民的隐私权概念非常浅薄；后进入了警察时代，个人权利的入侵主要来自国家行为，才渐渐发展出为了阻止国家入侵个人空间的隐私权想法，人们也产生保护个人隐私的意识，对应法律亦渐进衍生而出并指导隐私权的保护；构成隐私权重点部分的"个人信息"，直到 19 世纪第一波数字化浪潮的崛起才再度受到重视，这时我们隐私的侵害不只来自国家，更有可能是来自私人。

个人信息的大量流通、数字记忆永恒、充斥偏颇与极端信息、信息唾手可得、信息分析技术飞跃的当代科技环境加深了侵害个人隐私权的程度，并挑战了我们对于隐私权的保护。个人信息大量流通的数字科技环境让我们无数的个人信息都暴露于台面之上，而有可能产生无数形态的隐私侵犯问题，例如个人信息的曝光可能会造成有心人士滥用个人信息、散播不真实个人信息、伪造个人信息、窃盗身份等问题。上述经典的侵害隐私权问题早已伴随着网络的发展而不停地出现。随着网络社群平台的兴起、便携设备的大量流通、大数据与物联网等科技发明的出现，个人信息大量地在网络上流通，也使得隐私权侵害的议题在深度上与广度上不断地扩大。以社群平台为例，脸书在 2006 年推出动态消息（News Feed）的服务，让使用者可以随时输入自己的最新动态并显示于朋友的涂鸦墙上，这种动态消息服务切合的正是社群平台的主旨，动态消息能让使用者不断接收实时信息并维系使用者与平台中他人进行情感互动。[1]然而，社群网站的价值也正建立于这种服务之上，因而使用者个人信息的大量增生与快速的信息交流便成为社群网站间竞逐的目的，社群平台此种运作模式使得使用者的隐私风险不断升高。再者，社群网站的隐私预设选项一般都是开放的，陌生人也可以随意观看我们个人信息、影像，社群网站预设公开信息之方式结合监控、追踪功能将可能会侵害使用者的隐私权益。

此外，使用者在无法评估使用社群平台服务时产生的隐私威胁、无法理解各个社群网站间不尽相同的隐私条款的情况下，使用者会倾向简化隐私风险并不断地揭露个人信息，即便使用者了解隐私风险的存在，使用者仍会为了取得社群平台上多样的服务以及与他人交流而揭露个人信息，这些皆为网络中

---

[1] Nicholas Carr 著，王年恺译，网络让我们变笨？数位科技正在改变我们的大脑、思考与阅读行为，猫头鹰，2012 年，第 175 页。

的新兴商业模式——社群平台——所带来的侵害隐私问题。[①] 数字信息的永久留存也会带来极大的隐私问题,数字科技随着发展慢慢降低了信息遗失的限制,在信息时代中我们任何数字信息都能被清楚翔实地记录并永远不会被科技所遗忘,但这并不因此而代表个人以及社会便不再需要遗忘。举例而言,享誉世界的计算机工程师 Gordon Bell 极为推崇的生命记录(life logging)科技会自动记录且永久储存我们去过的地方、见过的人、听到的声音等一切生活中的细节。不论生命记录能为个人生活带来多少的便利性,生命记录科技都存有极大的隐私问题,大量关于个人的敏感性信息都会被记录下来,例如银行账户密码、身体健康数据、亲密关系影像,而这些大量被记录下来的高度敏感性信息便有可能通过后续的利用引发侵害个人隐私等问题。有研究显示生命记录的用户想要积极掌控他们在数字世界中登载了何种个人信息以及这些个人信息如何被他人获取,生命记录的用户想要借由掌控个人信息的流动来避免个人信息滥用的问题。数字记忆永恒也许可以带来庞大的日常生活便利,但这些永久记录的个人信息也会引发需多的隐私议题。[②]

此外,例如网络数字阴影(digital shadow)便是由我们永久留存于数字世界中的个人信息所引发的问题,数字阴影指的是他人利用、复制我们在网络上留下的信息并因此侵害个人隐私权、名誉权。最为轰动的案例之一便是好莱坞影星 Jennifer Lawrence 裸照外泄事件,这事件不仅仅涉及信息窃盗、信息安全的问题,更宏观而言,该事件便是由永久的数字记忆所引发的问题,在信息时代中我们任何永久的数字记录都有可能被他人利用甚至是滥用而造成我们的权益受损害。

在网络中八卦、谣言的作用以及回声室理论的运用下,网络中所充斥的偏颇或极端的信息以及虚假的信息将对个人名誉、隐私产生巨大的破坏力。而这些侵害不仅仅可能是由他人所发布的极端、偏颇言论所造成,也可能是由我们自行所发布的信息所造成,我们在往日所发布的个人信息随时间经过而渐渐与个人的真实状况不再相符,个人信息便有可能摇身一变为偏颇信息,进而侵害个人之隐私或名誉。再者,数字信息容易复制且复制质量良好的特性,让

---

① 刘静怡,社群网络时代的隐私困境:以 Facebook 为讨论对象,台大法学论丛,第 41 卷第 1 期,第 20-28 页。

② See Jacquelyn Ann Burkell, Remembering Me: Big Data, Individual Identity, and the Psychological Necessity of Forgetting, 18.1 ETHICS AND INFORMATION TECH.19(2016).

网络中充斥着信息再运用以及二手运用的问题。再运用以及二手运用时数据的使用目的通常不同于我们原先所设定的数据使用目的，而且大多数时候再运用以及二手运用并未取得数据主体的同意，侵害数据主体的信息隐私权。此外，这些再次被传播的信息往往可能与原本信息之内容、性质不再相同，可能被传输者以其自我的观点重新诠释或者进行改编后加以散播。这种情况下信息内涵已经不再符合当初发布者想要借由信息传达的意思，而造成信息错误阐释、适用脉络错误的情况。他人可能借由这些信息形成对于我们个人偏颇、不正确的见解。[①] 个人信息流通量大、能永久被记忆，若他人能轻易取得信息便可能构成极大的隐私权问题。在信息时代以前，我们会衡量丧失信息掌控权之不利以及他人专业等因素后，在特定情况下分享特定的内容给特定的人。然而在网络广泛传播信息的生态下，上述的传播信息方法已经不再适用，我们已经无法在特定情况下限制将信息传播于特定人。通过网络信息高获取性的特性，我们对于个人信息的掌控权已经重新被分配给网络中各式各样的获取管道，这种权力的移转不但限缩了个人隐私的范围，更加深了原本信息富有者与信息贫瘠者之间的差距，并使得人们自我审查，限制有益的公开辩论，阻碍了平台经济的发展。此外，原先散落在网络中各个角落的个人信息无人发掘，然而数字信息搜寻技术的渐进革命让这些数据不再埋没，任何人的永久数字记忆都能成为今日生活的一部分。当事人尘封的个人信息一再地浮上台面，并对当事人带来两种影响：第一，我们的数字记忆被以现今的时空背景、道德标准、社会价值为标杆来重新诠释，造成我们人格发展受阻；第二，我们应该随着时间经过而被世人淡忘的记忆不断重现，本应回归于个人隐私的事件不断侵扰个人正常的日常生活，例如他人能借由搜索技术轻易获取八卦、谣言等伤害个人名声的言论并再次传播，造成当事人在事件发生后受到二次伤害。甚至我们于网络中的各种片段信息亦可以凭借搜寻技术拼凑出关于个人的全面性信息，然而这种全面性的信息并非通过对个人完全的透析所获得，而是通过比对各种网络中的信息所产生，因此利用此种个人信息集来判断个人时，可能会造成不正确或不适当的评断。最后，随着科技不断加快发展的脚步，新的资料分析技术提供了更多监控个人的可能，例如大数据分析个人生活惯性、物联网应用于纪录身体健康状况等。数据整合、堆栈技术的进步加深了科技对

---

① See VIKTOR MAYER-SCHÖNBERGER, DELETE: THE VIRTUE OF FORGETTING IN THE DIGITAL AGE, 90(2009).

个人生活的入侵,片段的数字记忆形成了个人人生的完整记录,这些纪录蛮横地剖析每一个人。[①]

举例而言,Google、百度观察我们的浏览习惯,Amazon、淘宝分析我们的购物喜好,Facebook、微博则掌握我们的社交关系,这些信息经济带动了信息分析技术的发展,让企业对于个人信息的搜集、储存、使用、深入分析等行为大幅增加。信息分析技术可以结合不同来源的各种个人信息,以低成本编辑成个人信息的清单,并严重侵害隐私。举例而言,物联网科技记录各种看似不与个人密切相关的信息,这些数据表面上看起来甚至可能并非个人信息,但在数据处理过程中却能追溯到个人,或是推测出个人私密生活的细节。[②] 信息分析技术甚至能用来惩罚个人的习性,例如利用大数据找出人的习性与犯罪的相关性,而在他人犯罪之前即加以逮捕,这会严重违反公平正义的理念。数据分析技术亦会造成数据独裁问题,导致众人开始陷入对于数据分析的迷思,凡事以数据为主,最后形成滥用。

当科技不断进步并成为社会大众日常生活中不可分割的一部分时,应对数字科技而改变的社会环境、自然结构使得我们对保护隐私的需求更加强烈。然而,隐私权的内涵在信息时代下无法明确指出范围;社会、个人对于隐私的意识尚属不成熟;传统隐私权的判断标准无法在信息社会中提供有效的保护,学者提出的新隐私判断标准也流于多变而难以落实。上述种种因素都造成传统道德规范和未明确的法律赶不上日新月异的科技演化,不能给我们提供有效的隐私权保护。科技发展的脚步不可能停滞,我们不能期待隐私侵害的威胁有自动消失的一天,如何积极面对、处理当代的隐私权议题,正是我们面临的最棘手的挑战。在信息时代中隐私权的侵害可能是来自殷殷切切追求八卦的新闻业者,也可能是来自想要运用消费者信息赚大笔生意的企业;隐私权的侵害模式也由物理入侵改变为数字入侵,旧有的隐私权内涵再度受到挑战,并迫切需要我们赋予隐私权新的意义。隐私权该如何雕塑自身的内涵来切合信息时代多层次的需求?个人言论、影像、信息超出了我们的掌控力,与此同时我们是否可以在这些科技监视、渗透我们生活时主张隐私权的保护?我们在

[①] See Jacquelyn Ann Burkell, Remembering Me: Big Data, Individual Identity, and the Psychological Necessity of Forgetting, 18.1 ETHICS AND INFORMATION TECH.18(2016).

[②] Vicktor Mayer-Schönberger & Kenneth Cukier,林俊宏译,大数据,天下文化,2014 年,第 268 页。

保障信息流通的同时是否应当对我们的个人信息施加控制力?[1] 由谁来落实控制力的施加? 从法律的角度而言,当他人非法传播个人信息时,我们可以通过刑法关于诽谤、民法关于人格权侵害等法律来事后救济我们的个人隐私权,然而当新闻媒体、私人合法传播信息时,我们是否可以通过法律的手段阻止信息传播,甚至删除信息? 我们是否可以通过主张被遗忘权的手段来施加控制并恢复我们对个人信息的掌控权?

2. 信息时代中隐私权议题的救赎

数字科技让我们的社会环境与生活方式彻底改变,网络信息传播更以一种史无前例的方式放大及更替。然而这种科技的冲击并非当代特有的状况,在过去我们也曾经经历过类似的科技冲击,并衍生出相对应的社会规范、法律政策、市场机制、自然结构来解决科技冲击所带来的问题。举例而言,柯达公司在 1888 年推出首款可携带式的"快拍相机",使得摄影不再受地理限制,人们可以持携带式相机随手记录生活周遭的影像。而美国当时盛行以刊登哗众取宠消息为主的廉价报纸(penny press)便搭上携带式相机的顺风车,开始刊登各种人物之快照、大肆报道娱乐消息并大量印刷发行。为了追求登上报纸版面、博取大众的娱乐感,新闻业者成天以摄影方式追逐社会大众人物以及绅士名流,摄影科技结合新闻报道所爆发的隐私权争议成为当时的烫手山芋。[2]

Samuel Warren 和 Louis Brandeis 在面对当时新兴摄影技术所产生的隐私权问题时认为,在新形态科技出现、新闻狗仔猎獗的商业环境下,19 世纪的契约法、诽谤法或著作权法等法律规范已经不足以保障于当下人们的隐私需求,他们认为需要扩大法律的适用范围来解决问题。[3] Samuel Warren 和 Louis Brandeis 认为法律虽没有明确保护隐私权,但法律保护人们有"不受干扰、独处的权利"(the right to be let alone),这种权利着重的面向并非私人财产的保护,而是保护个人人格不受侵扰,因而 Samuel Warren 和 Louis

---

[1] See DANIEL J. SOLOVE, THE FUTURE OF REPUTATION: GOSSIP, RUMOR, AND PRIVACY ON THE INTERNET, 35(2007).

[2] See DANIEL J. SOLOVE, THE FUTURE OF REPUTATION: GOSSIP, RUMOR, AND PRIVACY ON THE INTERNET, 105(2007).

[3] See Samuel D. Warren & Louis D. Brandeis, The Right to Privacy, HARV. L. REV. 193-220 (1890).

Brandeis 建议可以通过侵权诉讼作为保护隐私权的管道。[1] 此外,例如在 1897 年纽约州也通过一项法律,该法律规定未经当事人许可而刊登书面肖像可处罚 1 000 美元的罚款以及一年之有期徒刑,通过法规的制定来解决摄影技术革新所带来的侵害隐私权问题,且此法规的目的并不在于审查信息的内容而在于规制信息的滥用。[2] 过去的经验告诉我们,面对科技的发明与进步,不仅仅是社会相对应出现了变化,还有其中关于人们一次又一次爆发的隐私威胁恐惧,随着科技的进步与蓬勃发展,这些隐私威胁在深度与广度上一次又一次地扩大。从上述 19 世纪摄影科技的革新可以得知,历史上通过制定法律来响应信息溢量所带来的隐私权问题,例如 Samuel Warren 和 Louis Brandeis 提倡的隐私侵权诉讼、纽约州利用肖像权规范摄影技术所造成的隐私威胁。法律在 20 世纪为了解决平面媒体所带来的隐私侵害,扮演了积极的介入角色,现今我们面对与 20 世纪相类似的隐私权问题,隐私威胁变得更不容易察觉,威胁的预防更加困难、受害人数不断增多。

在 21 世纪我们迎向数字科技革命的最高峰,网络成为众人记录与传播信息的主要载体,携带型智能设备在每个人的生活中如影随形地出现,并可以随时随地记录我们的一举一动;大数据分析技术使各种无意义的信息也能透析出个人身份与惯性。在物联网的时代,深入我们生活各个层面的网络联机服务,从电视到汽车仪表盘到各式各样的生活物品,小型设备使网络与我们日常生活更加紧密地结合在一起。现今科技环境下的隐私权议题与以往的隐私权议题相同之处在于皆是科技兴起所带给我们的难题,但隐私权被侵害的严重程度却大不相同。往日的经验值得我们借鉴,然而我们仍需考虑信息时代的特征,选择适合的解决方法以及我们所想要保护的隐私价值。在面对信息时代中数字科技入侵隐私的议题时,法律是否还适合扮演积极的角色呢?除了法律以外,是否有更适合的解套方法呢?管制的架构实质上由法律(law)、道德规范(norm)、市场(market)以及自然结构(architecture)四个面向所组成,这四个面向让我们的行为受到限制,只要其中一者出现改变,便会带动其他三者的变迁。因此在面对数字科技、网络管制问题时应纳入这四个面向的考虑,考

---

[1] See Jeffrey Rosen, Free Speech, Privacy, and the Web That Never Forgets, 9 J. ON TELECOMM. & HIGH TECH. L. 345-356(2011).
[2] Jeff Jarvis 著,许瑞宋译,数字新分享时代——网络上的分享与交流如何改善我们的工作和生活方式? 财信,2012 年,第 92 页。

虑彼此互相作用,则我们便能在解决由数字科技、由网络所生的侵害隐私权问题时更完善地保护我们所想要选择的价值。

首先,有论者认为利用功能强大的科技改变我们使用数字科技的自然限制方能避免隐私权侵害之问题,例如利用隐私保护技术(Privacy Enhancing Technologies)、隐私选择平台(The Platform for Privacy Preferences)来增加使用者于网络中的隐私安全。此观点的倡导者认为唯有强化用户使用科技的能力以及提升科技的隐私安全程度才能真正预防或者阻止个人隐私权受侵害。然而这种观点也有存在缺陷,科技本是中性对象、可以为善亦可以为恶,若利用科技手段来防止隐私权侵害将充满不确定性,使用者的隐私可能无法真正受到保护。再者,也有论者认为通过道德规范要求个人多注意网络中的隐私风险,而使个人自主性的规避或预防隐私权侵害才是有效且可以期待落实的方法,例如以数字科技安全标准、网络使用者互助机制来协助使用者维系隐私。然而这种完全附于使用者自律以及社会规范非强制力的作用,已经在网络发展的历史上被证实难以完全解决使用者的隐私问题,网络发展之初即是由使用者自行建立网络空间的规则并因此而产生了许多问题,道德规范的手段在唤醒人民的隐私意识上有着举足轻重的地位,但绝非唯一、有效的解决手段。

而亦有论者认为法律可以妥善地解决信息时代中的隐私权议题,例如借镜鉴作权保护模式以及制定个人数据保护法(被遗忘权)。法律能在隐私权议题中扮演三种不同程度的角色。第一,法律可以采取自由主义的立场、不干涉网络中的行为,网络空间本身就是个自由地带,也是这种自由性质成就了网络的大量创意,这种不受拘束的网络环境虽提高了信息自由流动,但却低估了隐私的保护。第二,法律也可以采取威权主义建立审查机制限制人在网络上散播信息的权利,然而这种方法将高度破坏人的言论自由。第三,法律也能采取中间立场、温和的方式来解决数字科技下的隐私权问题,法律的目标是创造威严感让人了解在网络世界中侵犯隐私与现实生活的差异,迫使人对自己的行为负责,并鼓励人以非正式渠道解决纷争,让人在网络上的纷争可以被裁决、错误的消息能被更正。[①] 法律的适度介入可以使信息时代中的隐私权问题获得妥善的救济渠道,然而法律规范轻重的拿捏亦会影响隐私权议题的解决力

---

① See DANIEL J. SOLOVE, THE FUTURE OF REPUTATION: GOSSIP, RUMOR, AND PRIVACY ON THE INTERNET, 110(2007).

道；法律规范若过强可能会过度侵害某一方之利益，法律规范效力若太薄弱则一般无法真正解决问题。因而法律若能良好且适度地介入，则信息时代中侵害隐私权之问题必能获得某种程度的缓解。但有论者认为若由政府以法律或国家行为介入管制网络中的隐私权议题，将会产生过高的成本，且政府介入通常会产生特定科技偏好的结果，因而隐私的保护应该诉诸市场的自由运作，靠着市场机制、价格来驱动企业间的隐私保护自律性以及互相约束性。这种观点下，网络服务提供者的隐私权政策即相当重要，然而一般网络使用者与企业间存有信息不对称、谈判能力弱势的问题，这可能造成企业主导整个信息时代的数字科技文化发展。且目前亦不存在一个上位政策指导数字世界中的个人隐私权保护，网络服务提供者皆各自为政，这种市场导向的主张无法带动网络环境中的隐私权保护向前迈进。此外，市场导向的观点在社会尚未确认人民对于隐私权的完整认知和共同意识时，市场力量是否可以填补大众模糊不清的隐私权期待仍有争议。

  但无论从哪个面向出发以解决网络和数字科技所带来的隐私问题，多数学者皆认为网络的隐私议题应该要从复数面着手解决，并无单一的手段可以解决当代复杂的隐私权问题。例如有论者认为在面对数字时代下的隐私权问题时，应该要以道德规范为主、法律为辅来解决问题。华盛顿大学法学教授 Daniel Solove 认为隐私的主要目的是要控制信息如何被使用、被透露给何人、如何传播。我们不会希望在大街上被陌生人随意拍摄照片并在网络供他人评头论足，即便在社会大众场合我们仍渴望拥有相对程度的匿名性，并渴望对自身的信息有更大的控制权，因此法律必须创设对于隐私的新保护、实现人们对隐私的一般期待，让我们在面对信息被不适当散播时有补救方法。而 Daniel Solove 认为隐私的新保护便是运用社交网络理论（Social Network Theory）要求特定的人应该要背负保密的义务，一旦个人的信息被社交圈内的人肆意向外传播，则散播之人便违背保密义务并侵犯了个人隐私，个人亦可提起侵权诉讼；但除了散播信息之人，不应该追究其他人之法律责任，否则将会过度限制言论自由。[1] 然而，Daniel Solove 认为隐私权议题其实还存在着比法律更加有效及更有规制力的手段——非正式的解决渠道能更有效率地解决问题，例如网络服务提供者自行设立纷争解决机制；或者是建立良好的社会规范，让参与

---

[1] See DANIEL J. SOLOVE, THE FUTURE OF REPUTATION: GOSSIP, RUMOR, AND PRIVACY ON THE INTERNET, 176-181(2007).

者约束自我行为。法律并非解决隐私权问题的最佳政策，但仍是具有举足轻重的地位，法律足以引发人民对自己行为负责的想法，也能鼓励非正式解决渠道的出现并促成社会规范的形成，因而法律仍有其作用和地位。一方面法律应该传递一种让人民注意网络行为的意识；一方面应该限制适用法律，让法律只针对特定的隐私权侵犯样态，而大多数的网络纠纷可以通过较有弹性的非正式渠道加以解决，诉讼应是最后一道的救济渠道。[1]

而 Lawrence Lessig 则强调在网络的世界中并无单一手段可以武断地解决隐私权问题，复合式的规制方式才是最佳的出路。[2] 网络（互联网）初始设计时的三种"瑕疵"[3]让我们产生无法规制网络的假象，匿名性让网络使用者可以隐藏身份而不被现实社会的规范制约；信息产生的地理位置不明确，[4]无法知悉网络使用者现实的物理位置；网络上传输的信息内容无法完全知悉，我们无法获知网络使用者正在网络上进行什么行为。[5] 这三种网络瑕疵让我们以为网络的生成态样本是如此自由而无法被约束；然而网络内涵为何跟网络是否可以被规范本是两回事，网络的这种自然结构其实是可以通过加入控制要素、改变程序代码(code)而进行管制的，例如通过身份认证的应用程序来消弭这些瑕疵，让我们是谁、在什么地理位置、正在网络上做什么变得可以追踪，而且这些管制并不是由政府力量来发动，反而是由商业发展促成的。企业的目的是让事业发展得更好，企业因而有动力研发出可以填补这些瑕疵的科技，而这些科技的副产品便是让网络存在管制的可能性。[6] Lawrence Lessig 划分网络中的隐私风险之态样，法律应该扮演有效的限制措施，并辅以隐私保护科技的大量使用，以确保用户在网络世界中的匿名性，但这种技术仍允许在适当状况下以司法程序追诉用户在网络世界中的不适当行为。更直白而言，Lawrence Lessig 采取的是较为缓和的保护隐私观点，科技所创造的自然结构结合限制政府权力的法律可以提供我们"适度"的隐私保护。当个人在面对私人或企业

---

[1] See DANIEL J. SOLOVE, THE FUTURE OF REPUTATION: GOSSIP, RUMOR, AND PRIVACY ON THE INTERNET, 193(2007).

[2] See LAWRENCE LESSIG, CODE 2.0, 227(2006).

[3] 从管制网络中的行为角度看来这些特性可能是瑕疵，但网络也正是因为这些特性才有了无限的创造性与可能性。

[4] 网络中的信息虽然可以查询出 IP 地址，但这位置并非现实的物理位置。IP 地址仅能帮助追踪位置，并无法十全十美地显示出地理地址。

[5] See LAWRENCE LESSIG, CODE 2.0, 35(2006).

[6] See LAWRENCE LESSIG, CODE 2.0, 39(2006).

不当滥用、传播个人信息时，科技仍然扮演重要的角色，例如隐私偏好平台协议让计算机可以告知使用者面对的是不符合使用者所设定隐私喜好的网站。但仅仅如此还不足以保护个人信息，在这个问题中同样需要法律来支持程序代码的作用，例如通过隐私偏好平台与网页之间的契约订定要求网页遵守使用者的隐私偏好。Lawrence Lessig 认为在数字世界中的隐私权议题有很重要的特征：每个人对自身的个人信息应该要有足够的控制力，也因此为了达成这个目的我们需要程序代码创造适合的环境来提供我们这种控制力，让自然结构找回我们在数字时代所渐渐丢失的信息掌控之优势。但无论在数字时代下以何种路径走到解决隐私议题的出路，选择何种管制架构都隐含着不同的价值取舍，隐私权的保护并不是一个必然的结果，隐私也不是一个代表正面或者是负面的词汇。隐私权的保护界线会依照社会所取舍的价值以及个人所身处的状况而有所不同，我们要思索的是如何在隐私利益与其他利益出现冲突时划出平衡、调整之间的界线。

　　Fred H. Cate 认为要在信息社会建构良好的隐私权保护体系，首先个人应"自我负责及采取非政府手段"，在数字环境下我们与其等待政府采取保护措施不如对于揭露信息有自觉性，并对不恰当的个人信息揭露采取法律上及非法律上的自救手段，例如若从事商业行为的公司未提供适当的消费者信息保护措施，消费者可以通过提出要求、撤回赞助等方式使公司进行响应而采取更良善的保护手段。其次，若仅仅只有个人及非政府手段仍不足以保障信息隐私，国民有依据特定隐私权基础主张法律地位的需求，若给予这种法律权利将可以确保流通的信息值得信赖，并且当个人及非政府手段无法发挥其作用时，保障隐私权有另一个救济渠道。以国家法律来保护信息隐私应当包含三个基础：个人信息相关事项的告知、同意权的赋予和完善的落实责任制度。政府在保护隐私权的议题上亦应有一定作为。[1] 有时可能会为了维护多一点网络创意性而少了一点隐私保护，有时会为了保护隐私权又多限制了一些言论自由，而选择何种价值则是当代人们的共同课题，这也将决定个人、社会往后该如何发展。法律在隐私权的议题上确实有其得以产生作用的地位、功能及优点，信息时代或许是将既有法律秩序重建于网络基础之上的时机，部分法律需要改弦易辙但绝不能抛弃法律。[2]

---

[1] See FRED H. CATE, PRIVACY IN THE INFORMATION AGE 31(1997).
[2] See FRED H. CATE, PRIVACY IN THE INFORMATION AGE 103(1997).

那么,法律是否能以被遗忘权作为响应隐私权威胁的机制?在日常生活里每一个人时间、精力有限,"遗忘"是社会的自然结构,这种自然结构在数字科技出现后被打破,我们不但可以永久地纪录信息,也可以在复杂庞大的数据库中获取我们想要的信息,记忆不再有时间限制、也不再有高搜寻成本,而我们将如何救济这种对自然结构的破坏?被遗忘权是否能借由删除信息重新建构遗忘机制以及我们在数字时代的记忆伦理?能否以法律的手段恢复"遗忘"的自然限制?被遗忘权是否能恢复个人在信息时代下渐渐流失的个人信息控制权?被遗忘权能否解决网络世界中的名誉权问题?被遗忘权是否能成为信息时代下隐私权侵害议题的解答?这些问题需要在实践中进一步探讨。

六、平台经济下公民权利的新型保护

(一)"被遗忘权"的提出

"被遗忘权"的概念起源于欧洲对于隐私权的保障思想,其中又以法国为先驱。法国法律保障隐私权其实可以归根于其阶级社会历史。在过去只有上层阶级才可以享有尊敬和名誉,为了打破这一制度,法国法律发展出关于个人的平等人格的观念,并将隐私权保障作为打破阶级社会的手段的一种方式。[①]法国法律中的隐私权理论,主要是处理私人间的隐私权保障议题,特别是与个人的健康、感情、家庭或者与身份相关但不可暴露于大众媒体的事件等。

欧盟为了保护个人资料使其可以在自身系统中顺利自由流通发展,同时保护个人隐私及人格权,在 1995 年时制定了欧盟个人资料保护指令,作为欧盟地区个人资料保护的最高原则。欧盟个人资料保护指令是以"指令(Directive)"的方式制定的,指令(Directive)对其下达的成员国,就其要求完成的目的具有约束力,但是其完成的形式和方法的选择权则在成员国的手中。在实际事务上,欧洲法院为避免成员国因指令没有直接适用性而拖延制定国内法规使任命的权利受到损害,通过一系列判决,判定若指令(Directive)符合下述条件:(1)具有足够明确性且内容不模糊;(2)所规定的权利没有条件;(3)不需要联盟或成员国有进一步的行为,那么在指令(Directive)所规定成

---

① James, Q. Whitman, The Two Western Cultures of Privacy: Dignity Versus Liberty, 113, The Yale Law Journal. 1151, 1165, 1173(2004)载耶鲁大学法学图书馆网站: https://digitalcommons.law.yale.edu/cgi/viewcontent.cgi?article=1647&context=fss_papers,2020 年 9 月 9 日访问。

国应制定法令时间经过而成员国仍未完成该措施或该措施不足以达到指令目的时,可使成员国国民在该国法院依据指令向国家起诉。

由此可见,欧盟个人资料保护指令为欧盟各成员国制定法律的指导纲领,虽然没有办法直接适用,需要通过各成员国立法机关将指令纳入到各成员国的国家法律中,但为了确保各成员国的群众权利,群众是可以直接在该国法院向国家发起诉讼的,这实际上就很好地保障了指令的纳入使用。

(二)"被遗忘权"的产生背景

网络的出现与蓬勃发展为人类发展带来了许多变革,不仅改变了传统信息传递、储存的方式,还突破了国与国的界限,使网络世界成为一全球信息共享的地球村,也深深影响现代人的生活方式。互联网前身是由美国国防部(Department of Defense, DoD)高等研究计划署(Advanced Research Project Agency, ARPA)所推出的 ARPA Net 计划,由于早期军事用途计算机资料是以独立主机各自维护管理,为了让国防部在军事管理上可以寻求集中式管理目的,并将原先设置各地的系统整合起来,建置一个稳定的网络传输信息系统,而委托多所大学合作,于 1969 年设计出 ARPA Net,后来在 1973 年首次成功进行国际连线,由此奠定了网络发展的基础。[①] 柯司特(Manuel Castells)认为网络得以迅速发展与两个因素有关,一是信息,即世界上的任何人都要使用信息,不使用些新工具很快会被淘汰,二是此为沟通技术,它只需要电话线和一般的服务设备,就可以随时随地的使用,功能扩及全球的各种基础措施。[②]而网络又可归纳出以下几种特性:1. 网络运输具有实时性,取得信息的时间较短;2. 普遍以匿名沟通为主;3. 全球信息网的沟通方式包括文字、图片、影像、声音等;4. 网络的使用者可随时进行互动;5. 网络信息的流动不受地理的限制;6. 网络媒体偏向于小众化;7. 使用人得选择适宜时间收发信息;8. 网络媒体的可近用性(accessibility)较传统媒体高,使用者的主导意识增强;9. 网络提供超文本(hypertext)内容,使用者不再局限于文字;10. 网络使用的管制不若传统媒体严密。[③] 这也说明了网络改变现代人生活方式的理由:我们每个人每天都须获取外部的信息,不管是来自于媒体的时事报道、国家机关的重大

[①] 简国璋,新世代网络概论,上奇信息,2015 年,第 1-7 页。
[②] 刘彦廷,由网络论对中国市民社会的再认识,政治大学东亚研究所硕士论文,2002 年,第 12 页。
[③] 张宏荣,网络沟通之干扰因素探索,中正大学企研所硕士论文,2002 年 7 月,第 9 页。

政策决定、国与国之间的趋势脉动、甚至于朋友圈的生活分享,都是每个人对信息需求的渴望并借此拓展新知的管道,而通过网络的实时性、方便性与费用低廉性,使得人类渐渐对于以网络作为信息的来源和交换的媒介产生了依赖感。

虽然网络为人类世界带来了许多的便利与进步,但是在其"隐匿""真伪难辨""资料永久保存""数字落差"的特征下,还包含"跨国""多语言文化"等因素,导致个案侦查上的困难,[1]也印证了网络犯罪发生与恶化的现况。这些通过科技或是计算机来发散出去的病毒入侵或攻击网站、窃取个人资料、网络赌博、色情网站等,都是在网络未出现或蓬勃发展前无法想象的犯罪手法或工具。这些利用或通过网络与计算机的新兴犯罪,与传统犯罪行为相比较,更具有犯罪手法专业性或是行为持续性的特质,换言之,网络犯罪的定义即是指利用网络提供的服务形态而从事不法的犯罪行为,且因网络开放、分散与无距离的特性具有犯罪隐匿性的特质,加上犯罪者经常以匿名方式进行犯罪,造成犯罪侦查的困难[2]与检索证据的困难。

相较于其他传统的犯罪类型,因为个人资料得以快速收集、建置且一般大众对于个人资料并不会严谨地加以保存或者防止侵害意识较低,便使得犯罪者或是有心人士通过此项科技手法,侵害人民隐私于无形,举例来说,台湾地区于1993年4月底侦破的"优力国际营销公司"盗卖个人资料案件,该公司拥有的民众个人基本资料竟高达一千万笔,以每笔1元至10元的价格贩卖给诈骗集团,使台湾地区有近半民众的身家资料在不知不觉中外泄,五分之一台湾地区群众处于随时遭恐吓、诈骗的风险中。[3] 另一种侵害个人资料的形态,也是目前最普遍的方式即是收集者根本无意将个人资料当作牟利的器具,却因人员操作失误、系统管理不佳或是内部作业疏失,导致所拥有的个人资料遭到不法外泄或暴露。[4] 除此之外,在现代福利社会中,政府为了尽可能提供给人民最多的行政服务和福利,也逐渐成为规模庞大的资料收集者和

---

[1] 杨佳学,2015网络治理研讨会系列/座谈三:从"被遗忘的权利"谈网络个资保护与言论自由凡走过网络必留下痕迹? 被遗忘权的缘起与挑战,NCC NEWS,2016年2月第10期,第15页。
[2] 詹炳耀、任文媛、郭秋田、张裕敏,信息伦理与法律(第二版),旗标,2009年,第1-14页。
[3] 千万笔私人资料被盗电信及大银行不肖员工勾结歹徒,苹果日报电子报,http://www.appledaily.com.tw/appledaily/article/headline/20040428/893219/,2020年9月9日访问。
[4] 南山人寿出包! 上百客户个资外泄,苹果日报电子报,http://www.appledaily.com.tw/realtimenews/article/new/20160830/938529/,2020年9月9日访问。

保管者,①如何确保个人资料在企业、政府大规模的收集与建置下更加谨慎地保管与运用确实已成为大数据时代下值得我们思考的问题。

我们置身于这个大数据的时代,置身于这个信息时代,平均每人每天就要接受约 34 GB 的数据咨询内容;在短短 1 分钟内,全世界范围内发出了 2.04 亿封邮件,谷歌 Google 搜索引擎有 27 万次搜索,脸书 Facebook 有 313 万个赞以及近 330 万份帖子,亚马逊 Amazon 成交了 14 万美元的交易生意,等等。这么多的资讯在网络上流通,而网络的蓬勃发展,使实时新闻快速传播到地球上的任意角落并以数据的形式所记录,产生了许多我们所谓的"足迹",让我们在网络上所行走过的路线上留下了点点滴滴连接不断的痕迹。

在网络尚未普及的时代,人和人之间的信息传播模式大概率依靠最简单的信息传递,如道听途说、书信、记号等。而人的记忆会随着时间的流逝而渐渐磨灭,牛津大学网络研究所迈尔—舍恩伯格教授,被公认为大数据领域的权威,在其所撰写的《大数据·隐私篇:数据时代,"删去"是必要的美德》一书中提到,有史以来"遗忘是常态,记住才是例外"。反观现今社会,随着科技的发展,信息网络的普及,信息数字化、资料储存便利、搜索引擎快速高效,信息传播可以在全球范围内进行。有了网络后,"过去就像是刺青,文进了我们数字的皮肤里"。通过网络将一切数据记录下来,此时已然变成"记得是常态,遗忘是例外"。然而每个人总是有一些事情不想被他人记得清清楚楚,反而希望时间能带走一切,能有再来一次或重新开始的机会。组织学家史塔巴克(William Starbuck)认为:想要学习全新事物,得先放下陈旧事物。大脑的遗忘机制,正是一种极其简单而优雅的放下方式。从这种角度来说,数字记忆让我们不断抓着现有知识,学习能力反而受限。② 然而如今网络记录却早已可以不分何时何地,只要在搜索引擎上输入关键字,便可以轻松找到相关资讯,无论好坏,无论其是否希望被记住或遗忘。人们总是不去考虑"遗忘"的重要性,而实际上完美记忆出现的问题已经愈发突出了,它创造了一个不会遗忘的社会,而这又意味着我们失去了某些东西,这正是一个悖论。完美的记忆会让人陷入停滞,因为个人过往的任何失败都不允许被淡忘。而人们也终将带着他们曾经的失败或不想被人记住的事情

---

① 刘静怡,隐私权的哲学基础、宪法保障及其相关辩论——过去、现在与未来,月旦法学教室,2006 年 8 月第 46 期,第 46 页。

② 远见,没有遗忘,就难有原谅,https://www.gvm.com.tw/article.html? id-53298,2020 年 9 月 9 日访问。

走下去。"被遗忘权"便是在前所述条件下所产生的权利。

(三)"被遗忘权"的相关概念

基于学者 Alan Westin 对于隐私的想法,被遗忘权是:应允许自然人与法人"决定自己何时,以何种方式,在何种程度上传达其个人信息给他人"。然而即便是建立在此公认基础之上,究竟被遗忘权利牵涉了哪些部分,各界尚未对此做出充分的界定。虽部分评论已经达到相近,但仍有微小的不同的看法;其中通说认为,被遗忘权具备删除某部分信息的权利。[1]

"被遗忘权"目的在于使个人更好控制其个人资料,因为资料当事人是保护其个人资料隐私的最好人选。现今网络科技的搜寻及记忆能力几乎不受限制,被遗忘权则主张,个人资料当事人希望控制网络可取得的个人资料,应由个人资料当事人来选择是否提供该资料。然而这项权利并非绝对的,在部分情况下有着例外,即当该网络上的资料落入规章中的例外时,资料提供者就不必兑现取下该资料之撤除要求(takedown request)。[2] 根据学者 Bert Jaap Koops 的看法,被遗忘权利有三种观点:资料删除、赋予个人"清白"(clean slate)纪录以及表达意见不受限制。以下将分别介绍三种观点。

1. 资料删除

第一个观点为"删除资料的权利(the right to delete)"。当资料在使用后,或与收集目的不再相关,或其他删除之利益大于保留资料之利益等情形发生时,便应赋予资料当事人删除其个人资料的权利。[3] 通过此项删除的权利,个人应有权要求他人删除其个人资料,使得资料当事人更有能力控制网络上关于其自身之信息。一方面实践个人信息自主控制权,另一方面也维护被遗忘权利的价值、个人的隐私及名誉等人格权。学者 Jasmine E.Mc Nealy 认为这样的权利主

---

[1] Jasmine E. McNealy, J. D, Ph. D., The Emerging Conflict between Newsworthiness and the Right to be Forgotten, 39 N. Ky. L. I Rev.119(2012), at 121.

[2] Emily Adams Shoor, Narrowing The Right To Be Forgotten: Why The European Union Needs To Amend The Proposed Data Protection Regulation, 39 Brooklyn J. Int'l L. 487(2014), at 491.

[3] Bert-Jaap Koops, Forgetting Fooprints, Shunning Shadows: A Critical Analysis of the Right to Be Forgotten in Big Data Practice, 8 SCRIPTed(2011), at 237; Chris Conley, The Right to Delete, 39 Drumm St., San Francisco CA 94111, at 53-54, available at:http://www.aaai.org/ocs/index php/SSS/SSS 10/paper/view/1 158/1482, last visited:2020/9/9.

张不应仅限于个人自己上传的资料,也包含他人所上传自己资料到网络上的情形,无须等到损害发生或有损害才得以主张,是积极性的权利(affirmatice right)。①

然而如此定义被遗忘权利,却使得被遗忘权利与其他传统法学所保护的基本权利对立,其困难在于,该个人资料的拥有者可能有多人,而且其中可能有部分的资料保留者是依据法律规定而持有该资料,例如新闻媒体。② 学者Chris. Conley便认为"删除资料的权利"给予个人合法的权利去选择保留或删除哪些信息,如此一来请求他人删除资料,可能会与相对的利益发生冲突,例如言论自由、合约、信息保存等,变相成了压迫他人发布信息及表达意见的自由,甚至可能侵害新闻自由。③ 对此Chris Conley提出部分的解决方案,他认为被遗忘权利应该将有"新闻价值"的信息作为一个例外,然而他也同时承认要如何定义新闻价值是相当困难的。④

2. 个人清白纪录

第二种观点在于赋予资料当事人在犯错后能有重新开始的机会,使其未来不被过去的负面信息所影响。个人资料当事人会随着时间的推移改变和成长,因此不应该永远被连结到过去伤害他的信息,成为过去纪录的囚犯。⑤ 这种观点的重点并非赋予资料当事人更大的资料控制能力或删除资料的权利,而是在于管制个人负面信息。同样类型的权利在破产案件及未成年的犯罪记录当中已经应用,例如美国《破产法》(Bankruptcy Code)中禁止政府或违用人基于破产人之破产纪录而为差别对待之行为;⑥美国各州也制定了删除个人犯

---

① Jasmine E. McNealy, J. D, Ph. D., The Emerging Conflict between Newsworthiness and the Right to be Forgotten, 39 N. Ky. L. Rev. 119(2012), at 121.

② Jasmine E. McNealy, J. D, Ph. D., The Emerging Conflict between Newsworthiness and the Right to be Forgotten, 39 N. Ky. L. Rev. 119(2012), at 121.

③ Jasmine E. McNealy, J. D, Ph. D., The Emerging Conflict between Newsworthiness and the Right to be Forgotten, 39 N. Ky. L. Rev. 119(2012), at 122.

④ Jasmine E. McNealy, J. D, Ph. D., The Emerging Conflict between Newsworthiness and the Right to be Forgotten, 39 N. Ky. L. Rev. 119(2012), at 122.

⑤ Jasmine E. McNealy, J. D, Ph. D., The Emerging Conflict between Newsworthiness and the Right to be Forgotten, 39 N. Ky. L. Rev. 119(2012), at 122.

⑥ Meg Leta Ambrose, Nicole Friess, and Jill Van Matre, Seeking Digital Redemption: The Futrue of Forgiveness in the Internet Age, 29 SANTA CLARA COMPUTER &. HIGH TECH. LJ.99(2012), at 127.

罪记录的相关法律(expunge law)。① 这些档案会被封存,在这样的情况下,多数的个人对于过去之弊病及错误决定,并不供社会大众使用,社会大众无法借此来评断他们,使得人们得以"塑造自己的生活",而非继续让他人因其过去所为对他们下评断。因此学者 Murata 及 Orito 从此观点,认为被遗忘权之定义为"使个人得以从任何会对他们造成伤害的信息中获得自由"。② 然而,此观点与第一项观点所述之删除权利不同,为事后(ex-post)之救济,当个人过去信息被他人不合法的使用,造成资料当事人伤害后,才得请求之消极的权利。③ 学者 Bert Jaap Koops 也提出被遗忘权利在此种观点下难免将与隐私权之保障重叠,而失去其存在之必要性,因隐私权在某种程度上便可以提供相同之保障。④

3. 表达意见不受限制

当个人所表达的意见可能在未来被用于对抗自己,则势必会影响个人表达意见之意愿,毕竟避免未来潜在损害的方法之一,便是保持沉默。但是,言论自由攸关个人自我实现,人们不应被自己曾经发表的意见束缚,反而应当随时都可以改变自己的想法。⑤ 因此"表达意见不受限制"的观点便是注重个人当下(here and now)自由表达意见的权利。然而,该观点的问题在于,人们该向谁主张这个权利。而且事实上自由表意的权力已受到言论自由权的保护,

---

① Raj Mukherji, Search of Redemption: Expungement of Federal Criminal Records(2013), at 35 - 37, Available at: http://scholarship shu. educgi/viewcontent cgi? article = 1163&context = student_scholarship, last visited: 2020/9/9.

② Jasmine E. McNealy, J.D, Ph.D., The Emerging Conflict between Newsworthiness and the Right to be Forgotten, 39 N. Ky. L. Rev. 119(2012), at 121.

③ Bert-Jaap Koops, Forgetting Fooprints, Shunning Shadows: A Critical Analysis of the Right to Be Forgotten in Big Data Practice, 8 SCRIPTed(2011), at 250 - 251; Chris Conley, The Right to Delete, 39 Drumm St., San Francisco CA 94111, at 53 - 54, available at: http://www aaai. org/ocs/index php/SSS/SSS 10/paper/view/1 158/1482, last visited: 2020/9/9.

④ Bert-Jaap Koops, Forgetting Fooprints, Shunning Shadows: A Critical Analysis of the Right to Be Forgotten in Big Data Practice, 8 SCRIPTed(2011), at 250 - 251; Chris Conley, The Right to Delete, 39 Drumm St., San Francisco CA 94111, at 53 - 54, available at: http://www aaai. org/ocs/index php/SSS/SSS 10/paper/view/1 158/1482, last visited: 2020/9/9.

⑤ Bert-Jaap Koops, Forgetting Fooprints, Shunning Shadows: A Critical Analysis of the Right to Be Forgotten in Big Data Practice, 8 SCRIPTed(2011), at 250 - 251; Chris Conley, The Right to Delete, 39 Drumm St., San Francisco CA 94111, at 53 - 54, available at: http://www aaai. org/ocs/index php/SSS/SSS 10/paper/view/1 158/1482, last visited: 2020/9/9.

实无须再创造出另一项新的权利以保护之。①

(四)"被遗忘权"的形态

依前所述,被遗忘权当初仅为一种概念,需后续的发展方能将其实证化,故其形态非固定。学者 Bert-Jaap Koops 尝试将被遗忘权分类为三种相对具体的形态:删除的权利(Delete Data in Due Time)、清盘的权利(A Claim on a Clean Slate)以及当下自由表达的权利(Unrestrained Individual Expression Here and Now)。② 第一种形态为"删除的权利",学者 Bert-Jaap Koops 将其定义为:经过一段时间的个人资料处理后,个人资料已经处理的目的无关联、超过到期日(expiry date)或保留数据的缺点已大于优点时,数据当事人即得向数据控制者(data controller)主张删除与处理无关联或其他合理原因的个人资料。此种形态优点在于,可使数据当事人防止个人资料的留存所造成的现在侵害,或避免因保留无用的个人资料而造成未来可能所受到的侵害,换言之,可同时确保防止现在的具体危险与避免未来抽象的风险。③ 然而,被遗忘权主张的对象则成为了难题。学者 Bert-Jaap Koops 提出两种涉及删除权行使的情形:数据当事人欲删除自己所上传的数据以及数据当事人欲删除其他人所上传的数据。于前者的情形,数据控制者为数据当事人与其所上传的平台,则数据当事人可自行将该数据删除,或请求该平台将其删除。于后者的情形,则较为复杂,因数据控制者转变为上传者与上传的平台。举例而言:甲欲删除乙所撰写甲、乙间聊天内容的网络博客,或甲欲删除乙所上传的甲、乙酒醉后的合影,而丙又将甲的姓名标记于该照片中,则甲主张删除权的对象则会显得十分不明。有论者认为乙、丙为上传者,属于主要数据控制者,故应由乙、丙负删除责任,与平台无关,亦有论者认为甲应有主张删除与其相关个人资料的权利,故平台应得删除,然而亦应考察甲删除的理由是否合理以及乙、丙的言论自由是否受侵害。但是,纵使将原始数据删除,亦可能存有副本于网络世界中(如

---

① Bert-Jaap Koops, Forgetting Fooprints, Shunning Shadows: A Critical Analysis of the Right to Be Forgotten in Big Data Practice, 8 SCRIPTed(2011), at 235; Chris Conley, The Right to Delete, 39 Drumm St., San Francisco CA 94111, at 53-54, available at: http://www.aaai.org/ocs/index php/SSS/SSS 10/paper/view/1 158/1482, last visited: 2020/9/9.

② See Bert-Jaap Koops, Forgetting Footprints, Shunning Shadows: A Critical Analysis of the Right to Be Forgotten in Big Data Practice, 8 SCRIPTed, 236(2011).

③ See Bert-Jaap Koops, Forgetting Footprints, Shunning Shadows: A Critical Analysis of the Right to Be Forgotten in Big Data Practice, 8 SCRIPTed, 237, 240(2011).

暂存区域、镜像网站),仍可通过搜寻的方式连接至该个人资料的网站,此时删除权主张的对象则将更为复杂,执行上亦十分困难。①

另一个需要考察的难题,在于删除权的行使时常受到限制,造成权利行使的困难。同前所述,删除权的主张需有合理的理由或符合特定的情形,此要求造成数据当事人举证上的困难与负担,同时也给予数据控制者强大的裁量权。若数据控制者主张该数据仍可作其他用途使用,数据当事人便需针对各种情形重复举证,会造成数据当事人行使权利的不便。另外,个人资料处理的原因为法律上的义务或国家权力的行使时,又涉及立法者如何设计条文,以塑造被遗忘权的保护框架。② 虽然被遗忘权的讨论通常指一定时间后要求删除数据的权利,然而仍存在着不同的形态。其一为清盘的权利。清盘的权利强调个人不会受过去负面的数据影响,可使人们有机会从头开始,并于特定领域中对社会亦有帮助,例如消除过去破产或犯罪的记录、青少年犯罪的安置辅导与感化教育、限制信用报告中个人信用记录的期间等。在此形态中,被遗忘权并非建立个人资料删除的概念,而是通过法律限制数据的保存期限,并在个人资料遭违法出版或受参考、引用时,得请求补救与救济。③ 前述的 Viktor Mayer-Schonberger 教授所提出的"到期日"的机制即为此种形态的展现。此种形态可使数据自行地遭到"遗忘",人们必须能够约束个人的生活,以解决现今数字记忆永远储存个人资料的缺点。然而学者不否认此种方式可能对于新闻自由或决策者造成影响,也认为此种形态似乎仅能作为未来立法政策方针,而非个人的主观权利。④

在此种形态下,将被遗忘权的概念应用于现阶段已有的法律的领域中,针对性地增加条例和扩张覆盖面,例如增加劳工、消费者相关的法律覆盖范围,将特定的数据设定"到期日",即可以使人们就现在的功绩得到认可,不因过去的纪录遭到否定,而无需完全改变法律,就可以达到保障弱势群体的生活免受过去负面事件影响的目的。然而,纵使如此,因现今数字科技的进步,数字足

---

① See Bert-Jaap Koops, Forgetting Footprints, Shunning Shadows: A Critical Analysis of the Right to Be Forgotten in Big Data Practice, 8 SCRIPTed, 237 – 239(2011).
② See Bert-Jaap Koops, Forgetting Footprints, Shunning Shadows: A Critical Analysis of the Right to Be Forgotten in Big Data Practice, 8 SCRIPTed, 240(2011).
③ See Bert-Jaap Koops, Forgetting Footprints, Shunning Shadows: A Critical Analysis of the Right to Be Forgotten in Big Data Practice, 8 SCRIPTed, 250 – 251(2011).
④ See Bert-Jaap Koops, Forgetting Footprints, Shunning Shadows: A Critical Analysis of the Right to Be Forgotten in Big Data Practice, 8 SCRIPTed, 251(2011).

迹(digital footprints)和数字阴影(data shadows)似乎正在令更多人在不同的环境中受到伤害,而无法从现行法中获得保护。①

除此到期日的机制外,亦可将被遗忘权制定为以下的规则,即通过决策者在特定的情形下排除影响其决定的个人负面数据。例如:某劳工欲应征工作,其希望未来的雇主能排除网络中负面的数据,则通过程序的设计或劳动法律订定的排除法则,即可保障该劳工于应征工作时,不受与工作无关的个人资料判断。故被遗忘权亦可转化为法规或行政部门的规定,订定特殊的决策过程中应包括或排除何种网络上的数据,且可通过有关部门的监督机制加以执行。②

综上所述,被遗忘权作为清盘的权利与删除权相比,显得较为局限。其重点并非对个人资料的控制,而是针对何种情形与范围内可以使用他人数据,尤其是在做某些特殊决策时。虽然现阶段已有部分法律有类似的规定,但仍然需将其扩张至群众可能因过去负面资料而受影响的领域。执行的手段则可通过限制负面数据储存的期限,也可以通过类似于排除法则的法律机制和反歧视的监督等方法加以实现。③

最后一种形式,即当下自由表达的权利。此种被遗忘权的形态,与清盘的权利相类似,目的在于防止个人受过去负面数据的伤害,其与隐私权和个人身份的建构有关。主要的内涵指为避免资料当事人受到过去数字足迹和数字阴影的影响,防止因过去的行为受到他人负面的评价和个人形象受到损害,所以在建立个人的数据库时即设定特定关卡,使用者禁止联结特定的数据,使数据当事人无需受到过去行为的拘束,故称"当下自由表达的权利"。此种权利强调通过数据处理程序达到的预防效果,但是在执行上有一定的困难,困难在于个人资料的建立,可以设想应避免哪些数据使用者连接该数据,最后仅能通过事后主张的方式来处理,最终形成与清盘的权利并无差异的结果。④

因此,学者认为此种被遗忘权的形态似乎应作为一种价值观,作为现

---

① See Bert-Jaap Koops, Forgetting Footprints, Shunning Shadows: A Critical Analysis of the Right to Be Forgotten in Big Data Practice, 8 SCRIPTed, 251-252(2011).
② See Bert-Jaap Koops, Forgetting Footprints, Shunning Shadows: A Critical Analysis of the Right to Be Forgotten in Big Data Practice, 8 SCRIPTed, 252(2011).
③ See Bert-Jaap Koops, Forgetting Footprints, Shunning Shadows: A Critical Analysis of the Right to Be Forgotten in Big Data Practice, 8 SCRIPTed, 252-253(2011).
④ See Bert-Jaap Koops, Forgetting Footprints, Shunning Shadows: A Critical Analysis of the Right to Be Forgotten in Big Data Practice, 8 SCRIPTed, 253-254(2011).

今大数据(Big Data)世界中如何塑造个人生活的哲学与社会心理学上的反思,难以作为权利进行主张。其价值在于当执政者和立法者作出大规模资料收集、数据处理的设施或数据储存期间的相关决定时,可使其了解"当下"与"遗忘"的重要性,将此概念于立法时一并进行考虑,这种形态的思考对立法者而言,具一定的重要性,然而与如何建构被遗忘权的关联性相对较低。①

(五)欧盟的相关规定

1. 回顾欧盟成员国对隐私权的规定

欧洲国家对于保护个人隐私及发布于社会大众论坛中的个人特定内容有着非常浓郁的传统理念。这样的概念起源于法国 le Doit a l'Oubli "遗忘权(the right to oblivion)",其对隐私的概念,是人们可以摆脱对他们过去的评论,而同样的隐私概念也出现在其他欧盟成员国。②

法国的法律制度一直推崇维护人们尊严与价值的"人格权"(personality rights),其中包含"控制自己形象的使用权利"以及"保护自己荣誉与名誉"。法国《民法典》(French Civil Code)第1382条规定"任何人的行为导致他人损害,过失者因其行为有义务修复损害"③。另外,同法第1383条规定"对其损害必须负责之人,不论其行为是否为过失或疏忽"④。这些条文的应用造成法国侵权法(tort law)建立了严格的法律责任,因此若有人发表没有经过当事人同意的图像,发布者无论是故意或过失,都必须负赔偿责任。该法的重点并非当事人的主观情感是否感到痛苦,而是其个人隐私被侵犯。此外,法国认为:"人格权是不可剥夺的,法国法院对于先前在原告不知情或不同意的情况下被揭露于社会大众的私事,即便是重新发布,也有赔偿责任。"这样的做法反映了法

---

① See Bert-Jaap Koops, Forgetting Footprints, Shunning Shadows: A Critical Analysis of the Right to Be Forgotten in Big Data Practice, 8 SCRIPTed, 253 – 254(2011).

② Emily Adams Shoor, Narrowing the Right to be Forgotten: Why the European Union Needs Amend and the Proposed Data Protection Regulation, 39 Brooklyn J. Int'l L. 487(2014), at 492.

③ French Civil Code Art 1382.("Any act of a person which causes damage to another makes him by whose fault the damage occurred liable to make reparation for the damage.").

④ French Civil Code Art 1383.("Everyone is liable for the damage he causes not only by his acts, but also by his negligence or imprudence.").

国认为隐私权是一种道德权利的观点。① 在某种情况下将个人部分私事及照片授予他人许可,不代表全面授权他人在其他公共论坛发布。例如,在现代授予某网站许可使用某照片,未必代表其他网站在未经允许的情况下也可以使用该照片。

法国在民法第 1382 及 1383 条以及刑法第 9②、22 条③规范下,界定了隐私权保护的范围,该范围相当广泛,包含了"家庭生活、疾病及死亡以及特定社会生活方式,(包含)家庭关系及生育状况等";对隐私保护的广泛程度说明了"人格权"与"被遗忘权利"密切相关。④

另一对于隐私权保护有优良传统的欧洲国家是德国。德国自 1907 年通过制定《视觉艺术作品版权法》(KUG)⑤开始保护"形象权(right to one's image)",而后于 1954 年成立"一般人格权",部分人格权规范于德国《民法典》(Burgerliches Gesetzbuch,简称 BGB)第 12 条⑥以及《视觉艺术作品版权法》(KUG)第 22、⑦

---

① Emily Adams Shoor, Narrowing the Right to be Forgotten: Why the European Union Needs Amend and the Proposed Data Protection Regulation, 39 Brooklyn J. Int'l L. 487(2014), at 492.

② French criminal Code Art 9.("For petty offences, the public prosecution limitation period is one complete year; it operates according to the distinctions set out in article 7.")

③ French criminal Code Art 22.("Engineers, district heads and technical agents of the waters and forestry administration and rural policemen investigate and prove by means of official reports the existence of misdemeanours and petty offences which violate forestry or rural property.")

④ Emily Adams Shoor, Narrowing the Right to be Forgotten: Why the European Union Needs Amend and the Proposed Data Protection Regulation, 39 Brooklyn J. Int'l L. 487(2014), at 496.

⑤ Gesetz betreffend das Urheberrecht an W erken der bildenden Kinste und der Photographie (KUG), available at: https://www. gesetze-im-internet. de/kunsturhg/BJNR000070907. html, last visited:2020/9/9.

⑥ Burgerliches Gesetzbuch (BGB), Art 2. ("Wird das Recht zum Gebrauch eines Namens demBerechtigten von einem anderen bestritten oder wird das Interesse des Berechtigten dadurch verletzt, dass ein anderer unbefugt den gleichen Namen gebraucht, so kann der Berechtigte von dem anderen Beseitigung der Beeintrachtigung verlangen. Sind weitere Beeintrachtigungen zu besorgen, so kann er auf Unterlassung klagen."), available at: https://www. gesetze-im-internet. de/bundesrecht/bgb/gesamt. pdf, last visited: 2020/9/9.

⑦ Gesetz betreffend das Urheberrecht an W erken der bildenden Kinste und der Photographie (KUG), available at: https://www. gesetze-im-internet. de/kunsturhg/BJNR000070907. html, last visited: 2020/9/9, ("Bildnisse dirfen nur mit Einwilligung des Ab gebildeten verbreitet oder offentlich zur Schau gestellt werden. Die Einwilligung gilt im Zweifel als erteilt, wenn der Abgebildete dafir, daB er sich abbilden lieB, eine Entlohnung erhielt. Nach dem Tode des Abgebildeten bedarf es bis zum Ablaufe von 10 Jahren der Einwilligung der Angehorigen des Abgebildeten. Angehorige im Sinne dieses Gesetzes sind der iberlebende Ehegatte oder I ebenspartner und die Kinder des Abgebildetenund, wenn weder ein Ehegatte oder Lebenspartner noch K inder vorhanden sind, die Eltern des Abgebildeten.").

23 条,[1]由于普遍的人格权相当广泛,使得该权利被灵活运用。[2]发生于德国 1958 年著名的 Herrenreiter-Fall 案,[3]又被称之为绅士车手案(gentleman rider),便是德国法中保护个人人格权的例子。在该案中,一名男子在骑马比赛当中被拍摄了一张照片,这张照片随后在没有经当事人同意之情况下,被用于一则性兴奋剂的广告,尽管该男子并没因此受到物质上的损害,德国最高法院仍判决其"精神痛苦赔偿(damages for pain and suffering)"。法院认为该案"对人格权益的严重伤害,就如同对自由的伤害"。[4]而德国隐私权之建立,则源于基本法第一条之人性尊严不可侵犯,[5]以及第二条第一项规定之人人有自由发展其人格的权利,[6]以不侵犯他人之权利或不违反宪政秩序和道德规范者为限。

1973 年德国发生一起人格权与新闻自由冲突的经典案例 Lebach-Urteil 案。[7]该案事实背景为 1969 年有三人入侵德国联邦国防军弹药库,杀死四名卫兵并抢劫武器弹药,随后三人皆被逮捕审判,其中两人被判处无期徒刑,另一位则被判处六年有期徒刑,并于 1970 年入狱。1972 年德国电视台准备播放一部该案的纪录片描述三人之犯罪行为,而纪录片中不断出现三名罪犯的样

---

[1] Gesetz betreffend das Urheberrecht an Werken der bildenden Kinste und der Photographie (KUG), available at: https://www.gesetze-im-internet.de/kunsturhg/BJNR000070907.html, last visited: 2020/9/9, "(1) Ohne die nach 22 erforderliche Einwilligung dir fen verbreitet und zur Schau gestellt werden: 1. Bildnisse aus dem Bereiche der Zeitgeschichte; 2. Bilder, auf denen die Personen nurals Beiwerk neben einer Iandschaft oder sonstigen Ortlichkeit erscheinen; 3. Bilder von Versammlungen, Aufzigen und ahnlichen Vorgaingen, an denen die dargestellten Personen teilgenommen haben; 4. Bildnisse, die nicht auf Bestellung angefertigt sind, sofern die Verbreitung oder Schaustellung einem hoheren Interesse der Kunst dient. (2) Die Befugnis erstreckt sich jedoch nicht aufeine Verbreitung und Schaustellung, durch die ein berechti gtes Interesse des Abgebildeten oder, falls dieser verstorben ist, seiner Angehorigen verletzt wird.".

[2] Emily Adams Shoor, Narrowing the Right to be Forgotten: Why the European Union Needs Amend and the Proposed Data Protection Regulation, 39 Brooklyn J. Int'l L. 487(2014), at 498.

[3] Herrenreiterfall(BGHZ 26, 349)(1958), available at: http://www.servat.unibe.ch/df/bz026349.html.

[4] II des Herrenreiterfall(BGHZ 26 349)(1958).

[5] Grundgesetz fir die Bundesrepublik Deutschland(GG), Art 1.

[6] Grundgesetz fur die Bundesrepublik Deutschland(GG), Art 2."(1) Jeder hat das Recht auf die freie Entfaltung seiner Personlichkeit, soweit er nicht die Rechte anderer verletzt und nicht gegen die verfassungsmaBige Ordnung oder das Sittengesetz verstoBt.", available at: https://www.gesetze-im-internet.de/gg/BJNR000010949.html, last visited: 2020/9/9.

[7] Lebach-Urteil(BVerfGE 35, 202.)(1973).

貌及姓名。然而,由于刑期较短之犯人预计于1973年假释出狱,其认为上节目将使他无法重新回归社会,侵害其一般人格权,遂向地方法院声请处分,在遭各审级民事法院驳回后,便提起宪法诉愿。德国联邦宪法法院认为,该案涉及的利益冲突为犯罪行为人于服刑后将回归社会,其一般人格权与广播电视公司的新闻自由相冲突。由于该节目之播出时点是在犯人即将出狱时,且该节目中不断出现其相貌与姓名等身份信息,妨害了受刑人再社会化的利益,衡量后,法院认为应保护后者,以免其无法回归社会。① 法院同时强调,若播映时点与犯人释放时点有较长一段时间段,因再社会化受到影响较小所以结果也有所考量。②

随后,1977年德国为保障个人权益不致因储存、传递、更正及删除等资料处理过程而受损,制定了《资料处理个人资料滥用防制法》(Gesetz zum Schutz vor Missbrauch personenbezogener Daten bei der Datenvera rbeitung),简称"联邦资料保护法(BDSG)"。后因欧盟成立,欧盟指令、保障个人资料及信息自由流通,所以在2001年5月8日对其内容修正。该法最近一次修正为2003年1月14日,修法目的在于保障个人资料自主权,并落实欧盟有关建立共同资料保护标准的指令。③

2. 个人资料保护规章执委会版本

自欧盟在1995年制定了个人资料保护指令(directive),实施至今已超过20年。欧盟执委会(commission)希望全面更新个人资料保护条例,因此提出了2012年版个人资料保护规章(regulation)草案,但必须经欧盟议会(parliament)与欧盟理事会(council)通过。该规章当中首次提出赋予资料当事人可以在资料控制者无正当理由保存相关资料的情形下,请求后者移除/删除个人不欲再为人知的信息,并被社会所遗忘之"被遗忘权利"。

(1) 定义

规章第4条定义出"资料当事人"及"个人资料",其规定如下:第一,"资料当事人"是指资料被控制者或其他自然人或法人直接间接识别的自然人,特别

---

① 陈耀祥,论广播电视中犯罪事实之报道与人格权保障之衡突——以德国联邦宪法法院之雷巴赫裁判为讨论核心,翁岳生教授七秩诞辰祝寿论文集:当代公法新论(上),元照出版社,2002年,第117-119页。
② 许宗力,法与国家权力(二),元照出版社,2007年,第218页。
③ 德国联邦资料保护法之原则介绍请参照江启先,员工信息隐私权与企业在网络监控协调之研究,政治大学法律科际整合研究所硕士论文,2009年,第34页。

是具备特定的识别号码、位置数据、在线识别码,或者一个或多个特定的物理、生理、心理、经济、文化领域的社会特征;①第二,"个人资料"是指资料当事人的任何信息。②

由于这样的定义过于广泛,所以无法确定在什么程度上达到"识别资料当事人"的标准。此外,在学校班级或家庭照片等情形中,当资料当事人有多位时该如何处理的问题也无法解释,举例来说,如果两个人都是同张照片的"资料当事人",其中一位提出撤除请求,规章对于这样的请求是否该受到尊重是不明确的。欧洲网络及信息安全资料署(European Network and Information Security Information Agency,ENISA)建议,欧盟委员会应该对由谁提出撤除请求以及什么样的资料内容符合资料当事人个人资料的定义作出解释。③

(2)被遗忘权及删除权

第17条"被遗忘权利及删除权"建立于欧盟1995年个人资料指令第12条(b),是欧盟最具争议的补充隐私法(additions to privacy law)之一。被遗忘权利关键在于赋予资料主体对个人资料及内容更大的控制能力,特别是当资料在最初处理目的之下已不再被需要时。在2012年由执委会所提出的《个人资料保护规章》草案版本中,于第17条规定了"被遗忘权利与删除权"(Right to be forgotten and to erasure)。其规定如下。

第一,有下述理由时,资料当事人有权要求控制者删除其相关资料以及停止进一步的传播,特别是当资料当事人是孩童时:(a)该资料对于资料收集或处理目的已不再必要时;(b)当事人撤回其基于第6(1)条所为的同意,或同意储存期间已过期,且无其他继续处理该资料的法律根据;(c)资料当事人根据第19条

---

① Article 4(1) of Regulation(Commission Proposal)("data subject' means an identified natural person or a natural person who can be identified, directly or indirectly, by means reasonably likely to be used by the controller or by any other natural or legal person, in particular by reference to an identification number, location data, online identifier or to one or more factors specific to the physical, physiological, genetic, mental, economic, cultural or social identity of that person.").

② Article 4(2) of Regulation(Commission Proposal)("'personal data' means any information relating to a data subject.").

③ Emily Adams Shoor, Narrowing the Right to be Forgotten: Why the European Union Needs Amend and the Proposed Data Protection Regulation, 39 Brooklyn J. Int'lL. 487(2014), at 502.

反对其个人资料的处理;(d)资料处理不符合本规章其他规定。[1]

第二,第一项的资料控制者已公开该个人资料时应采取一切合理措施,包含技术措施,知会第三人关于资料当事人并要求他们删除任何个人资料的链接或副本。若控制者授权第三人公开该个人资料,控制者仍应对该公开负责。[2]

第三,在收到资料当事人的请求后,控制者应立即删除该资料,但在下述情况中有必要继续保留该个人资料:(a)为了落实第80条所保护之表意自由;(b)根据第81条公共健康领域中之公共利益之理由;(c)根据第83条之历史、统计及科学研究之目的;(d)资料控制者为了符合所适用欧盟法或会员国法的义务,而保留该个人资料;会员国法令必须符合公共利益目的、尊重保护个人资料权利以及与正当目的原则;(e)下述第4项之情形。[3]

第四,资料控制者在下述情况下可以不删除该个人资料,而限制该资料的处理:(a)资料当事人争执该资料的正确性,需一段时间方能验证该资料正确性;(b)资料控制者不再需要使用该个人资料,但基于证据保存需求而需保留该资料;(c)该资料处理违法,但当事人希望限制该资料利用,而非要求删除;(d)资料

---

[1] Article 17(1) of Regulation(Commission Proposal)("1. The data subject shall have the right to obtain from the controller the erasure of personal data relating to them and the abstention from further dissemination of such data, especially in relation to personal data which are made available by the data subject while he or she was a child, where one of the following grounds applies: (a) The data are no longer necessary in relation to the purposes for which they were collected or otherwise processed;(b) The data subject withdraws consent on which the processing is based according to point(a) of Article 6(1), or when the storage period consented to has expired, and where there is no other legal ground for the processing of the data; (c) The data subject objects to the processing of personal data pursuant to Article 19; (d) The processing of the data does not comply with this Regulation for other reasons.").

[2] Article 17(2) of Regulation (Commission Proposal) ("2. Where the controller referred to in paragraph 1 has made the personal data public, it shall take all reasonable steps, including technical measures, in relation to data for the publication of which the controller is responsible, to inform third parties which are processing such data, that a data subject requests them to erase any links to, or copy or replication of that personal data. Where the controller has authorized a third party publication of personal data, the controller shall be considered responsible for that publication.").

[3] Article 17(3) of Regulation(Commission Proposal)("3. The controller shall carry out the erasure without delay, except to the extent that the retention of the personal data is necessary: (a) for exercising the right of freedom of expression in accordance with Article 80; (b) for reasons of public interest in the area of public health in accordance with Article 81; (c) for historical, statistical and scientific research purposes in accordance with Article 83; (d) for compliance with a legal obligation to retain the personal data by Union or Member State law to which the controller is subject; Member State laws shall meet an objective of public interest, respect the essence of the right to the protection of personal data and be proportionate to the legitimate aim pursued; (e) in the cases referred to in paragraph4.").

当事人要求根据第18条第2项,传送该个人资料至另一自动处理系统。①

第五,关于第4项所保存的个人资料,仅为了证明目的、取得资料当事人同意、为了保护他人的权利或基于其他公共利益处理。②

第六,第4项限制个人资料处理的情形为资料控制者在解除处理限制前应通知资料当事人。③

第七,资料控制者应履行个人资料删除时间限制以及定期检查资料储存的必要。④

第八,在任何执行删除情形,资料控制者皆不可再次处理该资料。⑤

学者Emily Adams Shoor认为第17条"被遗忘权利及删除权"包含了三个重要部分。首先,第1项明确规定"资料当事人有权要求控制者删除其相关个人资料,停止该资料进一步被散播,特别是当这些资料是在资料当事人仍是孩童时所取得的……"⑥第一项重点在于个人资料规章在保护儿童及青年不会

---

① Article 17(4) of Regulation(Commission Proposal)("4. Instead of erasure, the controller shall restrict processing of personal data where: (a) their accuracy is contested by the data subject, for a period enabling the controller to verify the accuracy of the data; (b) the controller no longer needs the personal data for the accomplishment of its task but they have to be maintained for purposes of proof, (c) the processing is unlawful and the data subject opposes their erasure and requests the restriction of their use instead; (d) the data subject requests to transmit the personal data into another automated processing system in accordance with Article 18(2).").

② Article 17(5) of Regulation(Commission Proposal)("5. Personal data referred to in paragraph 4 may, with the exception of storage, only be processed for purposes of proof, or with the data subject's consent, or for the protection of the rights of another natural or legal person or for an objective of public interest.").

③ Article 17(6) of Regulation(Commission Proposal)("6. Where processing of personal data is restricted pursuant to paragraph 4, the controller shall inform the data subject before lifting the restriction on processing.").

④ Article 17(7) of Regulation(Commission Proposal)("7. The controller shall implement mechanisms to ensure that the time limits established for the erasure of personal data and/or for a periodic review of the need for the storage of the data are observed.").

⑤ Article 17(8) of Regulation(Commission Proposal)("8. Where the erasure is carried out, the controller shall not otherwise process such personal data.").

⑥ Article 17(1) of Regulation(Commission Proposal)("1. The data subject shall have the right to obtain from the controller the erasure of personal data relating to them and the abstention from further dissemination of such data, especially in relation to personal data which are made available by the data subject while he or she was a child, where one of the following grounds applies: (a) The data are no longer necessary in relation to the purposes for which they were collected or otherwise processed; (b) The data subject withdraws consent on which the processing is based according to point(a) of Article 6(1), or when the storage period consented to has expired, and where there is no other legal ground for the processing of the data; (c) The data subject objects to the processing of personal data pursuant to Article 19; (d) The processing of the data does not comply with this Regulation for other reasons.").

因为发布到网络上的旧资料及不良内容而伤害到其声誉。其次,第2项要求资料控制者知会张贴资料的第三人,转达处理资料当事人要求删除该资料的请求,①且控制者还须负责将资料撤除。② 最后,第3项规定"控制者应执行删除的请求,不应迟延,除非该个人资料的保留是必要的"。第3项分割出几项在撤除请求下,该资料必须保留的例外,其中包含:(a)行使包含艺术、文学或新闻之言论自由;(b)基于卫生公共利益;(c)历史,统计及科学研究目的;(d)基于欧盟或成员国之法律而保留的个人资料。若违反该条规定,控制者可能需要支付全球营收的1‰作为罚款。③

(3) 反对权

反对权(Right to object)与"被遗忘权利及删除权"为不同的权利,原规定于2012年个人资料保护规章执委会版本中第19条,是欧盟95/46指令第14条之延续。执委会版本第19条规定如下。

第一,资料当事人有权在特定情况下,基于第6条(d)(e)(f)反对资料的处理,除非资料控制者证明处理该资料有重大正当理由,胜过资料当事人之基本权利与自由。

---

① Article 17(2) of Regulation(Commission Proposal)("2. Where the controller referred to in paragraph 1 has made the personal data public, it shall take all reasonable steps, including technical measures, in relation to data for the publication of which the controller is responsible, to inform third parties which are processing such data, that a data subject requests them to erase any links to, or copy or replication of that personal data. Where the controller has authorized a third party publication of personal data, the controller shall be considered responsible for that publication.").

② Article 17(1) of Regulation(Commission Proposal)("1. The data subject shall have the right to obtain from the controller the erasure of personal data relating to them and the abstention from further dissemination of such data, especially in relation to personal data which are made available by the data subject while he or she was a child, where one of the following grounds applies: (a) The data are no longer necessary in relation to the purposes for which they were collected or otherwise processed; (b) The data subject withdraws consent on which the processing is based according to point(a) of Article 6(1), or when the storage period consented to has expired, and where there is no other legal ground for the processing of the data; (c) The data subject objects to the processing of personal data pursuant to Article 19; (d) The processing of the data does not comply with this Regulation for other reasons.").

③ Commission Proposal, article 79(5)(c).("The supervisory authority shall impose a fine up to 500 000 EUR, or in case of an enterprise up to 1‰ of its annual worldwide turnover, to anyone who, intentionally or negligently....(c) does not comply with the right to be forgotten or to erasure, or fails to put mechanisms in place to ensure that the time limits are observed or does not take all necessary steps to inform third parties that a data subjects requests to erase any links to, or copy or replication of the personal data pursu-ant Article 17.").

第二,当基于直接营销目的处理个人资料时,个人有权反对为了此行销目的处理其个人资料,且对其行使反对权不可收取费用。应向资料当事人告知其具有这一权利,并与其他信息清楚区分。

第三,当其根据第 1 项及第 2 项提出反对时,资料控制者应立即停止处理该个人资料。①

3. 小结

在此 2012 年版欧洲个人资料保护规章草案中,最引人注意的,就是提出了"被遗忘权利"的设计,该权利乃是从欧盟 95/46 个人资料保护指令第 12 条(b)中"资料近取权"(access right)所区分出的新权利。② 所谓的"资料权"包含个人可以查阅、复制资料控制者所拥有的个人资料,③当该资料不正确、不完整时,可以要求资料控制者更正(rectification)、删除(erasure)或封锁(blocking)。④ 但在 2012 年版个人资料保护规章中则将之扩张,认为除了资料不正确或不完整外,有其他适当理由时,个人也可以要求删除资料控制者所掌控的个人资料。⑤ 而其中包含了两个面向,分别为"遗忘的权利"(right to oblivion)及"删除的权利"(right to erasure)。⑥ "遗忘的权利"使得尊严、人格、声誉、认同得以免受伤害,但却可能与其他基本权利有所冲突;而"删除的权利",则是允许将已经发表的资料移除。

---

① Article 19 of Regulation(Commission Proposal)(" 1. The data subject shall have the right to object, on grounds relating to their particular situation, at any time to the processing of personal data which is based on points(d),(e) and(f) of Article 6(1), unless the controller demonstrates compelling legitimate grounds for the processing which override the interests or fundamental rights and freedoms of the data subject. 2. Where personal data are processed for direct marketing purposes, the data subject shall have the right to object free of charge to the processing of their personal data for such marketing. This right shall be explicitly offered to the data subject in an intelligible manner and shall be clearly distinguishable from other information. 3. Where an objection is upheld pursuant to paragraphs 1 and 2, the controller shall no longer use or otherwise process the personal data concerned. ").

② Meg Leta Ambrose, Nicole Friess, and Jill V an Matre, Seeking Digital Redemption: The Futrue of Forgiveness in the Internet Age, 29 SANTA CLARA COMPUTER & HIGH TECH. L.J.99(2012), at 127.

③ Article 12(a) of Directive 95/46.

④ Article 12(b) of Directive 95/46.

⑤ 杨智杰,个人资料保护法制上"被遗忘权利"与"个人反对权":从 2014 年西班牙 Google v. AEPD 案判决出发,国会月刊,2015 年第 7 期,第 21 页。

⑥ Meg Leta Ambrose and Jef Ausloos, The Right to Be Forgotten Across the Pond, Journal of Information Policy 7,14(2012), http://ssrn.com/abstract=2032325, last visited: 2020/9/13;许炳华,被遗忘的权利:比较法之观察,东吴法律学报,2015 年第 7 期,第 125 - 163 页。

第四章 我国平台经济安全管理路径

平台经济并不是最近几年才出现的新的经济现象,而是在很久以前就已经存在。平台经济在发展的过程中,由于受市场发展程度、信息发达程度、计算机技术等许多因素的限制,在不同的发展阶段表现出不同的特征。随着互联网技术的发展和数据应用的移动终端普及,平台经济正在实现更加迅猛的发展,越来越多的平台型企业涌现,并催生了新一轮平台经济浪潮。依据平台经济的属性,在早期平台经济是通过钱庄、当铺、票号等表现出来;互联网技术的发展则是通过电子商务的方式表现出来,而到互联网+、大数据、云计算阶段,互联网+所承担的平台经济发展速度与规模是前所未有的。本章通过梳理平台经济发展与治理历程,梳理平台经济发展的现状,总结平台经济发展过程中的规律,找出平台经济发展的瓶颈以及管理方法,为平台经济发展提供建言献策。

一、我国平台经济发展历程与管理历程

(一)我国平台经济的发展历程

1. 无互联网阶段

从交易机制的演进过程看,交易分为直接交易、间接交易、平台交易。直接交易就是出现在原始社会末期的以物换物,交换成功的条件比较苛刻,必须同时满足双方对物的需求这种交换才能进行。如 A 需要羊肉,兔肉多余,只能用兔肉去交换,但是 B 需要牛肉,羊肉多余,只能用羊肉去交换;A 不能满足 B 的需求,同样 B 也不同满足 A 的需求,这样 A 与 B 之间的交换就不会发生。如果有三个人或者更多人之间的交换就更复杂,交易者之间的需求匹配比较困难,物物交换成功的概率就比较低。随着社会的发展,人的需求逐步提高,比如需要交换除必需品之外的产品时,需要交换双方对产品更多的了解、更专业的知识,否则就容易上当受骗。为了解决物物交换之间的问题,交易中充当

媒介的第三方就出现了。这种借助第三方来完成的交易称为间接交易,这种第三方有可能是商品的中介、资金的中介、信息的中介。① 第三方中介能自己带来经济利益,其实本质上看这种借助第三方促进交易并为自身带来经济利益就具备了平台经济的属性。其实在我国早期出现的钱庄、当铺、票号都具有平台经济的属性,都可以看作是平台经济。

2. 以互联网为基础的发展阶段

随着互联网与电子商务的在中国的发展,以互联网为基础整合资源的企业在中国出现。1997年10月到1999年1月中国互联网信息中心做了三次调查,对用户上网获取信息的目的进行调查,调查的结果显示如表1。从表1中可以看出:用户希望获得科技信息在1997年10月所占比例约40%,而经过一年半的时间,到1999年1月的调查显示希望获得科技信息的用户超过50%;在这三次调查中希望获得金融信息用户基本上占30%;希望获得科技信息的用户基本上占70%左右;在这一年半的期间变化最大的是希望获得休闲娱乐信息的用户,从25%增加到65%。

表1 用户上网希望获得的信息调查表(1997年—1999年)

时间	商业资讯	金融信息	科技信息	经济政治新闻	休闲信息
1997年10月	39.6%	32.8%	80.4%	42%	24.8%
1998年10月	43.7%	26.1%	67.2%	45.1%	15.2%
1999年1月	51%	34%	76%	66%	65%

(资料来源:作者依据《中国互联网络发展状况统计报告》整理。)

从上网计算机的数量和上网用户看,在三年的调查中四次的调查中发现,上网计算机的数量从1997年10月的29.9万台,到1999年7月增加到146万台;上网用户人数62万人,1999年7月上网人数达到400万人;在条件成熟的情况下用户愿意网上购物的约80%左右,见表2。

表2 上网基础数据和在条件成熟的情况下用户网上购物态度调查表(1997年—1999年)

时间	上网计算机数(万台)	上网用户人数(万)	用户愿意网上购物态度 (条件成熟的情况下)
1997年10月	29.9	62	—

---

① 王勇、戎珂,平台治理,中心出版集团,2018年版,第22页。

续　表

时间	上网计算机数(万台)	上网用户人数(万)	用户愿意网上购物态度（条件成熟的情况下）
1998年7月	54.2	117.5	78.1%
1999年1月	74.7	210	87%
1999年7月	146	400	85%

(资料来源：作者依据《中国互联网络发展状况统计报告》整理。)

从以上两个表中的调查可以清晰地看出，上网人数越来越多，大多数上网用户希望获得科技、金融、商业信息；同时绝大多数上网的用户在条件成熟的情况下愿意网上购物。这些调查信息都为发展电子商务奠定了基础。

3. 平台经济的快速发展阶段

1995年1月，中国电信开通了北京、上海两个接入互联网的节点，这一事件成为中国互联网诸多事件的开端，成为一个值得铭记的历史时刻。[①] 随后，中国本土的网易、新浪、搜狐等门户网站的上线以及电子商务平台阿里巴巴网络技术有限公司、易趣网、携程旅行网、当当网等网上交易平台上线，标志着中国交易机制进入平台交易，进入平台经济发展时期。可谓是中国平台经济元年，[②]平台经济依靠这些平台快速发展。在这阶段以第一梯队为标志的互联网平台企业不断地发展(见表3)，其主要就是B2B为主的电子商务平台的发展。凭借中国互联网客户基础以及中国巨大的消费市场，一大批电商平台迅速发展，其中以阿里巴巴、京东、亚马逊、易趣网、当当网、聚美优品、唯品会、58同城平台等为代表，为带动国内大量平台企业发展奠定了基础。

表3　中国第一梯队部分平台企业的发展情况

创立时间	平台名称	平台发展历程重要事件	初创人数	平台地点
1999.1	8848网	中国第一个电子商务商城，2000年得到巨额融资，赴美上市不成功，后因经营不善，2005年7月被速达软件商收购。	4人	北京

[①] 1997年中国互联网元年，2009年9月19日，网易，http://money.163.com/09/0918/02/5JF9HDON00253JQ0.html，2020年9月9日访问。

[②] 陈有勇，中国互联网企业发展的3C历程，深圳特区报，2016年，3月22日，第B10版。

续　表

创立时间	平台名称	平台发展历程重要事件	初创人数	平台地点
1999.6	阿里巴巴	2000年融资2 000万美元;2003年成立淘宝网;2004年融资8 200万美元,是当时互联网规模最大的私募融资;2005年收购中国雅虎;2014年9月19日于纽约正式挂牌上市,股票代码"BABA";2018年登上《世界财富500强》第300位,2019年位居第182位,成为世界上前50最赚钱企业并位居第32位。	18人	杭州
1999.8	易趣网	2002年3月eBay注资3 000万美元,成为战略合作伙伴;2003年6月易趣被eBay1.5亿美元全资控股;2010年2月正式推出海外代购业务,并为买家提供代购美国购物网站商品的服务。2012年4月eBay剥离易趣所有业务,独立运营;成为Tom集团的全资子公司。	2人	上海
1999.10	携程旅行网	2002年第一次并购北京海岸航空服务有限公司;2002年10月首次突破单月交易1亿元人民币;2003年12月在纳斯达克上市;2007年6月推出首张商旅信用卡;2007年11月突破单月销售机票100万张;2011年1月开拓中国订餐市场,推出"订餐小秘书";2015年与去哪儿合并;2018年2月14日宣布上线共享租车业务。	4人	上海
1999.11	当当网	2000年2月获得第一笔风险投资;2004年2月获得第二轮风险投资750万美元;2005年1月开通时尚百货频道;2005年12月荣获"中国互联网产业调查'B2C网上购物'"第一名;2006年7月获得第三轮融资2 700万美元;2006年7月推出"线上消费、线下刷卡"创新固网支付服务;2010年12月在纽约上市。	2人	北京

(资料来源:作者根据网络资料自行整理)

早期电商平台企业除8848经营不善外,其他企业都成了当今平台企业龙头,在平台经济的发展中起着重要的作用。从平台企业的创始人来看,这个企业除阿里巴巴是基于18人的较大的创始团队外,其他平台企业的创始人都是三五个人,而且都经历几次融资与重组。其中阿里巴巴业务不断地拓展,经营模式与跨平台业务不断地创新,其外溢性不断地扩张。

2003年之前互联网主要是向人们提供数据与信息,网络用户有了一定的基础。突发2003年"非典"给平台企业带来了机遇,"网上购物"闯进了人们的视野。由于"非典"的隔离,很多人开始尝试网上购物,从2003年3月到"非典"结束,阿里巴巴的会员每天增加4 000名,可以说是"非典"点燃了平台经济的导火索。阿里巴巴抓住了发展的重大机遇期,在2003年5月成立淘宝网;不久京东商城于2004年1月成立。淘宝和京东新的销售模式,加速了国内电商平台的发展。

平台经济作为互联网经济的重要组成,在坚持对其包容审慎监管的同时,也应发展和优化平台治理的内涵和外延,引入由政府主导监管加其他主体协同合作的共治模式,从而探索我国平台经济法治化治理路径,推动互联网健康绿色发展。

(二)平台经济的深化阶段

近年来,随着我国政府不断地对农村电商、互联网+、互联网、大数据、人工智能以及"新基建"的支持,我国的平台经济向纵深方向发展。互联网+应用的领域不断地细分,特别是自2020年2月以来,互联网+社群经济+微商成为带动全国人民走出疫情困扰的重要力量。

1. 网络购物

根据中国互联网发展状况统计报告指出,我国网络零售商2019年持续增长,是拉动我国消费的重要动力。社交电商、网络直播是消费增长的新动力。2019年我国社交电商的交易额比去年增长60%,超出了零售商的整体增长速度。截至2020年3月底,我国使用网络购物的用户约7.1亿,占网民总数的78.6%;使用手机进行购物的用户高达7.07亿,占手机网民使用总数的78.9%。[①]社交电商也不断地创新,借助网络社交媒体,通过直播、分享、分销等模式,实

---

① 下沉市场,指的是三线以下城市、县镇与农村地区的市场,范围大而分散且服务成本更高是这个市场的基本特征。

现了对传统电商的迭代创新。同时,下沉市场也成为网络消费的重要市场。下沉市场网络环境不断完善,为释放消费潜力提供了重要保障。

2. 网约车

网约车的业务逐步规范化。政府部门对网约车采取包容监管态度,合理放宽限制、完善准入条件、缩短审批流程、建立健全身份认证,同时建立"黑名单"预警机制。2020 年 3 月底,网约车用户规模达到 3.62 亿,我国按照 14 亿人口算,约有三分之一的人使用网约车业务。

3. 在线教育

中共十九届四中全会提出"发挥网络教育和人工智能优势,创新教育和学习方式",为我国在线教育明确了方向,此后我国教育部门也不断地规范和完善网络教育市场。2019 年我国在线教育共发起 148 起融资,融资额达 115.6 亿元。互联网与传统课堂结合,提升了课程标准化,实现课程个性化,改善客户满意度,同时也与短视频跨界合作,在线教育成为了年轻人主要的学习方式之一,2019 年快手的教育类视频高达 2 亿。在疫情期间由于我国大中小学均延迟开学,学生采用线上上课,使在线教育呈井喷式的发展,2020 年 3 月在线教育约有 4.23 亿用户,较去年增长约 50%。

4. 外卖

网上外卖业务量也不断地增多。截至 2020 年 3 月底,我国的网上外卖用户高达 3.98 亿,占整体网民的约一半。从外卖平台看,不断的优化升级,改善用户需求。从供给端看,传统的餐饮业也不断地增加线上业务,加速外卖行业的优化升级。从需求端看,范围不断地扩大,加速向下沉市场推进。需求多元化发展,从正餐向甜点、下午茶与夜宵等业务延伸。美团平台还在疫情防控期间推出买药、买菜等业务。

(三)我国平台经济的管理历程

我国平台经济治理是在平台企业产生发展的基础上不断地完善与发展的。随着我国经济的发展,平台型企业也不断地增多,借助互联网技术的发展,平台型企业得以充分发展。伴随着互联网与平台型企业的发展,各种新的问题不断地出现,学者们也开始提出互联网治理的相关问题。特别是最近十年,伴随着互联网+的飞速发展,大数据、人工智能以及云计算等新的新技术在生产生活中不断地向纵深方向发展,平台经济的治理也日趋完善。整体上看,我国平台经济的治理大致可以分为探索、转型、发展、完善四个阶段。

1. 平台经济治理的探索阶段

我国关于平台治理的最早的一部行政法规可以追溯到1986年5月国务院《关于认真解决商品搭售问题的通知》(国发[1986]55号),这主要是针对当时我国处于市场转型期,部分企业主要是通过搭售其他商品规避政府的产品定价,从而企业获取更多经济利益。在这份文件中主要对一些企业搭售商品的行为进行规制限制,但是并没涉及法律层面的问题。1993年《中华人民共和国反不正当竞争法》提出对于经营者或购买者,都可以明示给对方折扣,给中间人支付佣金。同时明确指出支付中间人佣金、购买者收到的折扣必须如实入账。随着电子商务的出现,对电子商务销售行为的研究开始上升到法律层面,2000年12月出台的《全国人民代表大会常务委员会关于维护互联网安全的决定》对于互联网销售行为作了明确界定,互联网平台销售中出现的虚假宣传、欺诈等行为上升到法律层面,互联网交易双方应承担相应的法律责任。2005年1月国务院办公厅《关于加快电子商务发展的若干意见》与同年4月《电子签名法》的出台,推动了我国电子商务标准规范、安全认证、信用服务、法律法规的建设;针对电子商务的风险防范措施、风险控制、加强业务监督以及第三方支付服务的相关法律法规都提升到法律层面,为互联网平台交易方向提供了法律保障。此后2008年《反垄断法》针对双边市场中出现的搭售行为进行了规定,在总则中涉及搭售行为进行原则性的规定,其中对于处于市场垄断地位的企业滥用市场地位也进行了详细的概念性界定。这些法律法规的出台,无论是对双边市场交易还是对电子商务的发展都提供了一定的法律保障,也为平台管理提供了法律基础。

2. 我国平台经济治理的转型发展阶段

随着电子商务的发展,2009年我国许多电商平台上线,我国对于平台经济治理也进入了新的发展阶段。2009年商务部《关于加快流通领域电子商务发展的意见》提出要整合大型流通企业资源整合,加快建设一体化的电子商务平台,整合产业链和供应链,同时要发展网上交易并提供第三方服务。这个意见的出台,催动了我国电子商务的快速发展,政府也加快了对双边交易规则的制定。互联网的普遍应用,使以互联网为基础的平台交易迅速发展。关于互联网交易的管理办法和规则也不断地更新,2012年12月全国人民代表大会常务委员会《关于加强网络信息保护的决定》中规定了网络服务中提供的个人和企业信息的使用规则。2013年《网络发票管理办法》《关于修改〈中华人民共和国消费者权益保护法〉的决定》《关于推进社区公共服务综合信息平台建设的指导意见》出台。可以看出,我国对于互联网交易规则的规定转向对消费者权益保护,规范了共享经济交易中的规则。2014年3月《网络交易管理办法》对于开展经营活动的第三方交易平台的交易规则作了明确规定,其中对于开展经营活动者的标准也进行了界定,交易中的诚信问题也提上了日程。

表4 我国平台治理转型发展阶段相关文件

时间	主要内容	文件名称	备注
2009年4月	鼓励重点培育的大型流通企业整合资源,建设一体化的电子商务平台,扶持中小流通企业通过第三方技术服务平台进行网上销售相关技术改造与管理升级。	《商务部关于加快流通领域电子商务发展的意见》	商贸发〔2009〕540号
2010年6月	对融资平台公司进行清理、规范;银行业金融机构等要严格规范信贷管理,切实加强风险识别和风险管理。	《国务院关于加强地方政府融资平台公司管理有关问题的通知》	国发〔2010〕19号
2012年12月	网络服务提供者和其他企业事业单位收集、使用公民个人电子信息,应当公开其收集、使用规则。	《关于加强网络信息保护的决定》	全国人民代表大会常务委员会
2013年10月	规范社区公共服务综合信息平台的信息共享范围、共享方式和共享标准。	《财政部关于推进社区公共服务综合信息平台建设的指导意见》	民发〔2013〕170号
2014年3月	从事网络商品交易的自然人,应当通过第三方交易平台开展经营活动,并向第三方交易平台提交其姓名、地址、有效身份证明、有效联系方式等真实身份信息。	《网络交易管理办法》	国家工商行政管理总局令第60号
2014年3月	设立新兴产业创业创新平台,在新一代移动通讯、集成电路、大数据、先进制造、新能源、新材料等方面赶超先进,引领未来产业发展。	2014年政府工作报告	

(资料来源:作者根据网络资料自行整理)

3. 平台经济治理的深化阶段

我国云计算刚刚起步时,在现有信息安全体系的基础上,增强原始创新,形成具有创新能力的公共云计算服务企业,向个人、中小微企业提供种类齐全的服务种类,整合数据资源,充分利用公共计算服务,开展大数据、云计算示范工程建设。2015 年 1 月 30 日,国务院《关于促进云计算创新发展培育信息产业新业态的意见》明确提出云计算的安全信息要求和标准规范,要优化网络安全防护体系,研究在新的技术环境下对企业、个人信息保护的相关法律法规,加快信息立法,完善云计算服务的安全管理制度。在 2015 年两会的政府工作报告中再次强调要建立社会信用代码制度、信用信息数据共享的交换平台,对事中、事后要加强监管,加强保护个人和企业的信息安全。2015 年 4 月 1 日,商务部出台了《网络零售第三方平台交易规则制定程序规定(试行)》,对互联网第三方交易平台中的交易规制、责任、风险、知识产权保护、信息披露、信用评级、交易纠纷都进行了明确规定。这个规定的试行,为网络平台的交易提供了法律保障。2015 年 5 月 7 日,国务院《关于大力发展电子商务加快培育经济新动力的意见》出台,进一步简化了电子商务领域的审批程序,充分释放了电子商务发展空间,采取了营造宽松发展环境、推动转型升级、促进就业创业、提升对外开放水平、完善物流基础设施等措施。与以往相比,这次更加注重以法律作为基础,全面支持电子商务发展。在文中直接提出"法无禁止即可为,法无授权不可为",意味着只要法律没有对电子商务明确禁止,都可以有所作为,也明确指出只要没有法律对政府授权的领域,政府就不要去干涉,这是真正从最基础、最核心的层面上支持电子商务的发展。[①]

在电子商务迅速发展的同时,我们也看到电子商务平台之间的价格战、广告战、刷单注水、虚假宣传等乱象层出不穷,这种乱象不仅扰乱电商的市场秩序,同时也侵害消费者利益。为了整治这种乱象,规范电商行业健康发展,国务院办公厅于 2015 年 11 月印发了《关于加强互联网领域侵权假冒行为治理的意见》,明确指出打击网上销售假冒伪劣商品、打击网络侵权盗版,充分利用大数据、云计算、互联网、移动互联网等新信息技术,创新市场监管手段。落实电子商务企业责任、落实网络服务商责任、落实上下游相关企业责任。加快电子商务领域法律法规建设、信用体系建设,加强舆论和社会监督。国家工商总局

---

① 国务院印发《关于大力发展电子商务加快培育经济新动力的意见》,2015 年 5 月 9 日,中国政府网,http://www.gov.cn/xinwen/2015-05/07/content_2858541.htm,2020 年 9 月 9 日访问。

也制定了《网络商品和服务集中促销活动管理暂行规定》,对网络平台的经营规范做出了明确规定,对违反《消费者权益保护法》和《产品治理法》的销售行为进行相应处罚。对此,电商企业开展经营要合法合规,应加强自律,为电商行业发展贡献正能量。

2015年9月10日,李克强总理在达沃斯论坛上提出要"大众创业、万众创新"简称"双创",要在全国960万平方公里的大地上形成新的创新创业高潮,此后在2015年的政府工作报告中以及其他场合,李克强总理又对"大众创业、万众创新"进行解读并推动这项工作开展,他多次进入实地考察调研,他认为政府要尽职尽责,不仅要简政而且也要把该放的放到位,为大众创业、创新清障搭台。为了落实"双创",举国上下掀起了"双创"行动,借助互联网平台微型创业,不断地深入,新经济、新业态以及新的模式不断地推出,其最核心的是各个创新创业主体都需要借助平台进行创业。①

(四)我国平台经济安全管理不断完善

党的十九大在报告中提出要建设制造强国和网络强国,发展绿色、智能制造业,推动互联网与实体经济深度融合。为贯彻党的十九大报告精神,国务院印发了《关于深化"互联网+先进制造业"发展工业互联网的指导意见》,其明确指出要增强工业互联网产业供给能力,提升工业互联网发展水平,不断推进"互联网+"与实体经济深度融合,形成互联网、实体经济协同发展的新格局。这份指导意见中也强调"互联网+先进制造业"关键在于提升安全防护能力,重点建立保护数据安全体系,加快推进该领域的安全技术体系建设。在开放合作中加强国内外全产业链、跨领域合作,建立健全法律法规体系,实施包容审慎监管,加快推动我国工业互联网+先进制造业发展,为我国工业互联网发展提供有力的法律保障。在当今竞争激烈的市场中,"互联网+先进制造业"企业核心资产可以说是商业秘密②,商业秘密是企业的无形资产,对企业的经营起着重要的作用。随着互联网+与实体经济融合,商业秘密的保护愈发重

---

① 李克强,在第九届夏季达沃斯论坛上的特别致辞,2015年9月11日,新华网,http://www.xinhuanet.com/politics/2015-09/11/c_1116527245.htm,2020年9月9日访问。

② 商业秘密表现形式两大类,一种经营性的,一种技术性的。经营性是指经营管理体系、原料来源、销售渠道、客户名单等,所以一个经营者只要在经营,就随时可能产生新的商业秘密。挖员工或者员工跳槽,特别是有一定管理职能、权力又或者掌握一定商业秘密的人跳槽,就有可能是侵犯商业秘密的重要表现之一。

要,但是侵犯商业秘密的手段更多,比如植入密码病毒、企业垃圾邮件盗取企业账号、黑客通过侵入企业服务器以及入侵对手主机的硬盘等。借助平台,一些经营者对于盗取商业秘密更便利了。1993年出台的《反不正当竞争法》虽然对于商业秘密的保护已经很详细了,但是仍然不能满足互联网发展的需要,基于此,2017年对《反不正当竞争法》进行了修订,对于电脑的使用以及从业者都进行了严格的规定。

2019年我国网上实物商品的零售高达38 165亿元,增长21.6%,占社会消费品零售总额的比例为19.6%,比一季度提高1.4个百分点。[①] 互联网平台带动的就业累计超过6 000万个岗位,平台经济的发展超过以往任何时期。在平台经济快速发展的同时,也暴露出许多新问题,最为突出的就是平台经济的监管问题,其中信用问题是亟须解决的问题。[②] 国务院围绕平台经济的凸显问题,于2019年8月印发《关于促进平台经济规范健康发展的指导意见》,明确指出要深化"放管服"改革,创新监管新方式、新理念,探索适应新模式、新业态的监管办法。信用问题作为平台经济中暴露出的重要问题,国家发改委副司长孙伟说:"我们将会同有关部门对平台企业建立信用档案,将滥用市场支配地位限制交易、单边签订排他性服务提供合同等不正当竞争违法行为记入信用记录,根据信用记录开展公共信用综合评价。"对于平台的治理,2019年10月工业和信息化部印发了《关于加快培育共享制造新模式新业态促进制造业高质量发展的指导意见》,提出了保障共享制造新业态新模式发展的保障措施:加强组织推进、推动示范引领、遴选一批共享制造示范项目和平台;推广典型经验交流;强化政策支持;推动信用体系建设、完善优化信用标准体系。

二、我国平台经济的发展与安全管理趋势

平台化发展是产业发展的根本趋势。我国平台经济在最近几年快速发展,网络平台渗入了生活生产的各个方面。其发展趋势主要表现在:数字化、平台向全产业链方向发展、线上线下融合发展、智能化发展、全球化等。

[①] 国家统计局,2019年上半年全国网上零售额增长17.8%,2019年7月15日,中国经济网,https://www.sohu.com/a/326910790_120702,2020年9月9日访问。
[②] 平台经济发展顶层设计出炉去年带动就业超6 000万,2019年8月11日,新浪网,http://finance.sina.com.cn/roll/2019-08-12/doc-ihytcitm8497194.shtml,2020年9月9日访问。

（一）数字化趋势

平台交易每天都汇集海量的数据。平台对于这些数据的产生、收集、分析以及应用具有独特的优势，而且平台借助互联网可以进行实时动态数据管理，获取的信息是最新的而且是一手数据，作为商业分析是比较准确的。数据作为生产要素在2017年的经济工作报告中就提出，在2019年的G20峰会中数字经济再次被强调，习近平总书记提出了要促进数字经济与实体经济的融合发展的新要求。2020年4月9日《关于构建更加完善的要素市场化配置体制机制的意见》公布，这份文件对数据这个新型生产要素与土地、劳动、资本、技术一起提出了改革方向。这有助于释放数据的价值，加速数字经济快速发展，加速数字资产化，有助于形成平台经济的新模式。数据是平台的一笔巨大的财富，是以后经济中不可缺少的生产要素。特别是基于5G的技术与生产过程链接，创新数据对于个性化生产模式就是不可或缺的要素之一。以服装为例：传统的生产模式是，设计师依据消费者的需求进行产品设计，然后提供给厂商生产；而基于5G技术的生产过程是消费者看到平台的产品，依据自己偏好制定参数，直接下单，厂商收到订单后依据消费者的参数进行制造，制造后直接经过物流或者快递送到消费者手中。

目前数字化已成为企业的发展战略，特别是大型平台企业。阿里巴巴提出的未来三大战略是全球化、大数据以及农村电商。淘宝作为目前我们国内几乎80%以上的网民都用过的平台，它向用户销售方提供一项"数据魔方"的业务，包月的价格是300元。仅仅这一项业务对淘宝来说就是一笔巨大的收入。同样百度也提出了"百度大数据＋平台"的战略，主要向客户提供行业分析、营销决策、舆情监控、客群分析和店铺分析等业务。腾讯作为拥有海量数据的平台企业当然在这方面也不甘落后，在天津的大数据中心拥有10万平方米的加工场所，据说是亚洲第一大数据中心。大数据是一个特别有发展潜力的市场，据Wikibon显示，2016年中国大数据市场达168亿美元，中国的大数据市场处于刚刚起步阶段，据预测每年保持30%的速度增长。[①] 与此同时，中国政府这几年对大数据不断地进行政策支持，有关政策如表5所示。从表5中可以看出，2015年1月《关于促进云计算创新发展培育信息产业新业态的意见》提出要着力突破云计算平台大规模数据管理与应用，充分运用大数据，深

---

① 叶秀敏，平台经济理论与实践，中国社会科学出版社，2018年版，第72页。

度挖掘分析数据,并把这些关键技术应用到生活实践中。其中强调要重点在公共安全、疾病防治、灾害预防、就业和社会保障、交通物流、教育科研、电子商务等领域,开展基于云计算的大数据应用示范,支持政府机构和企业创新大数据服务模式。2015年9月《促进大数据发展行动纲要》提出要统筹规划大数据基础设施建设;建立政府和社会互动的大数据采集形成机制,制定政府数据共享开放目录。2016年的两份文件《关于组织实施促进大数据发展重大工程的通知》以及《国务院关于深化制造业与互联网融合发展的指导意见》都强调大数据在实践中的应用,制定规则,确定数据使用的边界和规则。2017年1月工信部公布《大数据产业发展规划(2016—2020)》提出,到2020年要培育10家国际领先的大数据核心龙头企业和500家大数据应用及服务企业。建设10—15个大数据综合试验区,创建一批大数据产业集聚区,形成若干大数据新型工业化产业示范基地。形成比较完善的大数据产业链,大数据产业体系初步形成。加快大数据关键技术研发。创新数据的应用,深化工业大数据创新应用。从2015年起,每年的政府工作报告都会强调大数据的应用。在党的十九届四中全会中明确提出将数据作为生产要素使用,把数据作为生产要素写入了我国最高文件。2020年3月国务院出台《关于构建更加完善的要素市场化配置体制机制的意见》,提出政府数据开放共享,培育数字经济新产业、新业态、新模式,加强数据资源整合。

表5 有关大数据部分文件

时间	主要内容	来源	发文字号	备注
2015年1月	重视大数据挖掘分析等关键技术。重点在就业和社会保障、教育科研、交通物流、电子商务等领域,开展基于云计算的大数据应用示范,支持政府机构和企业创新大数据服务模式。	《关于促进云计算创新发展培育信息产业新业态的意见》	国发〔2015〕5号	
2015年9月	建立政府和社会互动的大数据采集形成机制,制定政府数据共享开放目录。通过政务数据公开共享,引导企业、行业协会、科研机构、社会组织等主动采集并开放数据。统筹规划大数据基础设施建设。	《促进大数据发展行动纲要》	国发〔2015〕50号	

续 表

时间	主要内容	来源	发文字号	备注
2016年1月	建立完善公共数据共享开放制度。建立数据资源目录体系,形成公共数据资源共享清单和开放清单,明确公共数据共享开放的范围、边界和使用方式。	《关于组织实施促进大数据发展重大工程的通知》	发改办高技[2016]42号	
2016年5月	组织实施制造企业互联网"双创"平台建设工程,支持制造企业建设基于互联网的"双创"平台,深化工业云、大数据等技术的集成应用。	《国务院关于深化制造业与互联网融合发展的指导意见》	国发〔2016〕28号	
2017年1月	培育10家国际领先的大数据核心龙头企业和500家大数据应用及服务企业。形成比较完善的大数据产业链,大数据产业体系初步形成。建设10—15个大数据综合试验区,创建一批大数据产业集聚区,形成若干大数据新型工业化产业示范基地。	《大数据产业发展规划(2016—2020)》	工信部[2016]412号	
2015年3月	制定"互联网+"行动计划,推动移动互联网、云计算、大数据、互联网等与现代制造业结合。	2015年政府工作报告		
2016年3月	促进大数据、云计算、互联网广泛应用。大力推行"互联网+政务服务",实现部门间数据共享。	2016年政府工作报告		
2017年3月	深入推进"互联网+"行动和国家大数据战略。	2017年政府工作报告		
2018年3月	深入开展"互联网+"行动,实行包容审慎监管,推动大数据、云计算、互联网广泛应用,新兴产业蓬勃发展,传统产业深刻重塑。	2018年政府工作报告		

续　表

时间	主要内容	来源	发文字号	备注
2019年3月	加快大数据、云计算、互联网应用,以新技术新业态新模式,推动传统产业生产、管理和营销模式变革。	2019年政府工作报告		
2019年10月	健全劳动、资本、土地、知识、技术、管理、数据等生产要素由市场评价贡献、按贡献决定报酬的机制。	《中共中央关于坚持和完善中国特色社会主义制度、推进国家治理体系和治理能力现代化若干重大问题的决定》		
2020年3月	政府数据开放共享;培育数字经济新产业、新业态、新模式。加强数据资源整合。	《关于构建更加完善的要素市场化配置体制机制的意见》	中共中央国务院	

(资料来源:作者根据政府公告文件自行整理)

(二)线上线下融合发展趋势

我国"互联网+""供应链+""共享+""智能+"快速发展,平台经济在中国还有很大的发展空间。最近几年随着互联网的快速发展,新的技术在生产生活领域应用不断创新,商业模式也不断地创新,这些新技术也纳入了国家发展战略,如实现万物互联能为平台经济的发展提供平台基础设施。

鲍姆企业管理咨询的董事长鲍跃忠曾说过,电商对中国的消费品行业的发展起着重要的作用,它是实现行业整体模式转换的一种路径。直观意义上看,电商帮助企业搭建了两个基础设施,即交易平台和物流平台,这两个平台是传统产业转型的核心要素。[①] 这两个平台的搭建,为消费品行业从传统经营模式向线上线下融合发展的新型模式转换。未来平台企业的发展趋势正是线上线下相融合的全产业链发展。互联网+在工业应用,平台企业经营模式的不断创新,为传统经济创新与转型提供了新的路径。平台基础设施的搭建,特别是政府对"新基建"政策的支持,对我国产业结构优化起着重要的作用。整

---

① 苏鸣立,1997-2019:中国电商22周年发展历程及未来,计算机与网络,2019年第10期,第8-10页。

体上看，平台企业的发展逐步改变了传统的企业的经营模式，形成线上线下融合全产业链发展的新趋势。

（三）全球化趋势

随着全球化不断地深入发展，世界各国不断地发展有利于自己的全球化战略。特别是最近几年发展迅速的平台经济，借助互联网，真正地实现了全球作为一个统一的大市场。特别是随着"一带一路"的推动，中国走出世界，敞开国门，世界更多地融入了中国元素。在这过程中，中国不断地努力，得到了更多国家的认可。首届世界互联网大会于2014年在中国的组织下召开，其主题是"互联互通、共享共治"。这次会议的召开，中国向世界展现了中国平台经济发展的实力，表明有制定世界平台经济规则的能力与实力。互联网具有跨国界典型特征，网络信息是跨国界流动的，信息流引领技术流、资金流、人才流，信息资源日益成为重要生产要素和社会财富，信息掌握的多寡成为国家软实力和竞争力的重要标志。在世界上中国的平台经济的实力已经可以与美国抗衡，领先于欧洲，这是事实。特别是在零售、消费领域，中国互联网的渗入更广泛。如互联网＋微商、社交网络、OTO、移动网络的应用等。从全球互联网公司市值排名情况看，在2019年年底全球市值前30名互联网公司中，美国公司有18个，中国有9个，其中中国的阿里巴巴和腾讯的市值都进入了世界前10强。截至2019年年底，境外我国互联网企的总市值高达11.12万亿元，比2018年年底增长40.8%，创历史新高。①

从世界平台企业巨头看，他们都采取了全球化的战略。Google搜索语言几乎涵盖了世界全部语言，国际域名高达100多个，3 000多员工覆盖250多个国家。Facebook使用的语言有80多种，其使用社区翻译项目，其实支持的语言也高达130多种。中国的巨型平台企业也不例外，都采用全球化的发展战略。阿里巴巴把全球化作为其发展的三大战略之一，阿里巴巴在上市后就提出：在全球化业务中要关注国内的中小企业走出国门，让世界上的消费者都可以购买世界上任何地方的产品和服务，并立下了五年内实现"全球买""全球卖"的商业生态平台。从现在看，阿里为了实现目标并没有放下全球化的步伐，不断地与世界上企业国家深度合作，不断地创新。腾讯也非常重视全球化发展，腾讯推出微信后不久就推出英文版，微信也支持100多个国家和地区的

---

① 第45次中国互联网络发展状况统计报告。

用户使用。百度也加快了国际化步伐,把全球化范围扩展到 O2O 领域,在全球的 APP 下载排名中,百度排名进入前 10。①

三、平台经济发展的政策效果分析

当前,随着全球化、信息化、网络化三大趋势的不断演进,特别是"无线高速网络、移动智能终端"时代的加速到来,以网络为主阵地、线下实体为补充的平台商业运作模式已经成为商品交易市场转型发展的新生力量,并逐渐释放巨大效益。在我国全面实施创新驱动发展战略、加快转变经济发展方式的背景下,原有经济主体均主动思考转型发展问题。平台经济所固有的跨界、融合、衍生、创新的特征,已然成为各方关注的重点。从发展氛围看,若干个国内先行地区已将平台经济作为新的经济战略重点予以关注和支持。

(一)支持平台经济发展的政策梳理

当前,随着"互联网+""工业 4.0"时代的到来,商品交易市场发展的技术、人才、资本等要素正在发生深刻变化。为推动商品交易市场新时期的转型升级发展,从国家到地方都相继出台了相应的鼓励政策,主要聚焦在以下几个方面。

1. 明确平台经济发展的重要性

开展现代服务业综合试点以来,在全国范围内已经培育了一批资源配置型平台企业,充分体现了市场的影响力、带动力以及创造更大价值的作用力,推动了物流、金融、信息等配套服务体系建设,促进了商品、要素和服务市场融合发展。实践表明,平台经济具有高端化、服务化、融合化等特征,是产业融合发展和市场功能创新的新型经济形态。为此,在全国层面,2016 年 9 月,商务部、国土资源部、住房城乡建设部、交通运输部、银监会联合发布《关于推进商品交易市场转型升级的指导意见》(以下简称《指导意见》)。《指导意见》提出商品交易市场要遵循信息化应用、定制化服务、平台化发展三大发展方向,并明确了未来发展的主要任务之一就是实施平台经济发展战略。在地方层面,各地方政府根据自身经济发展情况提出发展平台经济的目标和任务。2014

---

① 叶秀敏,平台经济理论与实践,中国社会科学出版社,2018 年版,第 74-76 页。

年,上海市商务委员会《关于上海加快推动平台经济发展的指导意见》明确指出:发展平台经济是上海加快对外开放的迫切需要、是上海完善现代市场体系的内在要求、是上海主动服务长江经济带和服务全国的重要举措。2015年湖北省政府发布《省人民政府关于加快网络平台经济发展的指导意见》提出:加快发展平台经济,做大做强平台型企业,加速产业集聚和产业融合,促进农业现代化、制造业先进化和服务业高端化,为推动经济提质增效升级提供有力支撑。[1]

2. 确立平台经济发展的战略方向

在深刻认识和把握平台经济运行的机制、规律、方式和特点的基础上,各省份根据平台经济发展的实际情况,科学制定平台经济发展的总体规划和战略。例如,上海市《关于上海加快推动平台经济发展的指导意见》指出了上海平台经济建设的五大主要任务和五大保障措施,明确应培育和打造大宗商品交易平台,消费服务和农产品流通平台,物流、金融、资讯专业服务平台,商务领域公共服务平台及社会化、专业化平台企业。[2] 2015年4月为推动网络平台经济发展,江苏省人民政府正式发布《江苏省政府关于加快网络平台经济发展的指导意见》,该意见指出,从2015年到2020年江苏将大力扶持网络平台经济发展,并建成10个主导产业突出、层次水平较高的集聚区。[3]

3. 提出平台经济发展的主要模式

平台经济作为一种新兴经济形态,尤其是在平台经济目前以中小企业或创业企业发展为主体的情况下,需要政策的引导,把握发展趋势,明确发展方式。《指导意见》要求"鼓励商品市场掌握消费变化与趋势,开展商品供应分类管理,满足消费升级和多样化、个性化需求。推动商品市场与产业融合发展,促进产品质量提升,引导产业优化重组。以产品和产业链为基础加强资源协调与优化配置,加快商品市场平台化发展。推动生产、流通和消费的全程集约化发展,形成稳定的产品和产业生态圈,实施以商品市场为核心的平台经济发展战略,为供给侧结构性改革提供支撑"。

---

[1] 湖北省政府,省人民政府关于加快互联网平台经济发展的指导意见,2015年7月20日,中国政府网,http://www.hubei.gov.cn/zfwj/ezf/201508/t20150813_1711901.shtml,2020年9月9日访问。

[2] 上海市商务委员会关于上海加快推动平台经济发展的指导意见,2014年6月12日,https://www.pkulaw.com/lar/450098ee55c5fed392f7cc697101c97dbdfb.html,2020年9月9日访问。

[3] 江苏省政府,江苏省政府关于加快互联网平台经济发展的指导意见,2016年2月23日,中国政府网,http://www.gov.cn/zhengce/2016-02/23/content_5045195.htm,2020年9月9日访问。

2015年11月,工业和信息化部发布贯彻落实《国务院关于积极推进"互联网+"行动的指导意见》行动计划(2015—2018年),明确提出:"打造服务产业转型的平台经济。支持制造企业、互联网企业、信息技术服务企业跨界联合,建设和应用推广工业云平台。组织开展工业云服务创新试点,推进研发设计、生产制造、营销服务、测试验证等资源的开放共享,打造工业云生态系统。开展工业电子商务区域试点,推动工业电子商务平台、第三方物流、互联网金融等业务协同创新和互动发展,培育一批工业电子商务示范区、平台和企业。支持制造龙头企业以供应链管理为重点,深化企业间电子商务应用,发展直销电商、社交电商、跨境电商等网络营销新模式。"[①]

4. 出台相关的规划与扶持政策

平台经济作为一种新兴的经济形态或经济模式,将会对所在城市产生经济增长、效率提高、功能提升、产业转型、消费升级、就业带动、生活方式变革等全面深刻的影响。这些效应对于不同类型城市有着不同的战略意义。例如,作为长三角区域经济发达城市,苏州与杭州都高度重视信息化与移动互联网发展的政策扶持,为进一步发展平台经济集聚区,两市从产业发展规划、发展总部经济、发展信息经济才引进等方面发布了一系列扶持政策。[②]

(二)平台经济对区域经济发展影响效应的分析

平台经济作为区域经济发展的新抓手正在蓬勃兴起,在促进经济转型升级、实现贸易倍增等方面发挥出巨大的能量。新兴产业发展是推动产业转型升级的重要基础。在实施供给侧结构性改革过程中,为实现产业转型,涌现出一批具有较强增长潜力的优势产业,平台经济就是其中之一,为地方政府带来的经济、社会效益与日俱增。

1. 经济引擎效应

经济引擎效应是平台经济对区域发展所产生的基本效应。平台型企业在一个区域的集聚提供了区域性、全球性的交易平台,从而产生大量的物流、贸易流、信息流和资金流,带动了地方经济发展。平台经济的发展有利于所

---

① 国务院,国务院关于积极推进"互联网+"行动的指导意见,2015年7月4日,中国政府网,http://www.gov.cn/zhengce/content/2015-07/04/content_10002.htm,2020年9月9日访问。

② 凌守兴,苏州与杭州依托移动互联网发展平台经济集聚区的比较研究,商业经济,2016年第8期,第78-81页。

在区域或城市突破空间资源"瓶颈",通过新产业集群的发展形成新的经济增长点。尤其是在后危机时代实体经济增长乏力的态势下,平台经济显示出强劲的增长速度和增长潜力,其经济引擎效应更加凸显。如通过开放平台战略,Facebook 已成为拥有 9 亿用户的世界最大 SNS 网站。政府应高度重视平台经济的经济引擎效应,在传统产业动力衰减的产业转型期,更好地引导和扶持平台经济发展,充分释放平台经济作为新兴经济增长点的支撑作用。

2. 效率提高效应

效率提高效应是平台经济区别于其他经济形态、对区域发展所产生的最重要的影响效应。效率提高既是平台经济产生的根本动力,也是平台经济特点与效应的集中表现。平台经济通过资源的整合集聚、服务的全面多元、交易的实时便捷等,更好地解决了信息不对称问题,缩短了产品到达用户的时间,大大降低了供求双方的搜寻与交易成本,实现了更有效率的资源配置,提高了城市运营的综合效率。以"56135"物流平台(上海陆运交易中心)为例。"56135"通过货运信息的整合和撮合交易、设备租赁、融资服务等增值服务的拓展,将国内较高的社会物流服务总成本(约占 GDP 的 18%)降低到 8%—9% 的水平(已接近国际水平),并正在解决国内公路货运空载率高达 50% 的资源浪费问题。政府部门应高度重视平台经济的效率提高效应,通过平台经济的发展壮大来推动城市总体运行效率的提升,以更好地突破资源、土地、空间的制约,实现更有效率的资源配置。

3. 功能提升效应

功能提升效应也是平台经济影响效应的重要表现。作为服务经济的升级,平台经济对一个区域发展的意义在于通过服务对象的扩大、服务领域的拓展、服务模式的创新、服务品质的提升和服务环境的优化,进一步增强城市的综合服务功能和辐射示范功能,从某种程度上讲,平台经济的发达程度已经成为体现一个区域服务功能能级、水平、层次、程度的重要标志,也是一个城市差异化竞争力的体现。北京、上海、南京、苏州、杭州已经在平台经济的发展中领先一步,平台经济成为城市整体的经济发展和功能提升的有效动力。

4. 产业转型效应

产业转型效应是平台经济最直接的影响效应。产业转型主要表现在大量平台型企业形成高技术性、高附加值、高增长性的知识密集型现代服务产业群。平台企业的集聚必然带动相关服务业，特别是知识型服务业和专业型服务业的发展，形成为平台企业服务的服务业产业链，促进产业能级提升和结构优化。同时，平台经济对空间和资源的依赖性相对较低，是空间集约和环境友好型产业。

5. 创新引领效应

创新引领效应是平台经济独特影响效应的又一重要表现。平台经济既体现了理念创新，也引领和推动着商业模式、产业组织形式和信息技术的融合创新。从理念创新来看，平台经济秉承的是开放、分享、共赢、互动、体验参与等引领未来发展的先进理念。从商业模式创新来看，平台经济不断推动着"资金滚动资产"盈利模式、"免费＋收费"运营等盈利模式的创新，通过在平台上嫁接和衍生出各种终端增值服务来弥补平台投入建设及免费运营部分的成本，并通过完善各种治理规则和工具来扩大协同工作，由此形成规模经济和品牌资产，增强平台的竞争力。而平台的双边市场也形成了区别于单边市场的产业组织形式创新，提高了产业效率。平台特别是虚拟平台的发展既依托着信息技术的发展，同时也引领着信息技术应用的不断深化以及其他多元技术的融合，从某种程度上讲，也促进了技术的不断创新。苹果iPod、iPad和iPhone产品系列的持续创新所引领的业界革命，正是平台经济创新引领效应的生动体现。政府部门要高度关注平台经济的创新引领效应，通过平台经济的集聚发展来实践创新驱动。

6. 就业带动效应

就业带动效应是基于平台经济特点所形成的区域影响效应。平台经济基本上表现在各个领域的中小企业，尤其是依托网络兴起的平台经济在起步之初往往准入门槛较低，因此形成了面大量广的中小企业甚至是小微企业，而且网络型平台企业基本也构成了创业的主要群体和模式。可见，平台经济也是就业带动的重要力量，如Facebook在2011年为美国带来23.6万个工作岗位，就业效应可见一斑。政府部门要充分发挥平台经济的就业带动效应，优化平台经济发展环境，鼓励更多人通过平台模式进行创新创业，将平台经济领域作为解决就业的重要依托。

7. 消费升级效应

从消费刺激来看，由于平台发展的很大因素在于便利交易实现，因此，平台经济从某种程度上开拓了消费领域、丰富了新型消费业态与消费模式，优化了消费环境,如电子商务、第三方支付、携程旅游、IPTV、智能手机等客观上对于扩大消费、刺激消费升级起到了促进作用,也成为新型消费模式的重要引领。平台经济的消费升级效应在我国当前扩大内需的背景下,显得尤为突出。

8. 生活变革效应

生活变革效应是平台经济区别于其他经济形态最为独特的、产生于经济领域之外的影响效应。平台经济向社会领域的拓展,正在悄无声息地改变着人们的人际交往、生活模式和社会结构,进一步拉近了人与人之间的距离,使得多元的社会思想得到释放和碰撞,这是以往在任何时代都不曾出现过的社会现象,平台经济为公共治理创新提供了新的载体和手段。总之,平台经济通过更先进的理念、更有效的整合、更快速的创新、更多元的服务、更有力的管理和更智慧的响应,使所在城市获得更高的运营效率、更强大的综合服务功能、更有效的资源配置能力、更前沿的消费引领能力、更权威的行业话语权与领导力、更广泛的区域影响力,从而成为引领城市经济转型和塑造核心竞争力的新引擎。

四、我国平台经济发展现状与面临的挑战

过去 20 年间平台经济在中国飞速发展,也是世界新经济发展的重要现象。再加上 5G 在生产、生活中的应用,中国的平台型企业已经成为推动社会资源整合的重要力量,成为经济发展的重要载体,传统经济的发展与治理不断地被颠覆与重塑。必须清楚当前我国平台经济发展和平台治理现状,才能打破平台经济发展的瓶颈。

(一)我国平台经济自身发展现状

1. 我国平台企业市值与经营类型

我国平台企业类型众多,在表 6 中列出了部分企业的经营类型和市值。从表 6 中可以看出,从 1999 年发展到目前的平台企业都成了巨无霸企业。阿里巴巴的市值在 2018 年年底超 3 500 亿美元,今日头条在这几年里不断地扩大业务,布局国际化战略。在 2017 年 2 月今日头条全资收购美国的短视频应用 Flipagram,2017 年 10 月以十亿美元的估值收购 Musical.ly,有资料

显示 Musical.ly 全球用户超过两千万,北美用户超过六百万;今日头条于 2012 年 3 月建立到 2018 年年底不到六年的时间内,市值在 2018 年年底达到 750 亿美元。

表 6 我国平台企业的市值与类型

序号	企业名称	2017 年市值(亿美元)	2018 年市值(亿美元)	经营类型
1	阿里巴巴	3 519	3 577	电子商务
2	腾讯	3 340	3 767	社交传媒通讯
3	百度	616	565	搜索、信息、广告
4	蚂蚁金服	598	1 500	金融科技
5	京东	554	314	电子商务
6	小米科技	448	530	社交传媒通讯
7	网易	392	311	社交传媒通讯
8	滴滴出行	332	560	出行
9	携程	273	150	旅游
10	陆金所	185	380	金融科技
11	美团	179	308	电子商务
12	苏宁	152	134	电子商务
13	微博	145	131	社交传媒通讯
14	今日头条	80	750	社交传媒通讯

(资料来源:作者根据网络资料自行整理)

全世界上市公司中市值最高的前 10 家企业,有 7 家属于平台型企业。目前我国估值超过 100 亿美元的超大型平台企业有 20 家,其中有 16 家都是从 2012 年以后逐步成长起来的。[①] 中国信通院《我国过互联网企业运行情况分析》报告整理了 2017 年到 2019 年三年之间中国上市企业的总市值如图 1,2018 年的二季度中国上市互联网企业的总市值接近 10 万亿元,2019 年的第四季度接近 12 万亿元。

---

① 互联网平台治理研究报告,2019 年。

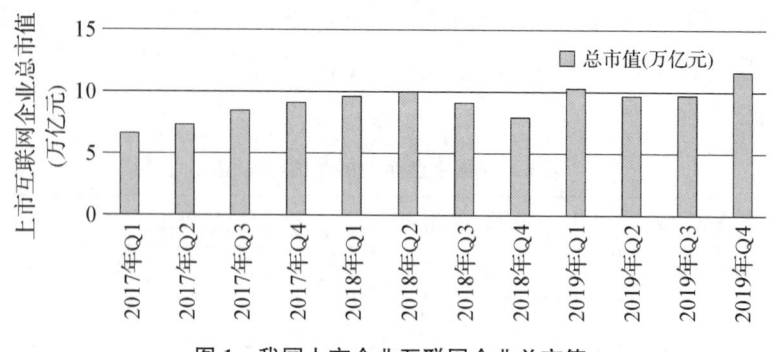

图 1　我国上市企业互联网企业总市值

（资料来源：作者根据网络资料自行整理）

2. 我国平台企业的规模与地域分布

我国互联网企业在境内外上市截至 2018 年年底有 120 家，其中在国内上市的有 46 家、美国上市的有 48 家、香港上市的 26 家，总市值约为 7.89 万亿。我国超大型平台企业由 2008 年 4 个，到 2018 年增加到 20 个。

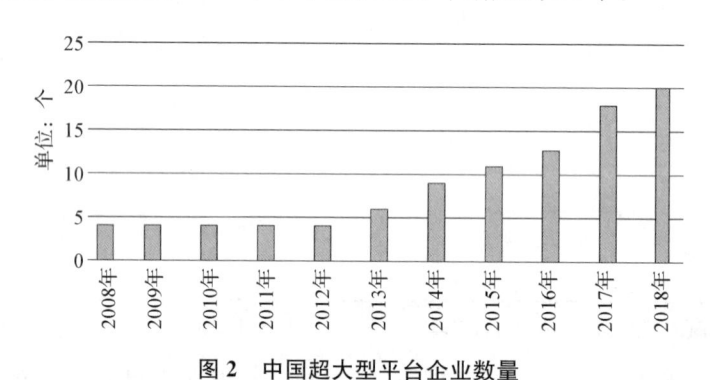

图 2　中国超大型平台企业数量

注：1. 超大型平台企业指巨型和大型。
　　2. 数据来源：https://www.sohu.com/a/314318016_120025397
（资料来源：作者根据网络资料自行整理）

3. 互联网企业投融资状况

我国互联网投融资在 2020 年第一季度受新冠肺炎疫情的影响虽然有所下降，但投融资总额高达 50.9 亿美元，总共发生 282 笔融资。超过 2 亿美元的有 6 笔，融资总额 38.85 亿美元，投融资前六名的互联网企业如表 7。从表 7 中我们看出，2020 年一季度贝壳找房获得 15 亿美元的 D-Ⅱ 轮融资，占本季度融资的约 30%。自如 C 轮也获得了 10 亿美元的融资额。2020 年第一季度互联网企业融资前两名的贝壳和自如都属于房产领域,二者的融资总额占一季度互联网企业融资总额的约50%;猿辅导和云学堂两家在线教育企业获得融资总额约20%;获得1亿元以上融资的电子商务企业仅壹米滴答一家。

表7 中国2020年一季度互联网投融资超过1亿美元企业

序号	融资企业	融资金额(美元)	行业	投资方	轮次
1	贝壳找房	15	房产	软银集团等	D—Ⅱ轮
2	自如	10	房产	软银集团	C轮
3	猿辅导	10	在线教育	博裕资本	G轮
4	掌上糖医	1.43	医疗健康	博将资本等	D轮
5	壹米滴答	1.42	电子商务	未披露	D—Ⅲ
6	云学堂	1	在线教育	大钲资本等	D轮

(资料来源:中国信通院2020年一季度互联网投融资运行情况报告。)

4.平台产业状况

目前我国平台产业涉及比较广泛,平台产业包括零售业、教育、旅游、二手市场、娱乐(主要包括音乐、文学、游戏、视频、直播等)。网络零售成为零售的持续动力,2019年农村电商和跨境电商的崛起,推动了数字经济的发展。互联网企业在人工智能、大数据、云计算等新技术的推动下以及国家的各种政策扶持下,整体较快发展,上市企业也快速增加,独角兽企业发展迅速。

自2015年以来,网络交易量特别是零售网络交易量逐渐增加,2019年网上零售额达到106 324亿元,比2018年增长16.5%;其中实物达到85 239亿元,占社会总消费品零售额的20.7%。在多种平台的带动下,农村电商迅速崛起,2019年农产品网络零售额高达3 975亿元,特别是扶贫电子商务方面,国家级贫困县网络零售额高达1 109.0亿元。[1] 截至2019年年底,我国在境内外上市的互联网企业共135家,境外总市值高达11.12万亿人民币。在香港上市企业的市值占上市企业总市值的约百分之五十。从地域分布看,平台企业主要分布在一线城市,其中北京约占三分之一,上海、深圳、广州约占三分之一。[2]

(二)我国平台经济发展自身面临的挑战

互联网+、大数据、5G技术、人工智能、区块链以及云计算等技术的发展,

---

[1] 第45次互联网发展报告。
[2] 第45次互联网发展报告。

使平台的搭建变得容易,这些高科技的技术与实体经济的融合,使得跨地区、跨领域、跨行业的业务推出相对容易,同时传统的企业也不断地融入这些新的技术。现有的经济治理制度与治理体系已经不能适应新平台经济的治理制度与治理体系,亟需修订、完善现行的经济治理体系,使治理制度与治理体系的完善与发展和平台经济的发展同步,保证参与平台经济的各方利益不受损害。从现有平台经济的发展看平台经济面临的挑战主要有以下几个方面。

1. 传统的政府直接参与经济治理模式面临挑战

平台经济是多边经济主体参与,传统的经济治理模式已经不能适应平台经济的发展。传统的政府提供公共服务是受公共预算的约束的,政府提供的公共服务会出现供给不充分不平衡的问题。我国互联网平台企业的迅速崛起,如阿里巴巴、滴滴、腾讯等一批比较有实力的互联网平台企业,他们在过去的十多年间充分整合线上和线下资源,扩大了社会公共产品和公共资源的供给边界,极大地满足了我国人民的社会需要,这种互联网平台企业用商业化的手段,实现了参与公共服务的供给,模糊了公共服务与商业服务的边界。但是,必须清楚地认识到,企业的本质是获利。平台企业作为企业,必须首先满足盈利,然后才是参与经济社会的治理。这些企业具有的营利性与参与经济社会治理的积极性存在冲突。如,滴滴网约车平台,作为平台企业具有天然追求效益的特性,在追求共享经济的规模经济效益的同时平台放松对驾驶员准入条件的限制,但准入门槛的降低意味着一些不合格、不合规、高风险的司乘人员也介入平台运营,进而提升了整个平台服务供给的风险性;平台本身就是基于数字技术的生态化多边市场体系,除了主导型平台企业外,还有大量依附于平台的小微企业和商户等,其价值诉求、资源能力、社会责任履责意愿各不相同,平台企业在激励约束这些利益节点主体时也存在着二元困境——约束过严可能导致商家流失转向竞争对手阵营,管理宽松又可能让不良商户的个别行为伤害平台声誉,甚至引发法律纠纷和舆论风波。[①]

2. 互联网安全防护的挑战

首先,保护个人信息安全的挑战。目前消费者进行交易时一般都用平台APP或者小程序注册会员,注册之后享受一定的优惠。但是注册的同时也涉及个人的隐私。几乎每个人都收到过各种推销、诈骗信息,被诈骗的人也不在

---

① 陈瑞、谢朋真,平台经济的监管困境与治理优化,经济,2019年第12期,第98-101页。

少数。360集团的研究报告发现,有超过一半的网民通讯信息泄露,约1.3亿企业邮箱存在泄露风险。不仅是个人信息,网银、邮箱以及电子账号的密码都是比较容易泄露的重灾区。[①] 360网络安全中心的调查还显示中国是黑客组织攻击的主要目标,他们盗取企业用户邮箱后经常发送垃圾邮件或者向企业内部发送邮件进行欺诈,获取更多的邮箱账户和密码,用来进行更高级的商业诈骗。第三是高级网络安全人员缺乏。《2019年网络安全行业人才发展研究报告》显示,2019年上半年整体上网络安全人员需求量持续增长,但是这方面的人才供给不足。2019年上半年猎聘大数据显示网络安全人才指数(Talent Shortage Index,缩写成"TSI")达到了3.10。[②] 这说明网络安全工程师就业前景非常好,而且平均年薪比2018年涨5.94%。从调查结果看,从事网络安全人员中博士、硕士、MBA学历占比不到2%。随着网络技术的发展,网络安全工作非常重要,而网络安全工作是一项复杂、专业强度高的工作,而且要求有丰富的实践经验。对于这方面我国这方面的高级人才比较匮乏,所以要重视这类人才的培养,特别是高学历人员的培养。第四是"5G"时代的网络安全的挑战。5G在"新基建"的应用主要包括人工智能、互联网、车联网、工业互联网、企业上云以及远程医疗等,而这些领域与互联网、大数据相结合向智能化、个性化延伸。"新基建"承担着对传统产业的升级,同时也兼顾创新与稳定经济增长的重要任务。这些新产业的发展是以数字、电子、智能化为基础,需要以互联网安全技术为保障。"5G"在生产生活中广泛应用,新的应用业务不断地开展,同时业务也伴随着安全风险,特别是关键技术的安全风险也随之暴露出来。2019年虽然没有发生轰动的大型APT(Advanced Persistent Threat,缩写为"APT")攻击事件,但是APT攻击事件的次数不断增加,APT攻击频率和组织数量都比以往任何时间都多,这说明面临APT攻击的巨大威胁。APT攻击呈常态化现象,政府、央企、科研单位、进出口单位等是攻击的重点对象。所以说,互联网安全技术面临极大挑战。

3. 信用体系的不完善面临的挑战

当前信用体系尚不完善,虚假信息、虚假宣传、网络出售假货。信用体系的建立在我国刚刚起步,信用在多边平台经济中起重要的作用。平台经济是

[①] 新华经参研究院,关键企业保障网络安全的形势与挑战,2017年2月28日,360互联网安全中心,http://zt.360.cn/1101061855.php? dtid=1101062514&did=490301114,2020年9月9日访问

[②] TSI是人才紧缺指数,TSI>1,表示人才供不应求;TSI<1表示人才供大于求。

多边共同遵守信用体系,需要各方共同努力,才能推动平台经济健康发展。信用体系的建设是全员参与的系统工程,只有各个方面共同努力,才能建立遏制体系,震慑商业欺诈行为的发生。特别是万物互联不断渗入我们生活的方方面面,日常生活中利用一些平台进行欺诈的现象屡见不鲜。失信的行为也不断发生。

市场经济是信用经济,平台经济更应以信用为基础。但是在平台交易的过程中,失信的行为不断发生。不论是政府、企业还是个人,失信行为在生活中都很多。在中国政府采购网上2019政府采购严重违法失信行为的记录公布的名单中有407家企业有失信行为,这些企业失信行为有的是互相串通投标,有的是提供虚假材料,对他们的处罚也仅是招标款的千分之五,个别仅是禁止一年政府招标。这些处罚对于企业来说是相对较轻,不足以对它们起警示作用。个人的失信行为更是常见,虽然这几年对个人失信行为进行了重视,但仍不断爆出"老赖"的现象。据中国执行信息公开网的数据,截至2019年11月14日,被执行失信人总数达到了1591万。若用人口总数13亿测算,全国失信人数的比例超过1‰。这1‰说明在我国,每100人中就有一个人存在失信行为。我们看到中国法院网在2014年曾公布被执行人失信人数为8.7万。仅五年的时间,失信人数就猛增将近15倍。[①] 我国对企业失信与个人失信行为的惩罚是较轻的,我国对个人失信行为的惩罚仅是限制乘坐飞机、高铁、出入境等消费限制,而相比较而言,美国的个人征信要严厉得多,美国人人都有一个社会安全号码,类似我国的身份证号码,学生可以查询考试成绩、升学、找工作,可以用来银行开户、租房等,通过这个号码可以看到一个人的所有的信用记录,如果有失信行为,申请学校、申请银行开户、找工作、买房、租房等都会受到影响,甚者会被拒,后果很严重。我国的信用体系的建立起步晚,尚未得到重视。而目前的平台经济更需要建立比较完善的信用体系,才能为平台经济的健康发展提供良好的营商环境。所以,亟须加快完善我国信用体系的步伐。

4. 法治治理的挑战

平台经济在大数据、云计算和互联网的推动下,加上政策的支持,获得了巨大的政策红利,取得了快速的发展。同时平台也因其在信息、技术等方面拥有特殊的资源优势,改变网络空间的同时也改变了商事主体行为能力,塑造了

---

① 老赖数量猛增:5年翻180倍每100人至少1个,2019年11月22日,新浪财经,https://baijiahao.baidu.com/s?id=1650895244361611178&wfr=spider&for=pc,2020年9月9日访问。

一种新兴权力样态——网络平台权力。[①] 平台经济不断颠覆传统的商业模式,传统的企业主体之间的权力关系也不断地改变,网络平台具有传统商业所不具备的赋权和控制双重权力,具有特殊性。平台经济中的平台权力其实被平台企业掌控,比如淘宝平台、百度平台、腾讯平台、京东平台等,这些平台的掌控权其本质上由其平台企业掌握。但是这些平台依靠自己平台的控制权,对平台用户的评论、隐私等有控制权力,同时带来了侵犯用户的言论自由和用户的隐私、发布虚假广告和信息等现象,妨碍人们对事情做正确的判断,造成不良后果,严重威胁平台经济健康发展,所以要对平台进行管理与依法治理。

平台权力可以细分出规则制定权、数据控制权、行为管制权和争议处置权。[②] 首先,平台通过计算机技术把企业的意志融入技术框架中,从技术层面约束用户,控制平台运行规则。平台通过与用户签订用户协议、条款,约束用户在使用平台中的行为。其次,在大数据时代,特别是数据纳入生产要素之后,提升了数据的内在经济价值,加速了数据商业化。而平台经济每天产生海量数据,这是平台的丰富资源。这也是平台之间争夺用户、获取流量的关键所在。平台通过自身的服务,吸引用户注册并使用平台。平台通过分析用户注册时的信息,通过分类、筛选、整合,向销售商或者生产商出售或提供信息。通过数据分析可以更有效地向用户提供有效的、准确的信息,实现有效的信息匹配。通过大数据的深度挖掘,平台企业产生的数据为平台企业带来不错的收益。如淘宝平台通过淘宝用户注册购买的数据分析,向淘宝商铺提供装修、客户群体分析数据等,为淘宝带来丰厚的利润。平台对平台用户数据拥有收集、占有、支配、处置等一系列的权力,这些权力给平台带来巨额收益。第三,平台作为商事主体活动的重要场所,平台就对商事主体有管理的权利。从市场的角度看,平台作为连接供需双方的纽带,具有许可的权力,即商事主体是否能够在平台上进行交易,平台要对此进行筛选,这其实就是管制行为的一种体现。法律角度看,通过某种法律的授权许可,平台有权对用户发布的内容进行处理,如删除、屏蔽、警告、禁止使用等,这其实就是对用户的行为管制。

5. 知识产权侵权风险与挑战

平台经济基于互联网技术,平台的商事主体都是陌生人,在虚拟的、陌生

[①] 郭渐强、陈荣昌,网络平台权力治理:法治困境与现实出路,理论探索,2019 年第 4 期,第 116 - 122 页。

[②] 郭渐强、陈荣昌,网络平台权力治理:法治困境与现实出路,理论探讨,2019 第 4 期,第 116 - 122 页。

人的平台交往中,投机心理比较普遍,多方交易主体彼此之间没有任何先前信息,同质产品繁多,可选范围大,在这样的平台交易下,一次性交易比较常见。无论从博弈论角度还是从信息经济学的角度看,陌生人之间的交易都更容易产生侥幸心理。部分平台如天猫、淘宝、拼多多等,伪劣商品很多,就连马云自己也曾说过,想几百块钱买个iPhone手机可能吗?也就是说,在这些电商平台上,伪劣产品很常见,这也是零售平台突出的特点。传统的线下交易模式不依赖第三方提供的信息,主要以区域为前提;而线上的平台交易模式,消费者消费产品或服务是主要依靠第三方平台的信息,不受区域的限制,如果没有第三方平台,即使供需双方都有交易的意愿,也不能产生交易,所以,平台经济的交易就意味着侵权商品大大地增加。[①] 再者,传统销售模式是由企业跨区域的销售团队负责,这些企业大多是较大的企业,他们拥有供应链的优势,硬性要求其他企业遵守责任标准,尽可能地防范侵权风险的发生。而平台企业就不同,平台经济为跨地域销售提供了便利场所与交易方式,克服了传统经营模式的信息不对称性,使销售跨越时空完成交易。[②] 但是这对于小平台或者新进入平台市场的平台而言,没有能力投入大量的资金防范侵权行为的发生。换句话说,平台经济的这种信息对称模式,使侵权作为盈利手段获取了很大的利益。所以,平台经济中侵权行为不断发生。主要原因在于,平台企业在平台经济中也需要获利,对于入住平台交易规则制定、进入平台用户的要求,并不是完全中性。平台在交易过程中并不像传统大企业拥有供应链中的优势地位,做不到要求平台商事主体遵守自己平台的责任标准,这就会产生新的信息不对问题,给平台交易者带来了侵权的风险。

  平台交易与传统市场交易明显不同是,平台交易时多边而传统市场交易时单边,也就是说,传统交易是某一企业对应诸多消费者,这是一对多关系,而平台经济中的交易是多对多的关系,在这个平台中不存在固定的对应关系与中心,人人都是消费者、人人也可以是供应商。基于互联网的平台交易打破了传统交易的时空限制,只要进入平台就不受时空限制,平台上可以汇集遍布全球的人们,网络平台上的聚集能力在一定程度上促进了交易量,同时风险也不断加剧。从博弈论的角度看,博弈双方为了自身的利益,初次博弈结果必然不

[①] 李雨峰,互联网平台侵害知识产权的新势力模式——迈向一种多元治理,重庆大学学报(社会科学版)网络首发,2020年4月29日。

[②] 吴定玉,供应链企业社会责任管理研究,中国软科学,2013年第2期,第120页。

能达到最优。在目前的平台交易中,平台上交易双方都不受时空限制,交易双方彼此都是陌生的,初次博弈的结果在平台中十分常见,即"一锤子"交易行为。其中知识产权侵权就是常见现象,即平台经济提高了侵犯知识产权的概率。

6. 平台作为商事主体的经营行为管理挑战

平台经济的一个最典型的特征是平台充当商事交易、信息传播和社会交往的媒介,本质上是中介。平台通过互联网技术,不断地拓展交易方式、创新商业模式,在一定程度上提高了市场资源配置效率。近年来加上政策的支持,平台企业在商事的过程中被赋予了更多权力,他们利用其提供服务商的身份,制定交易规则、制定平台交易规范、组织开展交易并保障交易安全。① 但随着平台经济的快速发展,目前平台种类繁多,涉及生产、生活的方方面面,平台的经营主体也呈现出海量化、多样化、分散化的特征。借助互联网平台信息量与传播速度,平台经营主体几乎接近倍数增长。平台作为服务商,不仅连接买方与卖方,而且连接服务。平台要有足够的能力承担这些连接与管理,否则平台无法良好地运转。平台经济的特殊组织模式对传统经济组织产生了巨大冲击,平台经济不断重塑传统经济的经营模式,特别是2015年"互联网+"概念提出后,借助互联网的平台经济迅速成长,促进了我国的电子商务、互联网金融、工业互联网的飞速发展,这几年随着"一带一路"的带动,平台经济不断向海外拓展业务。平台经济提供业务的范围不断地扩大,消费者对平台经济的使用也不断地增加,特别是中国居民的生活基本上离不开平台的服务。由此看来,平台经济的这些典型的特征和现象,都对平台的治理提出了新的挑战。

"互联网+"为基础的平台经济打通了线上线下交易的壁垒,从一定程度上减少了交易成本,减少了信息不对称问题,提升了传统电子商务对商品的体验,通过线下体验重构现实交易场景。通过平台交易,突破商家和消费者的时空限制,通过线上沟通线下体验,从而达到个性化服务,使资源达到最优配置。平台商业模式打破了传统的写字楼、商铺模式,只要拥有一部手机,就可以随时随地实现经营。特别是经历2020年春的一场疫情,直播带货成了最好的销售模式。但是这种看似操作简易的商业模式逐渐代替了传统的集市,人们逐渐适应了这种体验式跨区域的消费模式。这种模式给个人创造价值的平台,为

---

① 王喆,互联网平台经济治理中的竞争政策研究,竞争政策研究,2018年第6期,第96-103页。

个性化、差异化提供丰饶的土壤,为市场注入了新鲜活力。这种新的电子商务销售也充斥着伪劣产品、以次充好、虚假宣传。平台上鱼龙混杂,这些问题在各大平台都是常见,不规范经营现象非常多。这种新的经营模式的治理对政府来说是一种新的挑战,需要相关监管部门和平台联合商事主体共同努力解决。

五、我国平台经济发展的完善与保障

(一)平台经济安全管理的规范化

自 2015 年以来,平台经济在中国的爆发式发展,成为经济发展中的一股新生力量,对"大众创业""万众创新"起着重要的作用。但是对于平台经济的规范化管理滞后于平台经济的发展。传统的市场治理模式已不能适应目前平台经济的发展,近几年我国出台了许多支持扶持平台经济发展的相关政策,平台经济在政策的利好下得以迅速发展,但是在支持平台经济发展的同时,市场的监管模式也要随之创新。针对平台经济发展中出现的一些迫切需要解决的法律问题,于 2019 年 1 月 1 日开始实施《中华人民共和国电子商务法》。这部法律的出台解决了平台经济发展中的一些法律问题,但是有些问题需要进一步完善。平台经济的发展需要法制化的发展,必须不断完善平台经济治理的相关法律法规。

(二)构建"互联网+监管"模式

在建立"互联网+监管"的有关政策时,首先要注意平台经济与传统经济的不同。在交易平台上,平台经济交易的基础是新的计算机技术、算法逻辑支撑,技术含量较高,但也伴随风险和不确定性,所以要构建与平台技术水平相适应的监管模式,创造健康的营商环境与监管模式,激发平台经济创新活力。其次,在制定监管模式时不能采用"一刀切"的模式,要分类监管。不同规模平台、不同行业的平台应采用不同的监管模式。新事物的出现要给予一定的试错空间,在一定程度上包容。特别是 2020 年以来,因为新冠疫情的影响,国外市场更加复杂,更要利用审慎监管的政策,利用线上线下平台为实体经济恢复提供发展契机。这对于平台治理来说,政府要加强自身对平台经济运行规律的认识与探讨,提高自身建设"互联网+监管"的能力,通过政务平台与经济平台对接,利用好配套数据,对平台经济的运行进行有效监管。首先,政府监管和平台监管的双重监管要在技术上突破。[1] 平台运行产生的数据呈指数级增长、新业态新模式也不断出现,政府受制于预算,在这方面的资源、能力受限,那么治理平台时,算法技术、数据资源方面,平台都比政府占优势。所以,政府要借助技术手段,建立政府与平台"双重监管"机制。在信用体系建立上,政府要充分利用平台经济中平台上的客户评价数据,整合深挖平台客户的评价数据,并把这种数据纳入政府的征信体系;而平台对客户评价一般在平台内部使用并约束商户,但是如果平台能把这类数据与政府共享,不仅能提高政府的治理能力,同时平台也能够借助政府的公信力和影响力提高对用户的约束力。政府治理平台的同时,要借助技术手段打通政府与平台间的数字共享通道,提升平台在运行中的责任意识。所以,政府与平台数据共享,能够增强平台的管理效果。

(三) 构建平台经济社会责任评价体系

一直以来我国企业社会评价责任体系并不完善,更不用说平台经济的社会责任评价体系。再者,平台经济与传统企业在企业责任方面有许多不同的特点。在市场中传统企业组织边界清晰、责任明确,而平台经济市场中企业、买方、卖方,这三者之间构成复杂的责任耦合体,平台各主体存在内在利益诉求,一致性又存在冲突,平台经济中任何单个主体的行为都可能对平台上其他主体造成影响,特别是负面影响更会给他人带来损失。在平台这种多边主体的市场中,怎么把这些多方主体整合成一个具有承担共同责任的共同体,这是治理平台的重大挑战之一。[2] 这主要涉及平台的多方主体的权责划分。平台市场交易本来就是平台多方主体借助自身资源能力的博弈过程,平台自身的生态系统是很难维持高效的市场运转和保证市场上的公平交易。所以,在平台经济这种多方主体错综复杂的耦合环境下,要想构建多方主体、具有针对性、各自对标、整体一致的平台评价体系,共同推动平台履行社会责任,优化平台企业履行社会责任的机制,那么,必须依据平台经济新模式,将商业生态与社会生态演化综合考虑,在平台和商事主体追求利润与社会发展的目标中找出平衡点,在利于平台健康发展的同时能够使平台更好地履行社会责任,并奠

---

[1] 陈端、谢朋真,平台经济的监管困境与治理优化,经济,2019年12期,第98-101页。
[2] 陈端、谢朋真,平台经济的监管困境与治理优化,经济,2019年12期,第98-101页。

基政府治理与社会治理的基础。

构建穿透治理与分层治理的双重治理模式。[①] 这两种治理各有不同的特点,但是单一的治理模式不能满足平台模式的治理需要,针对平台经济新业态要构建两种模式互补的双重治理模式。穿透式治理对政府的监管成本要求较高,治理主体除在契约内接受惩罚外,还要接受额外的经济制裁和惩罚,并有可能实施行业禁入,惩罚的力度大。由于政府是公权力的代言人,所以政府在实施治理时的公信力强,具有公平、公开、公正的特点。但仅通过行政手段进行治理,治理手段过于单一。由于政策的滞后性,在治理的过程中呈现出治理的滞后性、选择性和间歇性等特点,政府的行政手段管制受限,很难掌握平台经济这种海量用户的具体情况。相对穿透式治理而言,分层治理过程中政府的治理成本低,要求治理主体在契约范围内接受惩罚、禁止进入,惩罚力度相对较小;但是这种分层治理的公信力小,如果平台对商家的监管不到位,就可能对竞争对手实施不公平对待;相对穿越式治理而言治理手段丰富,可以使用技术手段、价格手段、信用手段以及担保等手段;治理能力强,能够及时、全面掌握平台海量用户的情况。

平台经济的跨时空特性,使平台企业自身治理平台企业比政府直接治理平台企业更有优势,这两种治理模式各有优势,但是都不完全适合平台治理,所以依据平台的特性要构建分层治理为主、穿透治理为辅的双重治理体系。[②] 首先要合理界定平台与政府的责任边界。分层治理既要体现平台参与治理的主体作用,又要保证治理的效率,避免让平台承担过重的责任,推动平台不断地创新,永保创新活力。其次,政府构建的治理体系要以分层治理为主,侧重督促平台落实责任,平台侧重事前监管为主,政府主要以事中事后监管为主,充分利用大数据关键技术,建立核心数据预警与报备体系,而不是对平台所有运营数据进行监管与使用,提高监管效率并降低监管成本。再者,政府对不同行业、不同领域的介入不同,对于关键行业、重点领域、高风险和战略性领域的监管和治理要以政府穿透式直接治理为主,用行政手段是较好的治理模式。同时也要调动行业协会、社会团体共同参与平台的治理,最终构建多方主体协同治理的模式。

---

① 李强治、刘光浩、王甜甜,互联网平台治理模式研究,新经济导刊,2019 年第 2 期,第 6 页。
② 李强治、刘光浩、王甜甜,互联网平台治理模式研究,新经济导刊,2019 年第 2 期,第 6 页。

(四) 完善与平台经济相关的法制体系

1. 完善与网络平台经济相关的法律法规体系

平台经济已经是中国经济的重要组成部分,平台渗入生产生活,给人们带来便利的同时也带来极大风险,我国关于平台治理方法的法律尚不完善,构建完善的网络平台治理法律体系是推进平台治理法治化的基本前提。[①] 由于当前平台经济基于计算机技术,同时伴随着技术的进步,平台经济的模式不断创新,所以用传统的经济法来约束平台经济会有时失灵。一方面要加快研究制定"网络平台企业法",广泛公开征集意见,加快以法律的形式确定进入平台的商事主体在平台治理中的性质和地位,在参与平台交易中的权利和所应承担的责任;另一方面,要分类分层推进平台经济法律法规建设,在不断完善现有法律的基础上,分类分层制定与各类平台以及平台商事主体从事商事活动相关的法律法规,加快完善以《网络安全法》为主涵盖平台不同行业的法律法规体系,为平台治理与规范运行提供法律支撑。

2. 完善与平台信用相关的法律法规体系

在平台交易的过程中会出现各种各样的信用问题。屡屡出现的信用问题会对合法合规经营和诚实消费产生不好影响,消费者对平台的信任度会逐渐下降,扰乱了平台经营秩序,破坏了平台的营商环境。特别是目前经济平台是以互联网为基础的网络平台,利用互联网平台优势,打破时空限制,聚集全球的生产要素,极大地提高了整合资源的能力。但是,虚拟平台交易源自于对平台的信任,而人们对平台信任是在一次次的交易中建立起来的,如果平台信用问题不断出现,将会严重打击平台经济。所以信用问题是平台交易跨越式发展的下一个瓶颈。首先,严格惩戒失信行为。趋利是商人的本质行为,不追求自身利益就不是合格的商人。在交易中,不可能依靠个人崇高的道德牺牲个人利益。目前在平台交易中,对于失信的惩戒较轻,没有上升到法律法规的高度,对人们的警示作用较弱。要加快建立平台失信行为的相关法律法规,为以诚实交易为基础的营商环境建设提供法律支撑,推动平台经济的优质供给,提供平台经济发展的良性环境。其次,加快平台企业树立信用的品牌理念。随

---

① 郭渐强,网络平台权力治理:法治困境与现实处理,理论探索,2019年第4期,第116-122、128页。

着经济的发展和收入水平的提高,人们对产品质量有了新的要求,信用也是商品质量的重要构成元素之一。再者,完善平台企业信用数据公示与采集。要加快政府和平台企业的数据共享,政府要加快大数据平台建设,加快平台企业的信息与政务电子平台对接,建立平台与平台主体的信用体系,实时公开企业信用信息,并动态更新。

3. 构建平台责任制度化体系

《关于促进平台经济规范健康发展的指导意义》给平台赋予了很多权力,诸如平台拥有对在平台上进行交易的商事主体的身份信息核实的权力。对于平台商事主体的身份信息核查问题,在《电子商务法》有相关规定,但是在现实的操作中是有困难的,这个责任如果政府去监管也是一件比较困难的事情。针对平台商事主体的监管问题,怎样在不影响平台企业发展的情况下,通过平台数据信息整合,用云计算大数据的算法去核实? 这需要技术的突破以及与各平台的融合。再者,平台的知识产权的界定与监管也是一大难题。平台知识产权的认定是比较困难的。如果有人举报平台知识产权侵权,法律要求平台采取措施,如果平台不进行处理,那么就要有连带责任。平台可能专业能力不足导致误判,但是不判又有责任,那么平台就陷入困境。在实践中知识产权的认定对执法机构来说也可能误判,那么对于平台就更困难。所以针对平台知识产权的认定问题,需要认真研究并制定相关的法律法规,而不是交予平台去解决平台知识产权纠纷问题。因此,赋予平台更多责任,对于成熟的大平台可能问题不大,但是对于小平台来说责任过重。小平台综合治理平台能力有限,过多的责任容易出现更多的问题,不利于平台经济的竞争发展。赋予平台这么多的责任主要是平台经济发展迅猛的同时政府的监管滞后,或者说政府监管能力不足造成的。政府应该通过制定相关政策,设定进入平台的门槛,这样更有利于监管。如果把权力和责任更多地赋予平台,把核查经营者的权力放给平台,目前来看没出大的问题,体现了平台企业与政府共同治理的责任,但是平台一旦成长起来有足够的市场势力时,再去收回这些权力或者重新立法,是否能够收回也是一个问题。平台经济的发展应在政府的指导下完成,把平台定位成市场中的经营者,看作一个权力主体,否则,不利于政府的监管。①

当前的平台经济范式有许多新的特点,其社会责任和社会评价与传统产

---

① 李克强:以包容审慎的原则对待新业态、新模式,2019 年 3 月 15 日,新华网,http://www.xinhuanet.com/politics/2019lh/2019-03/15/c_1210083405.htm,2020 年 9 月 9 日访问。

业模式都不同。传统的企业责任,主体都十分清晰。而平台经济是多边主体行为,平台企业、平台的交易各方构成了复杂利益与责任的耦合体,在平台交易中各利益主体的利益诉求是不同,是矛盾的统一体。平台的任意一方的不良行为都可能对关联方造成实质性损失,但想要将参与平台方的主体统一起来,作为一个责任共同体,对于平台而言也是极大的挑战,这就要求对平台方的责任边界进行划分,这就是多方资源利用的利益博弈过程。所以在这样的复杂背景下,构建平台经济责任制度化体制是一项新的任务。

4. 构建良性平台法治生态体系

首先,加快平台内容的整治,建设网络法治文化。遵守依法治国的原则,按照建设法治社会的要求,要抓住网络文化法治化教育,塑造平台法治化的文化氛围。加强平台法治宣传教育,增强平台主体的法治素养,建立良好的网络法治空间,从源头上对网络内容和传播进行法治规范,为平台运行创造健康的法治氛围。细化平台法律相关细则,增强网络平台执法可行性,减少原则性规定,出台配套的司法解释和措施。统一平台相关立法任务和程序,形成全国平台行业统一判定标准,如对一些低俗信息的判定标准等,广泛征集意见,形成具体化的有可操作性的评判标准和细则,以维护平台网络空间秩序。[①]

其次,建立中国平台治理规制与国际规制协同的治理体系。国家之间平台经济的治理其实是竞争和合作的关系,一方面平台数据安全涉及国家经济安全,平台数据是当今国家之间竞争的根源之一;另一方面,互联网平台深入各国贸易领域,为国家企业走向世界、推动商品和服务融入世界市场提供了新的机遇。基于以上两个方面,我国要加快建立以平台数据为核心的平台企业治理体系,平台交易产生的海量数据是企业的核心资产,要加快培育大数据深度挖掘、云计算等关键技术相关人才的培养,要凭借技术优势维护国家和人民的利益。2016年8月22日,中央网信办、国家质检总局、国家标准委联合推出《关于加强国家网络安全标准化工作的若干意见》中指出"推进急需重点标准制定",让标准引领平台企业发展,用标准保护信息安全。[②] 2017年6月1日生效的《网络安全法》就规定在一定条件下赋予个人有要求删除和更改本人信息

[①] 郭渐强,网络平台权力治理:法治困境与现实处理,理论探索,2019年第4期,第116-122、128页。

[②] 关于加强国家网络安全标准化工作的若干意见,2016年8月22日,中国网信网,http://www.cac.gov.cn/2016-08/22/c_1119430337.htm,2020年9月9日访问。

的权利,这些规制的制定其实质上体现了国际社会普遍认同的"同意和选择原则"。[①] 这些规制和原则也体现出我国互联网治理的相关法律和规则与国际网络平台治理原则的协同。

(五) 平台经济发展规范化

平台经济借助政策红利,近几年发展迅猛,平台聚集大量的资源,给生产消费提供了一个更宽广的平台,成为推动实体经济恢复的重要力量,许多平台企业在世界平台经济中跃居领先地位,成为中国打开国际市场的方法之一。但是在快速发展的同时,平台发展良莠不齐,也呈现出许多问题,比如违法经营、泄露数据、滥用信息、用户歧视、恶性竞争等,平台经济经过这几年的快速发展,也在不断地走向规范,但是对于平台经济的治理需要在顶层设计框架下引导其逐渐走向规范化,合理的约束与监管能提供健康的成长土壤,其利于新生事物健康发展。所以政府对于平台经济的发展,不仅仅是政策支持或赋予平台过多的权限,而是要上升到战略层面加以引导,打破传统市场的治理模式,打破传统硬性指标考核、监管要求的窠臼,不再以速度、规模为目标,而是要保护创新的发展成长,使平台经济成为利用"线上+线下"的模式推动经济稳步发展的助推器。平台经济发展可以从以下几个方面进行规范化管理。

1. 整治平台乱象,平台运营规范化

近年来平台企业的并购现象发生比较频繁。如:饿了么与百度外卖并购、京东与1号店合并、滴滴与优步合并、携程与艺龙合并、58同城与赶集网合并、大众点评与美团合并等。三大巨头"BAT"的收购更是不断,阿里巴巴在10年间并购达9次,收购虾米网、入股新浪、入股高德地图、收购UC优视、收购豌豆荚、收购大麦网等;百度收购千千静听、PPS、91无线、糯米网等;腾讯收购搜狗、海洋音乐集团、入股金山、京东等。这三巨头参与并购的总量达到网络平台并购总量的40%。平台之间的竞争加剧,冲击了平台公平竞争的市场秩序。平台经济呈现比传统经济更强的市场张力,平台治理、恶性竞争等负面影响日益彰显,平台消费者的个人隐私、财产安全等受到侵害,同时也出现过度利用

---

① 《网络安全法》第四十三条规定:个人发现网络运营者违反法律、行政法规的规定或者双方的约定收集、使用其个人信息的,有权要求网络运营者删除其个人信息……网络运营者应当采取措施予以删除或者更正。

平台大数据等深层次的问题。① 特别是自2020年2月以来的新型冠状病毒的广泛传播,又涌现出来新的平台经济现象。如互联网+社区+微商的运作模式。在封控期间,我国社区居民的生活用品几乎都是通过这种方式解决,为成功防疫立下了汗马功劳。教育类、娱乐类、游戏类、购物类、体育类、专业领域类等不同的平台,覆盖了我们生活的方方面面。特别是2020年的第一季度,这些平台也为我国经济做出了巨大贡献。

这些平台除了给我们带来了生活便利外,也给一些人带来了不便。如有些平台的进入门槛比较低,消费者容易受到欺诈,或者平台上在传播一些负能量的信息。如广西周某因偷电瓶车电瓶四进宫,他的几句话在网上瞬间流行:"打工是不可能打工的。"而且有多家网红公司前往监狱门口等待签约,出价最高相传300万。② 先不考虑这种人造成的社会影响,但是他们一旦在网络平台上直播,会有什么正能量? 搞怪、搞笑的博主能够让平台长久生存下去吗? 靠奇葩吸人眼球的平台的生命力有多强? 这都要求平台运营要规范化管理。所以,平台方要规范平台进入门槛。只有从平台层面进行规范化管理,才能使平台经济健康运行。首先,各平台与多边参与者以及平台之间要不断磨合、建立行业自律行为,进一步形成有效的、参与平台各方都互相认可的游戏规则,参与者共同遵守,努力达成各方互利共赢,而不是平台之间恶性竞争。其次,平台要纳入规范化管理,而不是随便进入。不仅仅是监管,平台要界定边界,平台责任、道德要规范,而不是为了自己的利益什么都可以上平台。主播的审核也很重要,并不是什么人都可以做主播。还应规范主播的行为。在网络发达的今天,主播的一言一行都影响着社会大众。主播要按照新闻媒体人员的行为规范进行管理,要求言行规范,不伤风俗,要有道德底线,以免对社会造成不良影响。

2. 禁止不正当竞争和垄断行为,构建良好平台营商环境

平台垄断是平台经济兴起后产生的一种现象,主要指在平台经济中少数平台依靠自身技术优势和规模制定行业壁垒以及实施搭售行为,维持"通吃赢

---

① 王喆,互联网平台经济治理中的竞争政策,竞争政策研究,2018年第6期,第96-103页。
② https://baike.baidu.com/item/%E6%89%93%E5%B7%A5%E6%98%AF%E4%B8%8D%E5%8F%AF%E8%83%BD%E6%89%93%E5%B7%A5%E7%9A%84/22245706? fr=aladdin,百度百科,2020年9月9日访问。

家"的地位,损害平台市场良性竞争和消费者福利。① 垄断引发市场失灵,扰乱市场健康运行,需要公共政策约束市场势力,抑制垄断、维护良性竞争,引导市场健康运行。自平台经济发展以来,平台垄断行为就随之产生。微软的操作系统进入市场后就伴随着非法搭售行为,②而谷歌的安卓系统也遭到欧盟与美国联邦贸易委员会的反垄断调查。③ 近几年,eBay、亚马逊、Facebook、Uber等平台也都在不同的国家遭到了反垄断的调查。④ 对于这些平台的反垄断调查,并不是这些平台在各自领域的市场有市场势力或支配权,而是他们在平台的治理中有垄断的行为,如限制交易、滥用市场支配权利歧视或进行不合理屏蔽等。这可能阻碍市场自由进入以及涉及滥用数据、数据算法以及人工智能算法使用不合理的歧视。但是对平台的管制也一直存在争议。

平台的垄断地位必须依靠新技术迭代、新模式革新能力才能维持,否则容易被淘汰。平台垄断的问题与传统经济学上的垄断问题不同,带来了新的风险,主要就是竞争执法的挑战。在现实的平台之间利用自身的市场力量在新的市场上扩张,以获得垄断地位,通过收购、兼并等获得竞争对手的潜在的新模式、新技术,通过对用户数据深度挖掘、过度使用用户信息,或者平台之间串谋相互降低相互进入可操作性规则,最终达到完全价格歧视、用户锁定等。诚然,所有竞争者创新的驱动力之一是被大企业收购、兼并。但即使有充足的资金,进入新的领域打破原有竞争格局也是十分困难的事情,特别是当今正是技术迭代更新较快的时代。

3. 保护平台数据安全,规范平台数据使用

平台对拥有数据的处理、使用是监管规制应该注意的问题。对于数据使用并不是禁止的,即反平台数据垄断并不是反平台的数据使用,而是禁止平台在依靠平台自身形成市场地位之后,对平台数据的滥用。但是现实中,平台在正常的运营过程中会产生大量的数据并掌握这些数据,并不能因为这些平台掌握数据就定性他们是数据垄断。只有在平台滥用这些数据时,才是《反垄断法》应该管制的。对于这些数据使用规范的界定,是新的问题。如,平台之间

---

① 熊鸿儒,我国数字经济发展中的平台垄断及其治理策略,改革,2019年第7期,第52-61页。
② 世纪末的审判:美国司法部诉微软公司垄断案,中国法院网,2008年8月29日,https://www.chinacourt.org/article/detail/2008/08/id/320037.shtml,2020年9月9日访问。
③ 这些年谷歌在全球各地所遭遇的反垄断诉讼一览,腾讯网,2016年4月20日,https://tech.qq.com/a/20160420/058623.htm,2020年9月9日访问。
④ 熊鸿儒,我国数字经济发展中的平台垄断及其治理策略,改革,2019年第7期,第52-61页。

的竞争,频繁出现"二选一"现象,平台兼并重组不断,纵向一体化的案例很多,平台通过技术控制平台间不兼容,竞争对手之间"屏蔽",泄露用户数据以及算法滥用。[①] 总而言之,平台数据使用范围的界定在我国尚无评判标准,平台数据的使用在我国也尚无现成的法律法规对此进行约束。

六、促进平台经济未来新发展的政策建议

我国经济以"提高发展质量和效益"为中心,以"供给侧结构性改革"为主线,按照"创新、协调、绿色、开放、共享"的发展理念,加快形成引领经济发展新常态的体制机制和发展方式。

(一)科学制定平台经济新发展政策的主要原则

1. 坚持遵循我国经济发展的规律和特色

一方面,中国数字平台的垄断性和控制力略胜一筹,因而它们在价值分配上占据主导地位。如国内游戏产业的大部分利润被游戏平台所占据,移动应用程序开发商则往往受制于分发平台的约束。这不仅有可能伤害创新活力,也减少了个体生产者从平台经济中所能获得的收益。另一方面,中国更充沛的劳动力人口及更庞大的服务业市场,促使平台经济迅速扩张至新领域。出行、外卖、物流、医疗、个人服务,数字平台在各个细分领域不断出现劳动人口正逐渐从产业工人转变为平台经济下的"不稳定生产者"。此时,服务质量的规制固然是挑战之一,但对于经济的可持续增长而言,更重要的问题在于如何为劳动者提供合适的社会保障并使其具备抵御不确定风险的能力,进而获得有尊严、可持续的生活水平。

2. 坚持以市场为主导,促进平台融合发展

充分发挥市场配置资源的决定性作用,激发平台企业的市场开拓意识,引导其理念创新、技术创新、管理创新、业态创新和商业模式创新,增强平台经济发展的内在动力,加快形成平台企业和产业集聚优势。充分发挥平台企业的综合优势,以需求为导向,有效配置市场资源,培育发展新型业态,强化平台经济对上下游产业的双向带动和统筹整合能力,加快形成以平台经济为核心,现

---

① 熊鸿儒.我国数字经济发展中的平台垄断及其治理策略.改革,2019年第7期,第52-61页。

代服务业与先进制造业互动并进、融合发展的良性格局。

3. 坚持以全社会公平享有为发展目标

平台经济兴起为中国经济的再次腾飞提供了机会,美欧国家已严肃对待平台所创造的巨大价值能否为全社会公平享有而非被少数平台所占据的问题,中国自然应该重视。

(二) 促进平台经济新发展的政策措施

平台经济拓展了新的发展空间维度,我国需要把握新的发展趋势,将商品交易市场转型升级的目标与平台经济的发展密切结合,打造网络时代新的商品交易市场。

1. 明确平台发展重点,推进商品市场和产业融合发展

经济发展、分工深化、技术进步和消费升级等要素的变化将影响平台发展。未来经济活动智能化、分工链条整合化、信息需求全面化、服务定制个性化、交易便利安全化、资源集约节约化将成为引领性新趋势,这些新趋势会对未来平台经济带来横向拓展、纵向延伸、跨界融合、并购整合等新发展。要鼓励商品交易市场掌握消费新变化与趋势,加强与产业融合发展,优化产业重组。为此,应重点推进以下几项措施。

(1) 促进平台服务功能集成和高效发展

整合现有的平台资源,规范综合性平台运营模式,明确平台及相关方的责任,推动综合性平台健康高效发展。鼓励专业化平台的纵向深化发展,由专业化产品的提供商向专业化服务的提供商转型,推动平台的集成化发展,提升平台的服务功能,更好地满足多样化、个性化的消费升级需求。

(2) 聚焦重点服务业和新兴领域的平台化建设

着力发展第三方支付、大宗商品交易、跨境贸易、多媒体、文化、医疗等领域的新模式和新业态,支持有竞争力的制造业、金融服务、现代物流等产业融合,积极推进平台经济商业模式创新,在不同业态的组合中发现新的模式去促进平台经济创新。

(3) 积极拓展新经济平台发展

重点发展移动互联网平台(网络视听、网络电视、网络社区、网络文学、网络游戏)、电子商务平台(电子商务交易平台、电子商务营销服务平台、电子商务物流管理平台和电子商务延伸的第三方支付平台)、专业服务与孵化平台

（研发服务、技术服务、信息咨询服务、检验检测服务、创业投资服务、金融服务、企业孵化、产权交易等公共服务平台），等等，形成平台经济的先发优势和竞争力。

（4）推进新经济平台发展的相互促进

平台经济作为服务城市经济转型升级和城市综合服务功能提升的重要抓手，要以市场为主导、企业为主导，创新发展理念，以生产性服务业平台经济带动生活性服务业平台经济，实现平台经济与楼宇经济、总部经济发展的相互促进。

2. 培育行业龙头企业，构造区域产业集群

（1）树立大型平台经济标杆企业

一方面，对于已经初具规模的龙头企业，要给予大力支持，通过为企业提供融资解决方案，帮助其跳得更高、跑得更快，对高成长性企业实施综合培育计划。另一方面，引进和培育一批具有较强影响力甚至国际影响力的龙头型平台企业（平台经济总部），依托现有平台优势和上下游产业链关系，发挥其经济带动作用，有针对性地招商，集聚一批国际一流的平台经济总部，有效拓宽平台经济的发展空间，进一步提升区域平台的国际竞争力。

（2）利用功能性平台加快集聚特色平台企业

在全国范围内利用产业园区发展的功能优势，因地制宜，鼓励引导与当地产业相关联的金融、物流、贸易、供应链管理、人才资源服务、法律专业服务等领域的平台企业集聚入驻，使这些平台不断凸显经济效益和市场功能。

（3）着力提升现有平台发展能级和水平

加大平台企业整合辐射能力，形成大规模的产业集群。发挥大宗商品指数作用，其信息中心既是信息汇聚中心，又是商品交易中心，关键还是商品价格形成中心。同时，加强大品牌平台建设。要实现规模向品牌集中、人才向品牌集中、市场向品牌集中、物流向品牌集中、绩效向品牌集中。

3. 创新平台发展模式，实现多元发展战略

信息化整合、金融化扩张为平台经济提供了快速增长的路径。要支持平台企业进行商业模式创新，积极依托移动互联网、大数据、云计算等新一代信息技术促进平台企业商业模式创新，聚焦平台功能深化，提升平台国际化水平。

(1) 鼓励平台企业运营模式创新

鼓励有条件的互联网平台企业利用自身优势,多业态、多功能、多业务融合发展,促进产品研发、生产、营销、配送、售后服务、支付、融资等多个价值链环节整合集成,打造全流程综合性网络服务平台。引导互联网平台企业探索服务产品定制和反向定制等新模式,发展定制化生产和线下产业链。鼓励互联网平台企业之间联动结合,衍生新的运营模式,扩大平台经济涉足商业模式创新的广度与深度。

(2) 构建全国大流通的发展平台

在全国范围内选择若干重要节点形成线上线下一体化、内贸外贸一体化和流通生产一体化。重点解决物流市场供求信息的不对称,着力在全国范围内发展第四方物流,突破物流市场供求信息不对称的顽疾,最大限度地降低物流空载率,从而提升物流行业与企业的国际竞争力,为内贸事业与经济的发展奠定坚实的基础。商务部目前推行的城市共同配送,也是平台经济应用的一种模式,从市内统一配送到城际统一配送,这种统一配送不仅保证了品质、提高了效率,关键是提高了绩效、降低了成本。[①]

(3) 深化大宗商品交易平台功能

提高大宗商品现货市场、期货市场的国际化参与程度,引入国内外交易商、进出口商、物流企业、仓储企业等参与主体,深化期货保税制试点,尝试开发新的交易品种,如以境外人民币作为计价手段的国际化大宗商品交易合约等,进一步参与国际竞争。积极拓展大宗商品企业境外期货交易的渠道,鼓励银行、期货公司等金融机构与区内跨国大宗商品企业合作,加大离岸金融产品的创新力度。实现合约标准、交割环节等与国际标准的充分对接,完善仓单质押[②]真实性的市场监管,形成大宗商品交易风险防范机制。

4. 优化平台发展布局,促进区域均衡发展

新型的外向型经济发展模式将突破简单的企业与企业对接,而走向更高层面的平台对接,整合的商业模式将成为平台经济的基本运行规则,突破省际、走向板块将成为必然趋势。目前,平台经济发展呈现东西部不均衡现象,因此,

---

① 潘宪生,平台经济及其在江苏的实践,商业经济研究,2015年第8期,第24-25页。
② 仓单质押是以仓单为标的物而成立的一种质权。它作为一种新型的服务项目,为仓储企业拓展服务项目以及开展多种经营提供了广阔的舞台,特别是在传统仓储企业向现代物流企业转型的过程中得到广泛应用。

实施差别化的发展政策、合理布局平台经济发展的重点区域至关重要。

(1) 发挥东部地区电商平台优势

依托长三角、珠三角、京津冀地区发展的基础,立足于未来发展需求,以"关联性强、集中度大、集约性高"的建设思路,合理安排区域空间布局,形成若干以平台型企业为核心的平台生态系统。

(2) 制定西部地区平台发展战略

鼓励西部地区利用现有的大型平台,提供区域化、特色化、个性化服务,大力发展垂直型电商(例如,特色农家旅游、农土特产品、中药材产业等),从专业类目做起,以差异化取胜,在西部电商市场内部打造完整产业链,统筹线上线下两个市场的战略布局和战术配合,为企业创造更好的商业模式和市场模式。

(3) 构建全国平台型交易市场

以大宗商品贸易、个人消费服务、农产品流通等市场转型为突破口,统筹兼顾平台类企业的集聚特性和系统生态特点,结合重点区域和重点领域专业平台建设,发挥政策的引导激励作用,打造一批具有较强研发设计、融资担保、人才培训、物流仓储、孵化培育等公共服务功能的平台型交易中心和市场,大力引进龙头旗舰企业和基地型项目,优化布局结构,推动上下游产业配套、融合发展。

5. 推进监管制度创新,营造健康发展环境

(1) 创新监管手段和治理方法

平台服务的影响力持续增强,也给政策部门带来很大的压力:供需双方的人数不断上升可能导致行业垄断。但平台的性质意味着现有的监管制度通常并不适用,需要新兴的监管手段和方法。可以借鉴英国政府采用的"沙盒监管"模式,鼓励新模式、新业态的发展,同时也给予其一定的发展"界限"。同时,形成政府、平台、企业、消费者共同参与的新型治理方式。

(2) 实施"点线面"结合的工作机制

在"面"上,主要针对平台创业、平台企业、类平台等,建立完善"分类—遴选—评价—辅导—扶持"的工作机制;在"线"上,主要回答"互联网+制造"究竟如何推进、"互联网+服务"究竟如何推进,成熟一批、推进一批;在点上,回答对市场化的平台企业如何培育发展,对公共服务平台如何培育发展。

(3) 健全税收、补贴等配套扶植政策

制定和完善促进基于信息技术的商业模式创新所需要的相关扶持政策和

措施,将政策扶持与统筹协调重点行业、重点区域和重大项目建设结合起来。重点发挥财税政策在市场体系建设中的引导作用,着力研究和完善金融、物流、法务、信息、会展等服务业企业的营业税差额征收工作等。[①]

(4) 降低平台用户的交易风险与交易成本

信用经济是市场经济的高级形式,也是平台经济运行的重要支撑条件之一。随着互联网技术尤其是数据抓取技术的发展,新技术的应用有助于构建具有中国特色的信用评价体系和信用制度,为平台经济模式的推广奠定良好的社会氛围与软环境条件。

(5) 改善和提升平台经济发展的硬件环境

良好的信息基础设施条件和信息技术应用程度是发展现代平台的重要支撑。要加快推动智慧城市的建设,加快完善信息基础设施建设,拓展信息技术在经济、社会、城市管理等领域的应用,提高城市的智慧智能程度,为平台经济的深化升级提供硬件的全面支撑。在政府采购方面强化平台技术应用,全面推进政府的电子政务系统,针对电子商务产业制定各种优惠政策,推进物联网产业的发展,针对移动计算技术导致的生活变迁制定政策,推动云计算产业的深入发展,为平台经济发展提供持久的驱动力。

(三) 破解平台经济发展中关键制约因素的对策建议

面对平台经济发展规律的客观需求,必须进一步解放思想,力促改革创新,着力破解平台经济发展中关键制约因素。

1. 破解人才资源制约

(1) 引导企业家加强模仿和创新

市场竞争是通过模仿和创新进行的。根据自己的实际情况进行不完全的模仿,也是创新。平台经济是一个新生事物,更需要通过模仿和创新的办法来推进。可以组织企业家到一批成功平台企业学习考察,切身感受成功平台企业的创业创新氛围,开阔发展眼界。抓住机遇,鼓励有条件的企业创新组织形态。

(2) 组建平台企业家创新联盟

平台企业往往各自深耕于不同的细分市场,具有独特的专业性,平台之间的交流不但不会带来竞争与挑战,反而会带来更多的合作与发展。因此,可以

---

① 李凌.平台经济发展与政府管制模式变革.经济学家,2015年第7期,第27－34页。

通过沙龙的方式不定期地邀请平台企业家、营运管理人,依据自身平台发展实际做主题发言,传递经营管理的先进理念,分享平台营运成功经验。

(3) 建立平台企业领军人物流动"情报"网络

密切关注成熟平台企业高级管理人员以及专业部门负责人流转情况,主动做好对接联系,并运用"一人一策"的策略努力吸引国际平台领军人物及所属团队来国内发展。

(4) 优化人才服务

充分利用服务业人才特殊津贴等政策,引导平台企业通过灵活方式加快引进各类人才。推动有关高校在平台企业设立人才实践基地,进一步畅通平台企业的人才供给通道。同时,要为平台企业的企业高管、创新人才优先解决住房、子女入学等问题。

2. 破解政策要素制约

推动各级政策资源的综合利用,努力构建平台经济发展的政策。

(1) 先行先试

平台企业的发展往往有多条路径,表现为有多种形式、在多个层次展开。许多领域目前还没有明确的政策规定。因此只要不是现行法律法规明确禁止的,都应该支持企业大胆尝试、勇于创新,特别是要在企业注册、税收征管、支付监管、海关通关、外汇结算等方面,积极与省市级部门对接,努力营造灵活宽松的政策环境。

(2) 重点突破

平台经济是一种全新的商业运作模式,必然会对现有的制度安排、服务方式产生新的需求,许多问题涉及系统性、深层次的制度瓶颈问题,往往无法通过一个总体方案、总体安排来全面解决。因此,政府在支持平台企业发展时,应坚持问题导向、需求导向,针对具体问题争取有所突破,力求达成实际效果。

(3) 金融支持

积极引导政府性担保机构对平台企业提供贷款担保,在加大政府投入的同时带动社会资金投向平台经济发展。同时,积极搭建各种创投基金、天使基金、风投基金与平台企业交流合作平台,让平台企业在更广的范围内选择契合自身发展所需的融资渠道。

(4) 协调机制

平台经济涉及领域广、产业融合性强,不能很确定地将其归由某一职能部门管理和服务。要加快形成"一个部门牵头、多个部门分头推进"的服务体系，切实增强推动平台经济发展的工作合力。及早建立完善平台企业数据信息库，实时掌握平台企业发展的动态情况。

3. 破解服务环境制约

平台经济属于新的产业发展形态，很多服务手段、服务机制需要探索，要从发展的需求出发，主动适应技术特性，顺势而为，破解难题，营造平台发展的有利环境。

（1）树立服务于平台经济发展的理念

建议将平台经济发展作为经常性的经济工作来研究、部署，引导各部门重视平台经济、推动平台经济，努力使平台经济与楼宇经济、总部经济共同成为城市经济发展的重要引擎。

（2）完善平台经济法律法规

相关的行业标准和法律法规尚不成熟，知识产权保护滞后，这已经成为制约网络平台发展与创新的重要因素。因此，必须加快法律体系、标准体系、诚信体系、知识产权保护体系等相关的法律法规和行业规范的制定，促进平台经济有序、健康、持续发展，避免平台经济的过度泡沫化和恶性竞争。

（3）优先制定数据安全标准

在数据保护方面，加强协调有关数据隐私和数据安全的立法工作。建立数据安全的信任，不仅是技术的安全性，还包括使数据在不同成员、客户、消费者之间得到安全的保证。

（4）加强反垄断和不正当竞争监管

鉴于平台经济生态环境的复杂性，包括双边市场结构下平台型企业行为不同于传统企业的新特征，要进步深化对平台型企业行为的研究，在垄断规制和价格管理方面，要形成专业、规范、完整的管理和服务制度与措施，优化平台领域消费环境，以引导平台型企业更加健康有序地发展。

（5）完善工商登记和统计体系

平台经济的产业融合特征以及快速更新特征给传统的工商登记和统计制度带来了挑战，必须适应新兴产业的发展需要，在现行统计指标体系中增加反映平台型企业发展的指标，建立完善的平台经济统计指标体系，以便更准确地了解和掌握城市平台经济发展态势及其影响效应。